中國人的教訓

李國文 著

下冊

跳出自大的羅網

中華書局

目錄

第七章　清

第五章

宋元

宋太祖誓不殺士

----- 趙匡胤（927─976）-----

宋朝開國皇帝。他依據「先南後北」的策略，完成統一大業；
兩次「杯酒釋兵權」，解決藩鎮割據的局面；貯藏錢帛布疋，
以期贖回燕雲十六州。

皇帝發的誓，而且是開國皇帝發的誓，對其繼承者是具有絕對的權威和約束力的。

一千多年前的趙匡胤，敢立不殺士人的石碑，固然出於他萬世基業的考慮，很大程度上也是一種勢所必然的，符合社會發展的行為。中國人好說「時勢造英雄，英雄造時勢」，大概就是這個意思。要結束軍人對政治的干預，趙匡胤也許是中國歷史上開天闢地的第一位。「槍桿子裏出政權」，此乃我們大家都知道的真理，但另外半句，早在一千年前趙匡胤就身體力行了，槍桿子裏可出政權，但這個政權絕不能再被槍桿子左右。實行文官制度，由政治家治國，而不是軍事家治國，便是趙匡胤執政的奮鬥目標。誓碑雖小，意義重大，因為它極其明確地刻了「不殺」二字，也就使實行這種文官制度有了最起碼的保障。

在此之前，中國的士人，也就是文人、讀書人、知識分子，是被統治者視為呼之即來揮之則去的「衙役」，是被權力擁有者視為用得着時用之用不着時甩之的「抹布」，是被當官的、有錢的、拿刀動槍的視為可以騎在頭上拉屎撒尿的「臭老九」，當然更是被以秦始皇為首的暴君們視為大逆不道的整肅對象。在此之後，至少在這塊深藏於密室的誓碑上，有一行字：「士人不可殺。」大宋王朝雖然並不是沒有殺士人的紀錄，但確實殺得較他朝為少，可見這誓碑意義非凡。

中國之文化精神，其輝煌燦爛，其博大精深，其傳統悠久，其生命力蓬勃，是有超越歷史而萬劫不滅的能量。視文化為民族生命，視文人為國家棟樑，乃有史記載的三千多年以來中國人的精神傳承。中國立於世界民族之林，不是因為其國力強大，不是因為其人口眾多，不是因為其地大物博，也不是因為其歷史悠久，而是因為其擁有的這種文化淵源。中國，作為一個國家，敗弱過，窮困過，破碎過，被人侵略得險幾亡國過，但得以衰而不敗，敗而不滅，滅而重生，生而不息，全在於支撐着我們精神的這顛撲不破、歷久彌新的文化傳統。在中國，也許一段相當長的時間內，文明會被抑制得喘不過氣來，文化會被扼殺得了無生氣，文人會被箝制得萬馬俱喑，文學和文藝會被整肅到寸草不長、顆粒無收。但是，這種誓碑上的精神傳承，猶如橫亙在中原腹地的長江大河一樣，枯水期再長，也不會斷流。

中國人經過千年以上的摸索，由昏沉蒙昧的黑夜走向啟迪覺醒的黎明。趙匡胤順應了這樣的潮流，故而王夫之在《宋論》中曾經說到這塊誓碑：「太祖勒石，鎖置殿中，使嗣君即位，入而跪讀。其戒有三：一、保全柴氏子孫；二、不殺士大夫；三、不加農田之賦。嗚呼！若此三者，不謂之盛德也不能。」一個受到壓迫的人，方知不受壓迫之可貴，同樣，一個施加壓迫慣了的人，要他收手不壓迫人，也難。明末清初的王夫之，深知文人在壓迫下，難以為文，難以為人，

這位遺民甚至要躲到湘西石峒，才能擺脫大清王朝文網的壓迫，所以，他對趙匡胤的這項措施評價極高。道理很簡單，人只有一個腦袋，它可不是韭菜，割掉一茬，仍可再長一茬。因此，趙匡胤這塊誓碑，基本能夠約束後來的執政者，給文人帶來一點安全保證。中國封建社會，一共有過三百多個皇帝，只有他發了不殺士人的誓，而且，大宋王朝三百年，勉勉強強也還是按照他的誓言去做，不殺，或者儘量不殺士大夫，所以，他真是很了不起。

從這一點看，趙匡胤對於中國文化的貢獻，是無與倫比的。然而，歷史上少有人注意宋太祖此舉，即或有，也一筆帶過，或者存疑，只有王夫之以「盛德」二字，表示衷心的讚美。

趙匡胤的這塊誓碑，有論者以為，不僅達到中國封建王朝全部歷史上的「民主」高峰，更有論者談及，還說明了昏君、庸君也許不把這種精神傳承放在心上，不等於明主、英主不把這種精神傳承不當回事。秦始皇焚書，醫藥的書、農林的書，他是不扔到火堆裏去的。這說明，即使暴君在下手屠殺文人、滅絕文化時，他作為一個中國人，這種血脈傳承的精神淵源也還在起着作用。這也是五千年中國文化傳統，得以綿延至今，還發揚光大的原因。在中國歷史上，有宋一代對於文人比較優容，也比較信任，其人事政策的起源，是與這塊在 962 年（建隆三年）所立的誓碑分不開的。

德國經濟學家庫恩（Dieter Kuhn）在《宋代文化史》一書中指出，中國 11 世紀至 13 世紀發生了根本的社會變化，首先，文官政治取代了唐朝的以地方藩鎮為代表的軍人政治，受到儒家教育的文人擔任政府高級行政官員；孟子以王道治國的思想第一次付諸實施。其次，宋朝在農業文明、城市文明和物質文明（如手工業）方面取得了很大成就。農業

技術的新發展，新土地的開發，以及農作物產量的提高，奠定了宋朝經濟繁榮的基礎。城市商業和手工業得到了迅猛的發展，出現了以商人為代表的新富人階層，促進了飲食文化、茶文化、建築和居住文化的發展。因此，庫恩甚至認為，宋朝是中國中世紀的結束和近代的開始。

美國歷史學家墨菲（Rhoads Murphey）的《亞洲史》第七章「中國的黃金時代」，對於這個黃金時代有精彩的論述。

—— 這是一個前所未見的發展、創新和文化繁盛的時期。它擁有大約一億人口，「完全稱得上是當時世界上最大、生產力最高和最發達的國家」。

—— 在宋朝，作為中華帝國主要光榮之一的科舉制度達到了它的頂峰。得到選拔的官員中，有三分之一或更多來自平民家庭，「如此高的社會地位升遷比例，對於任何前近代甚至近代社會來講，都是驚人的」。（樊樹志：《國史十六講》）

關心文學史，對於唐宋文人稍有所知的讀者，一定會了解宋代對文人授官之高，勝於前朝。以「唐宋八大家」為例，唐授韓愈、柳宗元的官位，也就是刺史、侍郎等職，相當於省市一級、地市一級。而歐陽修、蘇軾的官位大抵都相當於省部級，范仲淹、司馬光、王安石等人更是進入中樞決策層面的要員。這就是王夫之對趙匡胤所讚美的「不謂之盛德也不能」了。

雖然，說到趙匡胤，都會加上「行伍出身」四字，他的御像，也是粗黑肥碩，與讀書人之文雅清秀，毫不搭界。其實從他的祖輩起，歷後唐、後晉、後漢，至後周數朝的軍人世家，不僅擁有殷厚的根底，還漸漸擁有門閥的褒望。從他的高祖開始，為縣令者、為藩鎮從事者、為刺史者、為檢校司徒者，不一而足，在涿州時即為名門望

戶，在太原時更為世家豪族，當趙匡胤出生在洛陽夾馬營時，家道不幸中落，然而貴族後裔的身份，詩書禮教的素養，使其在氣質上、在教養上，已非前輩一派赳赳武夫的形象。

凡讀過孔孟之書，稍知斯文修養、略懂溫良恭儉的中國人，對於文明和文字，都有一種與生俱來的親近感。而那些以「大老粗」為榮的，而且還握有一定權力的人，才會抵制文明和文化，才會忌畏文人和士子，才會趁着政治運動之際，挾嫌報復，狠下死手整知識分子。因此，文人與文化素質缺欠的領導人，或文明修養不足的掌權者，是根本找不到共同語言的，這就是莊子在《秋水篇》裏所講的：「夏蟲不可以語於冰者，篤於時也。」這就像與一個坐井觀天的人，無法去談萬里無雲的廣闊天空一樣。局限於視野，偏頗於眼界，拘束於心胸，窒礙於頭腦，一個正常人是不可能與一竅不通的榆木疙瘩彼此溝通、相互呼應的。

巴爾扎克有言，不經過三代的陶冶，成不了貴族。《千里送京娘》中的那個護送弱女子的善良男主角，就是趙匡胤。其正直，其正派，成為話本演義、彈詞雜曲的正面形象。趙家雖世代從軍，但趙匡胤卻是個異數，酷愛讀書，「雖在軍中，手不釋卷。聞人間有奇書，不吝千金購之」。公元 958 年，「從世宗平淮甸，或譖上於世宗曰：『趙某下壽州，私所載凡數車，皆重貨也。』世宗遣使驗之，盡發籠篋，唯書數千卷，無他物」。據《宋史》，「既長，容貌雄偉，器度豁如，識者知其非常人」。

崇文抑武，在趙匡胤之前，焚書坑儒的秦始皇做不到，以儒冠為尿壺的漢高祖做不到，動不動拿文人祭刀的魏武帝做不到。甚至連從諫如流的唐太宗也做不到，因為李世民征討一生，武是第一位，文是第二位，這是他必然的排序，也是歷代最高統治者的必然選擇。而趙匡胤能做出歷朝歷代都未有過的改變，應該是他總結了唐末至五代，

從公元 875 年黃巢起義起，或許從公元 755 年「安史之亂」起的 200年間頻仍戰亂的歷史經驗。「陳橋兵變」當上皇帝以後，如何改變唐末至五代以來各地藩鎮節度、相互割據、軍人統領行政、胡作非為的弊端，如何消除動輒刀槍相見、兵燹成災、中央操控不了、天下大亂的敗象，成了他念念不忘之事。他曾經對趙普感慨過：「五代方鎮殘虐，民受其禍。朕令選儒臣幹事者百餘分治大藩，縱皆貪濁，亦未及武臣一人也。」在他眼中，一百個文臣的貪濁其危害性也不如一個武將的作惡。所以他下決心要用文人來治國理政，於是，就有了這塊誓碑。不得殺士大夫，雖然是最低程度的安全保證，但卻給文人從政為官、發揮才幹、敢於直言，創造了寬鬆的氛圍。

據說唐太宗李世民在一次科舉考試後，站在午門城樓上看新科進士魚貫進入朝堂，對左右的人說，天下英雄盡入吾彀中矣。其實唐朝每次科舉的錄取率僅為宋朝的十分之一。唐二百多年，進士登科者三千多人；宋朝三百多年間，進士登科者十萬多人。這充分說明趙匡胤是下決心要實行文官制度的，為此，他在選拔人才、儲備人才上，採取兼收並蓄、多多益善的政策。而且直接取之民間，實施最公平的擇優錄取方針。

宋代採取「重文抑武」的國策，第一是出於趙匡胤對於歷史的經驗總結；第二是他自身文化素養、精神淵源的影響所致；第三，恐怕更是他對於武將奪權篡位的巨大威脅，始終不敢掉以輕心的警惕。因為他自己搞過這樣一次突然襲擊，也就是「陳橋兵變」，僥倖得以成功，他不能不戒之、懼之，不能不防患於未然，不能讓別人再撿這個便宜。其實「黃袍加身」並非他的首創，他只是蹈襲上司郭威。他的老長官起事倉促，甚至連黃袍這樣重要的道具也未準備好，只是扯下旗杆上的黃旗裹在身上，就劍不出鞘、刀不血刃，把江山奪了。這種投入極低、產出極高，堪稱價廉物美的兵變模式，對那些野心不小、

手握虎符的將帥，肯定極具誘惑力。所以他當上皇帝以後，自然不能讓別的將領如法炮製來對付他。說白了，這種兵變模式太容易被複製了。更何況他深知唐代擁兵的藩鎮，是如何不停製造內亂的；五代跋扈的武將，是如何奪權篡國稱帝的，而要讓將領們死掉篡奪之心的最佳之計，莫如剝奪他們的統兵之權，使之成為「光桿司令」。因此，這才有贖買政策的「杯酒釋兵權」，這才有「兵不識將、將不知兵」的軍事建制，這才有重用文官的系列措施，這才有大量招收士子的科舉制度。這固然是後來「積貧」、「積弱」和「三冗」（『冗官』、『冗兵』、『冗事』）後遺症的由來，但也是因經濟發達、市場繁榮、文化鼎盛、科技昌明，令大宋王朝成為中國歷史轉折點的原因。

關於那塊「士人不可殺」的誓碑，首見於宋朝葉夢得的《避暑漫抄》：

藝祖受命之三年，密鐫一碑，立於太廟寢殿之夾室，謂之誓碑，用銷金黃幔蔽之，門鑰封閉甚嚴。因敕有司，自後時享（四時八節的祭祀）及新太子即位，謁廟禮畢，奏請恭讀誓詞。獨一小黃門不識字者從，餘皆遠立。上至碑前，再拜跪瞻默誦訖，復再拜出。群臣近侍，皆不知所誓何事。自後列聖相承，皆踵故事。靖康之變，門皆洞開，人得縱觀。碑高七八尺，闊四尺餘，誓詞三行，一云：「柴氏子孫，有罪不得加刑，縱犯謀逆，止於獄內賜盡，不得市曹刑戮，亦不得連坐支屬。」一云：「不得殺士大夫及上書言事人。」一云：「子孫有渝此誓者，天必殛之。」後建炎間，曹勛自金回，太上寄語，祖上誓碑在太廟，恐今天子不及知云。

據《宋史·曹勛傳》，已經被俘虜到金國為降人的宋徽宗，對即

將南歸的曹勛交代：「（太上皇）又語臣曰：『歸可奏上，藝祖有約，誓不誅大臣、言官，違者不祥。故七祖相襲，未嘗輒易。每念靖康年中，誅罰為甚。今日之禍雖不在此，然要當知而戒焉。』」

　　兩宋王朝對於文化人的優容，這塊誓碑起到極大的作用。第一，因係太祖所立，具有國家法律的權威；第二，趙匡胤為趙氏家族的開國之君，他所立的誓碑，自然也就有鉗束整個家族的契約力量；第三，圍繞誓碑的神秘設施、神聖儀式，以及讖語詛咒，對後世繼承人的阻嚇作用，是毫無疑義的。在中國、在世界，如果不是唯一，也是少有這樣器識的最高權力擁有者，敢於做出以碑刻這種不易磨滅的方式，發出誓言，作出承諾，不得殺士大夫以及言事者。王夫之說：「自太祖勒不殺士大夫之誓以詔子孫，終宋之世，文臣無歐刀之辟。張邦昌躬篡，而止於自裁；蔡京、賈似道陷國危亡，皆保首領於貶所。」

　　後來的研究者，對於趙匡胤誓碑的真實性存疑，理由有三：一是「靖康之變」發生時，《避暑漫抄》的作者葉夢得不在京城；二是未見宋朝李燾所著《續資治通鑑長編》與元朝脫脫所著的《宋史‧太祖本紀》中，有過類似記載；三是如此盛德之舉，正應藉以廣樹恩信，延攬人心，沒有必要秘而不宣，諱莫如深。其實，非作者親眼目睹的事實，不能斷言其不存在；未見於信史所載，也不能說明傳聞便是杜撰；至於當時為什麼不利用這項德政，大肆宣傳，製造輿論，這不過是以今人發紅頭文件、開群眾大會、學報紙社論、談學習心得的行事方式，加諸前人而已。試想一下，趙匡胤不是傻瓜，這種皇室內部的密約，具有相當程度的底牌性質，怎能公之於眾，成為束縛接班人手腳的羈絆呢？我們還可以想像一下，五代以來，武人囂張成性，能夠忍受對如此「二等公民」的安排嗎？而做小媳婦做慣了的知識分子，得此尚方寶劍，那還了得，豈不要騎在皇帝的脖根子上拉屎嗎？

　　宋代以文臣駕馭武將的基本國策，一以貫之的重用並優待文臣，

輕易不殺臣下的大政方針，實際上是以祖宗家法為基礎，歷代皇帝遵奉並認真執行。從《續資治通鑒長編‧仁宗‧慶曆三年》的范、富爭論，范仲淹多次提及「祖宗以來」，大家嘴上不說，心裏卻是清楚這塊誓碑，有一條可以約束皇帝的戒律。「初，群盜剽劫淮南，將過高郵，知軍晁仲約知不能禦，諭富民出金帛，具牛酒，使人迎勞，且厚遺之，盜悅，徑去不為暴。事聞，朝廷大怒，樞密副使富弼議誅仲約以正法，參知政事范仲淹欲宥之，爭於上前。」范仲淹認為：「郡縣兵械，足以戰守，遇賊不禦，而又賂之，此法所當誅也。今高郵無兵與械……然事有可恕，戮之，恐非法意也。」仁宗「釋然從之，仲約由此免死。既而，弼慢甚，謂仲淹曰：『方今患法不舉，舉法而多方沮之，何以整眾？』仲淹密告之：『祖宗以來，未嘗輕殺臣下，此盛德之事，奈何欲輕壞之。』」從《退齋筆錄》所載元豐年間，神宗欲處置一名辦事不力的轉運使，蔡確和章惇也是以「祖宗以來」四字逼皇帝讓步。當時，對西夏用兵失利，神宗很沒面子，要殺這個失職的轉運使，一以卸責，二以洩火，三以樹威。沒想到承旨辦案的宰相蔡確，卻拒絕執行。他的理由是：「祖宗以來，未嘗殺士人，臣等不欲自陛下始。」接下來，神宗說，不殺可以，「使刺配遠惡州郡」。時為門下侍郎、參知政事的章惇，堅稱不可，「如此，即不若殺之」。他認為，「士可殺，不可辱」，黥面對士人來說勝於刑戮。事後神宗對二人喟然長歎：「快意事更做不得一件！」章惇居然像吃了槍藥似的回答道：「快意事，做不得也好。」這種臣下頂撞主子的回答，宋以前的秦、漢、唐聽不到，宋以後的元、明、清更是聽不到。

蔡確敢頂着神宗不辦，章惇敢力阻刺配，都是有這個「祖宗以來」在撐腰；神宗無可奈何地收回成命，也是不得不顧忌這個「祖宗以來」。其實大家心裏都明白。首先，大宋王朝捨太祖外，無人配稱祖宗。說「祖宗以來」，就是指趙匡胤的這塊誓碑。其次，這塊誓碑，

除了皇帝外，再無他人親眼目睹，所以無人敢公開直接地說出口，於是約定俗成，用「祖宗以來」而諱說誓碑。第三，只要一說「祖宗以來」，誓碑上一、三兩條，都非重點，要害就在「不殺士人和言事者」這一條。也許正是這一份自古以來對文人士大夫從未有過的保護條款，知識分子的積極性煥發，創造性蓬勃，從而推動了宋朝的發展和變化，成就了中國歷史上少有的輝煌。

宰相呂大防對宋哲宗說得再明白不過：「自三代以後，唯本朝百三十年中外無事，蓋由祖宗所立家法最善……前代多深於用刑，大者誅戮，小者遠竄。唯本朝用法最輕，臣下有罪，止於罷黜，此寬仁之法也。」他所以如此宣講，也是要宋哲宗記信誓碑的祖訓。而這個得以接神宗大位的年輕人，在他真正掌握帝權後，馬上就報復當年諫諍過他「好色」的劉安世和范祖禹，絕無「寬仁」可言。起初，他雖為帝，但垂簾問政者為宣仁高太后。這「好色」二字，要是惹老太太不高興，很可能廢了他，所以他特別恨這兩個人多嘴。於是，御筆一批，說這兩位台諫，「輒造誣謗，靡有不至，跡其用心，宜加誅殛，聊以遠竄，以示寬恩。范祖禹特責授昭州別駕，賀州安置。劉安世特責授新州別駕，英州安置」。從他所用「誅殛」一詞來看，大有不殺不足以洩舊忿之意。因為誓碑的約束，因為讖語的威嚇，他住手不予「誅殛」，所以，他也就敢宣稱「朕遵祖宗遺志，未嘗殺戮大臣」。這當然是表面文章了，可他不得不說這番話，說明他「跪瞻默誦」過這塊誓碑，大概不敢不太當回事的。

再從北宋時期著名的「烏台詩案」和「車蓋亭詩案」看，這兩起「文字獄」的事主蘇軾對神宗的大不敬，對時局的大不滿，以及蔡確以唐代的武則天影射當朝主政的皇太后，那矛頭直指最高領袖，是明顯不過的「惡攻」罪，要是放在明朝或者清朝，肯定是活不成的了。可在宋朝，他們只止於被流放而已。雖然被流放，是一種苦不堪言的

懲罰。《宋稗類鈔》說過:「章惇恨安世,必欲殺之。人言春、循、梅、新,與死為鄰,高、竇、雷、化,說着也怕。八州惡地,安世歷遍七州,所以當時有『鐵漢』之稱。」像劉安世居然能夠存活下來,像蘇軾最後赦回中原常州,是極少的幸運者。凡流放於荒州野縣的兩宋政治人物,最後無不瘐斃於蠻煙瘴霧的毒域。然而,比之明朝的「腰斬」、清朝的「凌遲」,相對而言,就算是「仁政」了。若無趙匡胤的誓碑,恐怕連這點「仁政」也是不會有的。

兩起「文字獄」事件,很大程度因黨爭而起:神宗支持變法,變法派便藉蘇軾一案打擊反變法派;同樣,哲宗繼位後,宣仁高太后主事,她反對變法,反變法派便拿蔡確一案搞倒變法派。但是,當案件進入實質階段,到底要怎樣處置時,是殺是關,是釋放還是流放,便出現與他朝迥然不同的眾說紛紜現象。明朝也好,清朝也好,「文字獄」的第一目的:消滅意識形態上的異己分子,鎮壓持不同政見的文人;第二目的:亮出屠刀,人頭落地,殺雞給猴子看,警示文人必須夾着尾巴做人,按照主流意志行事。元、明、清的知識分子,恨不能把頭縮進褲襠裏去,嚇得連屁也不敢放一個,就是沒有大宋王朝「不殺士人和言事者」的保證。所以,在宋朝,無論變法的,反變法的,對於蔡確要受的懲罰齊感不妥。遂不分畛域,不計前嫌,聯合起來,要求皇帝按祖宗之法,也就是按趙匡胤誓碑來處理。

北宋這兩起「文字獄」案件,雷聲大,雨點小,都以流放了結。

當初「烏台詩案」來勢洶洶,大有就地正法的形勢。蘇軾被押到開封,關進大牢,大家都替他捏把汗,他自己也嚇得魂不附體。慢慢地有人為他緩頰,都拿誓碑的精神說事。據《續資治通鑒長編》:「軾既下獄,眾危之,莫敢正言者。直舍人院王安禮(王安石之弟)乘間進曰:『自古大度之君,不以語言謫人。按軾文士,本以才自奮,謂爵位可立取。顧碌碌如此,其中不能無觖望。今一旦致於法,恐後世

謂不能容才，願陛下無庸竟其獄。』」章惇也規諫過神宗：「軾十九擢進士第，二十三應直言極諫科，擢為第一。仁宗皇帝得軾以為一代之寶，今反置於囹圄，臣恐後世以謂陛下，聽諛言而惡訐直也。」關了蘇軾三個月後，不想、不願、也不敢殺文人的神宗，終於將他釋放了。對他的處分還算手下留情，只是發配到湖北黃州這不算太邊遠的縣份，任團練副使，本州安置，不得簽署公事。有飯可吃，無公可辦，那時大概不用寫檢討、作交代，這樣，他倒有足夠的時間吟詩作賦，著名的《赤壁賦》就是在黃州寫出來的。

至於「車蓋亭詩案」的處理，則比較複雜。元朝脱脱編《宋史》，將蔡確列入奸黨傳未必合適，但自宋而元而明，對「王安石變法」的看法，一直負面，也是客觀存在。第一，神宗死了，哲宗繼位，宣仁高太后主政，重用舊黨，推翻新法，形勢對蔡確不利。第二，繼王安石為相後，蔡確又極其賣力，貫徹新法，很得罪了那些反變法派。第三，蔡確生性歹毒，作風惡劣，害人甚多，結怨不少。此案一出，很令他的對立面歡欣鼓舞：想不到你小子終於有這一天。但謫令一出，貶英州別駕，新州安置，這絕對要他性命的處置，令朝中支持他的一派、反對他的一派，以及既不支持也不反對的一派，都傻眼了。他是當朝宰相，即使有錯，也應得到尊重，體面下台，更不能遠放新州，到那「與死為鄰」的州縣。於是，大宋王朝的變法一派、反變法一派，竟一致認為處分過於嚴重，而且不合祖宗家法。

趙翼在《廿二史劄記》中，有一則關於「車蓋亭詩案」的感想，此公以十分訝異的筆調寫道：這是怎麼回事呀？「若論（蔡）確設心之奸險，措詞之兇悖，雖誅戮尚不足蔽辜，僅從遠竄，已屬寬典。乃當時萬口同聲，以為太過，即號為正人君子者，亦出死力救之。謂聖朝務宜寬厚，力言於宣仁后簾前，並言於哲宗者，范純仁及王存也。謂注釋詩語，近於捃摭，不可以開告訐之風者，盛陶也。謂以詩罪

確，非所以厚風俗者，李常也。謂恐啟羅織之禍，上疏論列，及聞確謫命，又奏還除目者，彭汝礪也。謂薄確之罪，則皇帝孝治為不足，若深罪確，則於太皇太后仁政為小累，皇帝宜敕置獄逮治，太皇太后出手詔赦之，則仁孝兩全者，蘇軾也。甚而范祖禹先既劾確，及聞新州之命，又自謂自乾興以來，不竄逐大臣，已六十餘年，一旦行之，恐人情不安。又甚而邵康節局外評論，亦謂確不足惜，然為宰相，當以宰相處之，而以范純仁為知國體。可見是時朝野內外，無不以為謫確為過當。」

趙翼為清朝大學士，自然是以大清王朝對待「文字獄」的態度，來看待蔡確這幾首牢騷滿腹的詩。他認為統治者屠滅自由表達意志的文人，是天經地義的，而文人只能跪着活而不能站着生，而對大宋王朝的文人，不但敢於提出異議，而且對范純仁一干人等，平素與蔡確形同水火，都是對「熙寧變法」持反對觀點，因而程度不同地受到王安石及其黨羽的打擊、排擠。一旦有悖祖宗之訓，有違誓碑之旨，就都跳出來為一個罪犯求情。正因如此，他指責這都是「宋待士太厚之故，縱有罪惡，止從黜謫，絕少嶺海之行，久已習見，以為當然，一旦有此遠謫，便群相驚怪，不論其得罪之深，反以為用刑之濫。政令縱弛，人無畏懼，實由於此，宋之所以不競也」。

正常，視為不正常；不正常，反而被視為正常。這大概就是一千多年間人們不談趙匡胤這塊誓碑的原因。做帝王者，不談，可以理解，他們絕不允許文人犯上作亂，他們最害怕的是文人以自己的頭腦思考。做文人者，不談，就不可理解了。但你讀了趙翼的這段妙文以後，就會知道所謂的「斯德哥爾摩綜合症」，是怎樣將一個正常人變為不正常的；而這個不正常的人，竟會成為迫害他的人的同黨、幫兇，並視其所作所為無不正常。這就是我們從趙翼文章中所讀到的弦外之音。中國知識分子之可憐可悲，就在於這種自覺和不自覺地甘為

統治階級的鷹犬反噬同類，還認為自己在替天行道。這也是趙匡胤誓碑成為絕唱的原因，你文人不自重、不自強、不自立，那別人還能對你怎麼樣？

不過，趙翼所說的「宋之不競」，的確也是一個無法迴避的事實。在後人眼裏，宋乃中國歷朝歷代中最不振作、最為窩囊，僅有半壁江山的一個朝代。為什麼會造成這樣的敗局？主要由於「冗官」、「冗兵」、「冗費」，而尤讓中國人感到恥辱的，這是一個向鄰邦納貢稱臣，才得以苟安一隅的王朝；這是一個有兩個皇帝被人家抓走當俘虜的王朝；這是一個最終連立錐之地也沒有，不得不被迫漂蕩在海上的王朝。然而，就這樣一個先輸於遼，後敗於金，最後亡於元的「積貧」、「積弱」的王朝，由於趙匡胤的誓碑，文人得大自由，文化得大發展，文明得大進步，文學與文藝得大繁榮，讓我們看到這個王朝輝煌燦爛的另一面。軍人和軍事活動為時代主體的戰爭年代，毀滅、死亡、破壞，壓倒一切；文人和文化活動為時代主旋律的和平年代，建設、發展、富裕，成為基調。於是，兩宋王朝積三百多年的努力，其高度發達的經濟、突飛猛進的科技、高產豐收的農業、富庶活躍的市場，其規模宏大的城市、大量增加的人口、生活安定的社會、詩書禮樂的環境，成為繁榮和創造的黃金時代。正如陳寅恪所說：「華夏民族文化歷千年之演變，造極於趙宋之世。」能達到極致境界，與這塊誓碑所營造出來的大環境，有着莫大的關係。

錢穆則說得更仔細些：「論中國古今社會之變，最要在宋代。宋之前，大體可稱為古代中國，宋以後，用為後代中國。秦前，乃封建貴族社會。東漢以下，士族門第興起，魏晉南北朝定於隋唐，皆屬門第社會，可稱為古代變相的貴族社會。宋以下，始是純粹的平民社會。除蒙古滿洲異族入主，為特權階級外，其升入政治上層者，皆由白衣秀才平地拔起，更無古代封建貴族及門第傳統的遺存。故就宋

代而言之，政治經濟、社會人生，較之前代莫不有變。」（《理學與藝術》）

法國漢學家謝和耐的《中國社會史》，將宋代稱作中國的文藝復興時代，也是強調唐、宋大轉變中的文化含量。「11—13 世紀期間，在政治社會或生活諸領域中，沒有一處不表現出較先前時代的深刻變化。這裏不單單是指一種社會現象的變化（人口的增長、生產的全面突飛猛進、內外交流的發展……），而更是指一種質的變化，政治風俗、社會、階級關係、軍隊、城鄉關係和經濟形態均與唐朝貴族的仍是中世紀中期的帝國完全不同，一個新的社會誕生了，其基本特徵可以說已是近代中國特徵的端倪了。」

僅就中國人的「四大發明」來說，除造紙外，其餘的火藥、活字印刷術、指南針三項，這些宋朝人智慧的結晶，一直到今天，仍為當代社會所需要。我們須臾不離的書本、報紙上的印刷文字，乃至網絡上所使用的方塊字，最常見的是「宋體」，這個「宋」，就是宋朝的「宋」，所以，宋朝人的社會生活模式，為後世中國人所承襲。或者還可以說，我們當下的生活方式，與秦、與漢、與唐，都多不搭界，從文化淵源上講，與宋卻是最為接近的。嚴復有過這樣一種論點：「若論人心政俗之變，則趙宋一代歷史最宜究心。中國所以成為今日現象者，為惡為善，故不具論，而為宋人所造就，十八九可斷言也。」

趙匡胤的誓碑，也許真的是子虛烏有，然而有一點不可抹殺，由於兩宋王朝對於文人的優容、對於文化的扶掖、對於文明的提倡、對於文學和文藝的寬縱，宋朝也許是中國封建社會中最值得肯定的時期。

王安石之「怪」

---- **王安石**（1021－1086）----

宋朝政治家、文學家，江西撫州人。他潛心研究經學，被譽為「通儒」。其文章論點鮮明、邏輯嚴密，有很強的說服力，名列「唐宋八大家」。

王安石，是個大文學家、大政治家，但也是個大怪人。

宋朝葉夢得《石林燕語》記載：

> 王荊公性不善緣飾，經歲不洗沐，衣服雖弊，亦不浣濯。與吳沖卿同為群牧判官，時韓持國在館中，三數人尤厚善，無日不過從。因相約：每一兩月，即相率洗沐。定力院家，各更出新衣，為荊公番，號「拆洗」。王介甫出浴見新衣輒服之，亦不問所從來也。

「經歲不洗沐」，「衣服雖弊，亦不浣濯」，其實也沒有什麼了不起，但《宋史·王安石傳》裏說：「性不好華腴，自奉至儉。或衣垢不浣，面垢不洗，世多稱其賢。」這就有點莫名其妙了。世風好諛，

大人物的一舉一動，追隨者都會頂禮膜拜。不過，衣服穿舊穿髒不洗滌，臉上有污垢也不弄乾淨，怎麼能和「賢」聯繫上，我真佩服那些人的想像力。

宋朝彭乘《墨客揮犀》裏，還記載了另外一個小故事，也可見此公的性格：「王荊公為小學士時，嘗訪君謨。君謨聞公至，喜甚，自取絕品茶，親滌器烹點，以待公，冀公稱賞。公於夾袋中取消風散一撮，投茶甌中並食之，君謨失色。公徐曰：『大好茶味。』君謨大笑，且歎公之真率也。」食不知味的人，有什麼真率可歎？説得好聽些，無非不通曉或者假裝不通曉人情世事的怪人罷了。

不過，從古到今，文人中間怪者也多。

有的是本性所致的「怪」，有的是大智若愚的「怪」。有的作家，對不起，恕我不敬地説，則是矯情的「怪」。把怪當作一種登龍術、一種廣告手段，無非都是文思枯竭以後，作品寫不出來，就只好靠文學以外的名堂向世人表明自己的存在了。王安石是一個搞政治的文學家，在野二十多年，冷板凳坐得太久，要不作一些怪的話，也是怕人把他忘記的。所以，凡是在文壇跟頭把式、出點洋相、製造新聞、興風作浪、不那麼老老實實寫作者，十之八九都有其廣義上的政治企圖。

因為搞真正的文學是要費點力氣的，而作怪的話，興之所至，率意而為，那就容易多了。例如作《登樓賦》的王粲，喜歡作驢叫。他死後，安葬畢，來送喪的曹丕對一些參加追悼會的文人提議，仲宣生前愛作驢鳴，可各作一聲以送之。於是，每人皆引吭高聲效驢之吼鳴，墓前的那個交響場面，肯定令人亢奮，但也確實是怪誕不經的。比王粲稍晚還有一位阮籍，喜歡作長嘯，聲聞數百步。他既不是戲曲演員，需要弔嗓子；也不是美聲唱法，要練發聲，長嘯不已大概也會讓人莫名奇妙的。所以，由文人組成的文壇，忽而傳來一聲驢鳴、一

聲虎嘯，大可不必太在意的。因為，倘不這樣怪一下，怎麼能讓大家側目而視呢？

至於王安石的「怪」，到底屬哪一類，千古論者，看法不一。甚至當時的皇帝宋仁宗，也弄不清他是真怪、假怪，還是裝怪，何況我們後人乎？據邵伯溫《邵氏聞見錄》載：仁宗有一次賜宴臣下，自然也算是盛典了。但這位皇帝是很講究儉樸的，所以就不像現在拿着公家支票去吃飯，那樣花錢如流水了。他舉辦這次宴會，倒具有一點西洋情調，既像是自助餐，又像是野外燒烤。與會者得自己在池塘裏釣上魚來，然後或紅燒，或清蒸，或刺身，與大家共享同樂。

王安石不喜歡釣魚，也不擅釣魚，坐在那裏便把一碟子用麵粉做成的魚餌，一粒一粒地扔進嘴裏，吃了個精光。第二天，宋仁宗對當朝宰相講，這個王安石是怎麼回事呢？他是極虛偽，還是極呆傻呢？一個人保不齊誤吃一粒兩粒魚餌，但總不能把那麼一大盤子的小麵球統統吃下去。所以，宋仁宗不怎麼賞識他，也不曾重用他。其實，這位皇帝曾經很在意他，把他從地方上調到中央工作。而且在這以前，由於他為官政聲甚佳，宋仁宗多次指示宰相提拔此人到開封來擔任要職。但這位怪人，就是不接受上方的好意，一而再再而三地拒絕了。每婉謝一次，他的呼聲就高漲一次；每推託一次，許諾他的職務就提高一級。後來，他終於在差不多夾道歡迎的程度下來到京城就職。

《邵氏聞見錄》載：「安石在仁宗時，論立英宗為皇子，與韓魏公不合，故不敢入朝。安石雖高科有文學，本遠人，未為中朝士夫所服，乃深交韓、呂兩家兄弟。韓、呂朝廷之巨室也，天下之士不出於韓，即出於呂。韓氏兄弟，子華與安石同年高科，持國學術尤高，大臣薦入館。呂晦叔亦與安石同年進士。子華、持國、晦叔，爭揚於朝，安石之名始盛。又結一時名德如司馬君實輩，皆相善。」一個人能夠如此鋪墊人氣，放長線釣大魚，沒有相當智商，沒有十分手腕，

是難以辦到的。然而，這個人居然若無其事地吃下一盤子魚餌，真是讓人很難疊合起來看待。

1060 年（嘉祐五年），王安石調到了中央，果然很當回事地在五月給皇帝上「萬言書」，要求改革政治體制，改變經濟方針。這一套思路，後來被隔一代的新皇帝宋神宗大加賞識而推行全國，是史稱「王安石變法」的設想藍本。但仁宗讀了「萬言書」，沒有反應。本來，大家覺得他調來中央必受重用，仁宗卻基本上將他晾在那兒了。其實，1045 年（慶曆五年）范仲淹的「新政」試驗未果而終以後，宋仁宗對於任何改革都不抱熱情了。三十多年太平皇帝做下來，求穩是第一位的，這個人本來就沒什麼力氣和精神的皇帝，是絕對不想作為了；更何況仁宗對王安石也印象不佳。王安石覺得很無趣，便藉口家事，又請調回到金陵。於是，有人納悶，這對君臣之間產生了什麼齟齬？其實，啥事也沒有。有人認為，他當着仁宗的面，吃了那一盤子魚餌，估計讓陛下覺得他這個人，若非大愚，必是大奸，因此對這位「盛名之下，其實難副」的臣下，由最初的熱烈期待變為疑慮不解，從此拉開距離了。

談到文人的「怪」，恐怕不是「一加一等於二」那樣簡單，有時表象和本質會很不一致，怪誕的背後沒準訴求相當世俗，誰知王安石是不是有意吃給仁宗皇帝看的呢？因為他的抱負很大，他是想在富國強邦的政治領域裏創功立業，他到中央來是寄望這位欣賞他的皇帝能給予他施展才華的機會。可實際並非如此，仁宗本來就沒有什麼銳志雄圖，登上皇位太久，也懶得革新求變，王安石睹此無可作為的現狀，也就不再積極，就吃這一盤子魚餌讓陛下看看，也未可知。

但對另外一個皇帝，他又一點也不怪了。宋朝曾舒《南遊說舊》記載：「王介甫以次女適蔡卞，吳國夫人愛此女，乃以天下樂暈錦為帳，未成禮而華侈之聲聞於外。神宗一日問介甫云：『卿大儒之家，

用錦帳嫁女？』甫諤然無以對，歸問之，果然。乃捨之開寶寺福勝閣下為佛帳，明日再對，惶惶謝罪而已。」由此來看，他有時要裝裝怪，有時也是不敢怪的。因為，神宗對於他來講，是屬於必須要小心侍候的主子，他是將身家性命都押在這個賭桌上了。所以，說到底，怪的行為舉止，無非是一種文人引人注目的表演手段而已。有時怪，有時不怪；需要時怪，不需要時不怪。王安石死後不久，很快民間就流傳以他為主角的說書，名為《拗相公》的話本，現在還可以從殘存的《京本通俗小說》中讀到。這當然是他的政治上的反對派，或者是受新政之累的老百姓，在輿論上的一次清算。用一個「拗」字來形容王安石，當然是十分傳神的。

有一年元宵節，王安石陪着神宗皇帝，君臣二人，邊談邊行，騎馬進宣德門。沒想到執勤衛士持槍把他攔住了，拉住了他的馬，不許他進去。那時，他已經是參知政事，相當於副首相，宰相肚裏能撐船，本不必發那麼大的脾氣。但他居然上奏章，要逮捕法辦執勤衛士。御史蔡確不同意，「宿衛之士拱扈至尊而已，宰相下馬非其處所，應呵止」。王安石「拗」起來，連神宗也拿他沒辦法，只好為他「杖衛士，斥內侍」，而「安石猶不平」。《邵氏聞見錄》也講過一則他彆扭得不可理喻的小故事：「荊公在半山使一老兵，方汲泉掃地，當其意，譽之不容口。忽誤觸燈檠，即大怒，以為不力，逐去之。參寥在座，私語他客曰：『公以喜怒進退一老兵，如在朝廷以喜怒進退士大夫也。』」但是，他要把他的兒子王雱，推薦給神宗皇帝時，按他的「怪」和「拗」，直接提出來，也未為不可，可他卻繞了個大彎子，先把他兒子寫的策論和《道德經》注疏，刻印成書，拿到市場上賣，再從讀者的呼聲中上達天聽使皇帝聞知。採取這種迂迴戰略，此公究竟是真拗呢還是假拗，真是要打個大問號的。

在中國歷史上，文人當官者很多。官有做得大的，王安石算是一

個，中樞決策，位極人臣；也有做得小的，陶淵明做彭澤令，頂多算
「七品芝麻官」吧？有人是很想做官的，「天子呼來不上船」的李白，
為了謀求一個能夠作為的官位，跑到永王李璘那兒當幕僚，以至流放
夜郎。但也有人是很怕做官的，董卓一進洛陽，文人都跑掉了，只有
蔡邕在滿門抄斬的威脅下給董卓做事。最後，董卓被殺了，這位文人
挺念舊，掉了兩滴淚，被貂蟬的乾爹王允抓住，結果掉了腦袋。有的
為了做官，連氣節也不要，作《燕子箋》的阮大鋮，就是一個這樣的
敗類。有的為了不做官，還被砍掉了腦袋，這就是和司馬炎不合作的
嵇康，所遭遇到的噩運。而和嵇中散差不多心態的阮籍，不得不做了
個步兵尉的小官，成天喝得醉醺醺的來逃避政治。有一回，竟醉了兩
個月，不理政事，這樣才勉強保住了首級。

　　但也有人以不做官作為資本，沽名釣譽，大撈一把。在這方面，
王安石可以說是一個成功的例子。

　　在中國歷史上，唐宋兩朝是文人做官最多的年代。「唐宋八大
家」幾乎每個人的官，都做得不小。此前的漢魏時期，皇帝是不怎麼
把文人當回事的，司馬遷自己都認為史官不過是倡隸優卒之流的小人
物，司馬相如、枚乘也不過文學侍從罷了。禰衡被曹操罰做鼓吏，楊
修只是隨軍參事，「竹林七賢」中有的官職不低但並無實權。此後的
明清時期，文人做大官者就更少了。雖然有些御用文人，隨侍皇帝左
右，寫些應制文章，但只有吾王萬歲萬萬歲的捧場權，干政是輕易不
敢的。唯有唐宋兩代，文人的價碼要高一點，像韓愈、柳宗元、歐陽
修、蘇軾，在被黜被貶被流放的情況下，還能當上地方官。而以「天
變不足畏，祖宗不足法，人言不足恤」的精神，改變了整個國家現行
政策者，亘古以來也只有王安石一人而已。

　　王安石為了實現他的變法意圖，用以退求進的手段求官，幾乎等
待了半輩子。能下這麼大本錢，連同時代的人都認為他怪得可以，因

為朝廷再三請他出仕，他就是拒絕任命。有一次，給他一個修起居注的差使，「閣門吏齎敕就付之，拒不受，吏隨而拜之，則避於廁。吏置敕於案而去，又追還之，上章至八九」地堅辭，可見他是一個多麼了不起的以怪制勝的怪人了。

1042 年（慶曆二年），王安石考中進士時，才 20 歲出頭。一直到四十多歲，也就是 1068 年（熙寧元年）得意，他經歷了宋仁宗、宋英宗兩朝，一共二十五六年之久，講學金陵，不予奔競，「館閣之命屢下，安石屢辭，士大夫謂其無意於世，恨不識其面。朝廷每欲俾於美官，唯患其不就也」。由於他謝絕到朝廷就任，恬退守職，反而聲名日隆。越表示不做官，朝野上下越希望他出來做官；越做出怪的行止，也越是吸引觀眾。輿論造得如此之足，他竟被視為「一世之偉人」，朝拜者、敬禮者、請安者、侍奉者不絕於門，「以金陵（指王安石）不作執政為屈」。如此極盡鼓蠱煽動之能事的效果，試想這是傻不拉唧吃了一盤子魚餌的人能製造得出來的嗎？

這類文壇上哄抬物價的現象，現實中也是屢見不鮮的，可見古今同理。因為捧角的人，啃招牌邊，是啖飯之道。而被捧的人，也是招搖之術，所以就有活着給自己立生祠的事。許多文壇前輩，如巴金先生、冰心先生，也不曾有個人紀念館的建設，可有另一些作家，已經在家鄉蓋了大廟一樣的館堂，供奉着自己的著作，張貼着自己的肖像。即使如王安石，被宋神宗尊為「師臣」、謚曰「文」、稱「王文公」者，也不曾讓人這樣香火奉祀他的。可見在某些方面，今人要比古人腦袋瓜子靈活得多了。能先風光兩天，就當仁不讓。

公元 1067 年正月，宋神宗即位，立即任命王安石為江寧知府。九月，又擢升為翰林學士兼侍講，這升官比坐直升飛機還要快，因為他決心要把這位隔牆吹喇叭 —— 名聲在外的奇才，從外任調入京師予以重任。因為當太子時，他的太子司文書事韓維即韓持國，經常對

政局發表看法。每逢這位王儲贊同時，韓維就表示，此非臣之意見，乃王安石之見解耳（後來王安石變法，因為韓維不贊成，他就把這位引薦者一腳踢了）。這就是《邵氏聞見錄》中所說：「先是治平間，神宗為潁王，持國翊善，每講經義，神宗稱善。持國曰：『非某之說，某友王安石之說。』至神宗即位，乃召安石，以至大用。」神宗耳朵裏早被王安石的名聲灌滿了，王安石和韓維書信往還，很了解這位新皇帝對他的態度。看來，此公身在金陵，心在汴京，不是厭倦仕途的塵外之人，只不過要看什麼時機合適，和什麼樣的皇帝能起用他罷了。

所以說，怪也好，不怪也好，裝怪也好，都有其現實的考慮。王安石不是不想出仕的，1058 年（嘉祐三年），宋仁宗把他從江東刑獄調到中央來任度支判官，他也曾對仁宗皇帝抱有幻想，上過「萬言書」的。結果，卻碰了個釘子，未被採納，他懷才不遇，適逢丁憂，只好退隱金陵，伺機而動了。英宗一朝，他因為反對過這位皇帝繼承大位，知道不會有好果子吃，所以給他官做他也不做。等到神宗登基，他認為是時候了，聖旨一到，他馬上接受了任命。不過，他也許覺得一反常態地熱衷仕途，和他多年營造的恬淡拒任的形象不那麼吻合，到底還是稱病，拖延了七個月才進京。弄得神宗也疑惑起來，是真有病呢，還是冀圖高位？

王安石二十多年，韜光養晦，拒不出山，製造輿論，聲譽鵲起，也有其策略上的盤算。因仁宗、英宗兩朝任職的范仲淹、晏殊、文彥博、歐陽修、司馬光這些文學上的對手，要想超越的話，還得憑藉政治上的優勢才行。而在封建社會裏，最大的政治上的靠山就是皇帝。他深知仁宗、英宗不可能對他另眼相待，所以只有蹲守金陵，等待時機了。

神宗上台，宋王朝積弱的國勢，至此愈益衰敝。仁宗時，國庫就「所出無餘」，英宗時收不抵支，出現赤字。那些文臣們在仁宗慶

歷年間也搞過新政的，卻碰了個大釘子，只能守成求穩了。新皇帝對這些無計可施的老臣當然不滿意，而每年必須要「賜」給西夏五萬兩銀、十三萬匹絹、兩萬斤茶，以求和平，還不包括節日期間要「贈」的銀、茶、絹、帛的沉重負擔。這還是大宋王朝為買和平所花費的小頭，大頭是向北方遼帝國的「賜」，那是十萬兩銀、二十四萬匹絹。到神宗朝，遼又提高宋的「賜」，為二十兩銀、三十萬匹絹。王安石給仁宗上的「萬言書」，所以石沉大海，是因為那時國家的日子好過些。但現在，處於內憂外患局面下的神宗，不得不把希望寄託在王安石的變法上，他一展雄圖的時機到了。

但是任何一次政治變革，都不會順利地付諸實施的，勢必要觸犯一部分人的既得利益。假如這部分人的力量足夠強大的話，變革行動不出母腹，就會被扼殺了，如宋仁宗的「慶曆新政」、清德宗的「康梁變法」。假如反對變革的力量強大，但進行政治變革的力量旗鼓相當，而且能夠堅定地排除變革過程中的障礙，變革也有可能獲得相當的成果，如秦之商鞅、明之張居正。如果變革者的計劃一出台即遭反對，變革者的營壘又不具有道德高度，而反對派始終保持精誠團結，加之這場變革確實給人帶來的不是福祉而是災難的話，那麼，絕無一絲成功的可能。

儘管王安石把所有反對變法的人都放逐了（其中的作家是最不堪一擊的，歐陽修回家養老去了，司馬光靠邊站了，蘇軾修西湖堤橋去了），但他卻無法制止由於權力再分配而造成的自己陣營分崩離析的現象。他推行新政的最得力的副手呂惠卿，也是出賣他、導致他最終失敗的主力。王安石下台以後，在南京天天寫「福建子」三字，以洩他對這個人的怨恨。有一次，蘇軾在南京見到他，談起變法的成敗，王安石還大罵是呂惠卿把事情搞砸了。

但變法失敗最主要的原因，還是在於青苗、保甲、免役諸法，有

利民的一面，也有擾民的一面，而貫徹執行新法，依靠的仍是舊的官僚行政機構，結果本來有利於民的政策，也會變質而給民眾帶來深重災難。《邵氏聞見錄》中說道：「又所遣新法使者，多刻薄小人，急於功利，遂至決河為田，壞人墳墓室廬膏腴之地，不可勝紀。青苗雖取二分之利，民請納之費，至十之七八。又公吏冒民，新舊相因，其弊益繁。保甲保馬尤為害，天下騷然不得休息，蓋祖宗之法益變矣！」《拗相公》是宋人話本，其中所描寫的老百姓對於變法的深惡痛絕之情，不能說沒有一定的真實性。

當然，還有並非不重要的一點，那就是進行政治變革的領袖，若不具有一定的人格力量，而是一個怪人、一個拗相公，必然會失去號召力、凝聚力。作為文學家，也許倒是其性格色彩，足以魅人；作為政治活動家，怪誕乖戾，躁迫強直，「逆意者雖賢為不肖，附己者雖不肖為賢」，也是這次變法失敗的原因之一。

蘇軾的老爹蘇洵，就為此寫了一篇《辨奸論》：「今有人，口誦孔老之言，身履夷齊之行，收召好名之士，不得志之人，相與造作言語，私立名字，以為顏淵、孟軻復出，而陰賊險狠，與人異趣，其禍豈可勝言哉？」這個人，就是指王安石。接着，就談到了他的怪：「夫面垢不忘洗，衣垢不忘浣，此人之至情也。今也不然，衣臣虜之衣，食犬彘之食，囚首喪面，而談詩書，此豈其情也哉？」一個連自己鬍子上爬着虱子也不自知的人，還有什麼可以指望的呢？最後，他對於這位怪人王安石，所得出的結論是：「凡事不近人情者，鮮不為大奸慝，竪刁、易牙、開方是也。」因此，碰上這類以怪待價而沽，以怪欺世盜名，以怪不可一世的文人，還真得想想蘇老泉的這番話。

王安石罷相以後，回到金陵去了。他的住宅附近，有一個地名叫「謝安墩」，指揮「淝水之戰」的謝安（又名謝安石），曾在此地落過腳。東晉至宋，也是好幾百年的事了，王安石這個怪人，也怪得太無

邊無際起來，為這個「謝公墩」姓謝而不姓王，寫了一首絕句：

> 我公名字偶相同，我屋公墩在眼中。
>
> 公去我來墩屬我，不應墩姓尚隨公。

王安石之「怪」，怪到如此地步，也算是登峰造極了。

蘇東坡的底氣

蘇軾（1037—1101）

字子瞻，又字和仲，號「東坡居士」，世稱「蘇東坡」。宋朝文學成就最高的代表之一。眉州眉山（今四川眉山）人。他生性放達，為人率真，好交友，好美食，好品茗，亦雅好遊山林，但卻一生坎坷。其詩題材廣闊，清新豪健，獨具風格；詞開「豪放」一派，從根本上改變了詞的發展方向；亦工於書畫；其文氣勢雄放，語言卻平易自然，代表了宋文的特徵。名列「唐宋八大家」。

參橫斗轉欲三更，苦雨終風也解晴，
雲散月明誰點綴？天容海色本澄清。
空餘魯叟乘桴意，粗識軒轅奏樂聲。
九死南荒吾不恨，茲遊奇絕冠平生。

這首標題為《六月二十日夜渡海》的東坡先生的名詩，是他於公元 1097 年（紹聖四年）謫放海南島儋耳（今海南儋縣）三年後，1100年（元符三年）六月遇赦，「量移廉州」，六月二十日渡瓊州海峽北

歸，到廉州（也就是現在的廣西合浦）時所作。

我曾循着這位大師的嶺南行蹤，探尋他被小人排擠、被朝廷放逐的行吟苦旅。當年坐在廣西合浦廉州中學校園裏的東坡亭上，我似乎於冥冥中聽到他在苦吟這首渡海之詩。

三年流放，九死一生，竟輕輕鬆鬆地落在了「茲遊奇絕」四個字上，這絕不是一般人的心胸能夠想得開的。詩人的樂觀胸襟、豁達精神、不屈意志，全在筆下流露出來了。他還曾經寫過一首《觀棋》詩：「勝固欣然，敗亦可喜，優哉遊哉，聊復爾耳。」就是這種意思了。

據《蘇軾詩集》引王氏《交廣春秋》注：「朱崖儋耳，大海中極南之外，對合浦徐聞縣，清朗無風之日，遙望朱崖州如囷廩大。從徐聞對渡，北風舉帆，一日一夜而至。」那時，過瓊州海峽，可不是現在一兩個鐘頭的事情，而是坐帆船，需作二十四個小時的長途航行，海水茫茫，天色蒼蒼，波濤萬里，浪逐船高。東坡先生佇立船頭，會不想起當年貶往海南的暗無天日的行程嗎？

三年前，在雷州半島的徐聞港碼頭告別登舟時，無論送行的親友，還是同船的渡客，都不相信年逾花甲的東坡先生還有北返的可能；恐怕連他自己也作了老死海南之想。他在給友人的信中說過：「某垂老投荒，無復生還之望。今到海南，首當作棺，死即葬身海外。」但天不絕人，三年後，他又重渡海峽，北望中原，能不感歎繫之，詩興大發嗎？這首詩是他的代表作之一，也是詩人艱苦卓絕、特立獨行，整他不垮、打他不倒的一生的寫照。

這位中國文學史上的巨人，由於他始終「忠規讜論，挺挺大節」，所以「為小人忌惡擠排，不使立於朝廷之上」，常因文字之禍、無妄之災，遍嘗顛沛流離之苦。文人遭嫉，多由文人而起；而文人相輕，走到文人相整，只是一步之遙的事情，歷史上的文學屠殺案，往往由這種惡性嫉妒而起。

　　如果做一次中國「文字獄」起因的調查，你會發現整人整得最起勁的，一是那些根本不入流的作家，出於嫉妒；二是那些已經寫不出作品的作家，由嫉生恨；三是那些被寫得比他好的作家，比得黯然無色而不甘心的作家，由恨而萌發出刻骨的歹毒；四是那些壓根兒就以文章為登龍術、為敲門磚、為墊腳石，志在攀附巴結，其實是打着作家幌子的作家，為了達到目的，連殺人之心都敢有的；五是那些吃柿子揀軟的捏，以作家為獵物，根本不是作家卻擠在作家行裏來謀算作家的文學殺手，那就更是可怕了。這些人，無一不身懷絕技，無一不人面獸心，無一不是想將正直文人置之死地而後快的家伙。

　　這些文人，唯其志不在寫，所以只要一有機會，或者結伙、成群、傾軋、排他；或者檢舉、揭發，批判、打擊。最可怕者，是那些能夠倚仗自己的或他人的權勢，放開手腳來整同行的「文人式」小人或「小人式」文人，那一副殺氣騰騰的嘴臉，甚至連皇帝老子都自歎弗如。

　　蘇東坡被放逐海南島，不一定是哲宗趙煦的意見，而可能是那些想整蘇東坡的小人們，變態的施虐心理在作怪。據說，已貶往惠州的他，曾經寫過一首詩，題名《縱筆》：

　　　白髮蕭散滿霜風，小閣藤床寄病容。
　　　報道先生春睡美，道人輕打五更鐘。

　　這首詩傳到了京師，已經爬上高位的章子厚冷笑一聲：「蘇子尚爾快活耶？」於是，蘇東坡被再貶儋州。陸游在《老學庵筆記》裏說過，紹聖年中，一批元祐黨人被貶往外地，因為蘇軾號子瞻，瞻字的偏旁為詹，就罰往儋州；蘇轍號子由，由字與雷字下半的田字近似，就罰往雷州；劉莘老罰往新州，也因為莘與新兩字的部分相同。從這

種挖空心思的刁鑽行徑看，文學殺手比職業劊子手更毒辣陰狠，更卑污齷齪。

在習習海風吹拂下的蘇東坡，眼看海岸線已在視線中，終於又將返回中原，撫髯而想的他，恐怕也不禁搖頭了。我們都有這樣的經驗，被人整了一輩子以後，還仍舊活着，而整人者本以為整倒了別人，自己就能扶搖直上，結果也不過庸庸碌碌，如此而已，有的甚至連毫毛也未撈到一根。東坡先生掰掰手指，先貶黃州，後謫英州，再罰惠州，後放海南，説得上命途多舛。他搖頭，因為他納悶，落在小人包圍圈裏一輩子的一介文人，如此被折磨，如此被播弄，而居然不死，如今還能站在北渡的一葉扁舟上，活着回返家鄉，會不感慨繫之嗎？

但也不能由此斷定，那些文學跳蚤就咬不死人，文壇上的書生悲劇，可謂層出不窮。或「生平文字為吾累」，「頭顱擲處血斑斑」，再無生路；或「冤沉獄底文章罪」，「遠戍散關不見還」，飲恨而終。在中國歷史的字裏行間，何處不是淚痕血漬啊！蘇東坡雖不死，但也在掉了一層皮以後，才終於踩着跳板，踏上闊別三年的大陸。這不能不説是一次性格強者的勝利，也是對自己充滿文學自信的一個文人的勝利。

被整，不垮；活着，而且活得很好。這對那些下手整過你的人（別看他裝得煞無介事），是永遠排除不掉的噩夢。王安石後來白晝見鬼，悒悒而亡，恐怕也只能夠以「現世報」三字來解釋了。

從這首渡海詩看，那些想扼殺這位文豪的小人們，恐怕是大失所望了。第一，他沒有如他們所設想的，在當時物質異常匱乏的海南島，飲食不繼，無以為生，困迫得喪失鬥志，最後以瘐斃了結。第二，他也沒有如他們所盼望的，把筆放下，將詩情收起，再也不抒發他那滿腔的巧思和才華，從此成為一隻不能鳴唱的鳥。第三，出乎他

們所預料的，苦行的磨煉，對詩人來說，醞釀成他思想的最後一次升華，南渡以後，他的詩更達到了出神入化的地步。所以，他把這三年的流放，看成是平生最奇最絕的一次難得的經歷，這實在是使他的對手氣得發昏的事情。

合浦，漢時即開郡（據《漢書·地理志》:「武帝元鼎六年開」），可見是個相當古老的縣城。合浦以出產珍珠聞名於世，《後漢書·循吏傳》:「（合浦）郡不產穀實，而海出珠寶，與交阯比境……嘗到官，革易前敝，求民病利。曾未逾歲，去珠復還，百姓皆反其業。」可見，「合浦珠還」的故事，早在那時就流傳了。蘇東坡的《讚廉州龍眼》詩亦有「坐疑星隕空，又恐珠還浦」句。人稱「西珠不敵東珠，東珠不敵南珠」的南珠，就專指合浦產的珍珠。但我不遠千里，來到合浦這塊土地，倒不是為那些精美絕倫的珍珠，而是沿着大師的足跡，尋覓他、走近他、了解他。

因為 1100 年（元符三年）的六月二十日，到八月二十八日的兩個月間，這座古城曾經張開懷抱，迎接渡海歸來的蘇東坡。我在這個蘇東坡暫住作客的城池裏，在這座東坡亭裏，似乎真能感受到大師的一絲遺澤呢！

　　　　荒涼海南北，佛舍如雞棲。
　　　　忽此榕林中，跨空飛栱枅。
　　　　當門冽碧井，洗我兩足泥。
　　　　高堂磨新磚，洞戶分角圭。
　　　　倒床便甘寢，鼻息如虹霓。
　　　　僮僕不肯去，我為半日稽。
　　　　晨登一葉舟，醉兀十里溪。
　　　　醒來知何處，歸路老更迷。

　　這首標題為《自雷適廉，宿於興廉村淨行院》的詩，令我不禁猜想，一千多年前，渡海歸來的蘇東坡，坐在那敞亮清涼的亭子裏，汲井水，燒團茶，任秋風蕭瑟，聽秋雨淅瀝，恐怕詩中的「歸路老更迷」的「迷」字，多少道出了他興奮之餘、悲悵隨之的複雜心境。

　　　　芒鞋不踏利名場，一葉輕舟寄渺茫。
　　　　林下對床聽夜雨，靜無燈火照淒涼。

　　這一首當是同時作品的《雨夜，宿淨行院》，也可佐證大師回到大陸南端後那種迷茫、淒冷和孤獨之情。智慧如蘇東坡者，不會不明白，即或如王安石、章子厚，退出了歷史舞台，也不等於馬上「煙飛虜滅」，總有一脈相承的殘餘勢力要他面對的。然而，在合浦那夕陽餘輝中的他，已不是開封資政院裏風華正茂的他了。無論如何，對這位「吾文如萬斛泉源，不擇地皆可出」的文學大師來說，已快走到人生盡頭，反顧既往，能不為被延宕的時間感到淒涼嗎？
　　我們失去得最多的，而且永遠也找不回來的，就是時光。
　　他在這裏作的另一首詩，提到了歐陽修和梅聖俞：「我憶汝州六一叟，眉宇秀髮如春巒。」「作詩頗似六一語，往往亦帶梅翁酸。」說明他經歷了「九死南荒吾不恨」的坎坷命運之後，仍對故人念念不忘。那他會不想到另外一位造成他終生淹蹇的王安石嗎？
　　談起蘇東坡，不可能不談王安石，同為「唐宋八大家」，文章與詩詞寫得絕棒。同樣，提到了這位「拗相公」，自然也就不會忘懷因與新政相背，坐過大獄，漂泊半生的詩人。他們倆在政治上屬於不同營壘，在文學上也相互匹敵。如果，蘇東坡的文學成就，不是令那麼王安石不安；如果，蘇東坡的剛直性格，些許斂抑一些，不去忤弄這位權傾一朝、其實也蠻「小人」的同行，他在政治上的命運，說不定

會稍稍地好一點。

凡是較量，只有絕對高出一頭的人，才能表現出優裕雍容的「費厄潑賴」(Fair Play) 的紳士雅量。王安石雖才華出眾，但在蘇東坡面前，並不略佔上風，而且蘇東坡對王安石著《字說》諸如「波乃水之皮，豈滑為水之骨乎」的嘲笑，雖屬雅謔，也難免使王先生有些尷尬。什麼人都可得罪，但千萬不能得罪小人，這就注定他的日子不會好過。好在宋朝不劃右派，否則，蘇東坡早就給扣帽子了。王安石對蘇東坡說過這樣的話：「歐陽公修《五代史》而不修《三國志》，非也。子盍為之乎？」這種打一個拉一個的「皮裏陽秋」的說法，固然表達了他對歐陽修的不以為然，同時也說明他對於蘇東坡的十分在意。所以，歐陽修在那場變法之爭中，不過被得意的王安石遣送回鄉了事，而蘇東坡卻被折騰得死去活來，不能不說這其中夾有文人的妒意。

當然，也不能不談到諸如舒亶、李定等二三流文人，為了整死這位大師，深文周納、羅織罪名，用隱射不敬之罪來陷害蘇東坡。舒亶的詩詞寫得差強人意，至今猶有流傳；李定的唱和則不上台盤，早已湮沒無聞。而他們很懂得從蘇東坡大量的詩詞中，雞蛋裏挑骨頭，尋找反皇帝、反新政的蛛絲馬跡，好將其置於死地。

宋朝由開封遷都餘杭，宮廷文檔大量流失，總算有一本由同時代的陸游、朋十萬收集整理的《烏台詩案》留了下來。那些整人的手段，在幾百年後的今天，讀起來猶令人不寒而慄。這本書記述了王安石所提拔的那些政治棍子們，出於嫉恨，是怎樣向皇帝告蘇東坡的黑狀。

令人不禁奇怪的是，所有過去和後來的整文人的文人，幾乎都靠誣告對手用「隱射法」惡毒攻擊最高統治者，來製造「文字獄」，這好像成了這類殺手的不二法門。幸好宋朝的皇帝，比之他朝，要多一點文化素養，不那麼相信這些低能兒編造的讕言，這才使蘇東坡僅被

流放了事，而不是被砍下腦袋。

據同代人王鞏的《聞見近錄》載：

> 王和甫嘗言，蘇子瞻在黃州，上數欲用之。王禹玉輒
> 曰：「軾嘗有『此心唯有蟄龍知』之句，陛下龍飛在天而不
> 敬，乃反欲求蟄龍乎？」章子厚曰：「龍者非獨人君，人臣皆
> 可以言龍也。」上曰：「自古稱龍者多矣，如荀氏八龍，孔明
> 臥龍，豈人君也？」及退，子厚詰之曰：「相公乃欲覆人之家
> 族耶？」禹玉曰：「聞舒亶言爾。」子厚曰：「亶之唾，亦可
> 食乎？」

如果換了一位喜歡對號入座的皇帝，那還不跳將起來，非把蘇
東坡給朕推出午朝門外斬首不可嘛！宋神宗倒還冷靜，而且也明白事
理，把那些告蘇東坡的狀子，以及檢舉信、匿名信之類，都交給中書
省存檔，然後，由內府審理這件「詩案」，終於御筆親批，貶官外放
了事。

不過從這則筆記中，也可看出小人多變的嘴臉，此時的章子厚居
然還能說兩句正直的話，大概他估計局面未必對蘇東坡絕對不利。但
後來，他上了台，將蘇東坡貶往海南島時，那可是一心想將這位大師
從肉體到精神全部消滅的。

十個文人，九個相輕。這種文學上的計較，常常會走向文人相整
的局面。然而，時光在整與被整中，一天天過去，最後剩下的除創傷
外，便是無可迴避的老邁。這便是我在那座東坡亭裏，所能體會到的
這位大師的深深感慨了。

蘇東坡的一生，政治上從不退讓；文學上更不買任何人的賬，他
對他那支筆信心十足：「某生平無快意事，唯作文章，意之所到，則

筆力曲折無不盡意，自謂世間樂事，無逾此者。」

但他不知道老百姓的一句俗話，越是半瓶子醋，越晃蕩得厲害，這樣，也就越不能容人。中國文壇上，這類半瓶子醋又特別的多，文人相輕，也就是一種習見的現象。古往今來，這種誰也瞧不起誰，誰也看不上誰的場面，也不知看過多少。若是文人居然心服口服地欽敬某位同行，那才是怪事一樁呢！有幾個文人能像歐陽修那樣，一讀到蘇東坡的文字，馬上給梅聖俞寫信說：「取讀軾書，不覺汗出，快哉快哉！老夫當避路，放他一頭地也！」

回顧時下文壇，令人高山仰止者，雖大有人在，但像歐陽修這樣提攜後進者，也並不多，而王婆賣瓜者，更為數不少。這類喜歡文人相輕的人，多自負，少自審；好自炫，乏自謙；有自大之狂，無自知之明；總自視甚高，自鳴得意，從不把別人放在眼裏。這也是文人相聚時的一道風景線了。

於是，輕人者，被人輕；被輕者，也輕人，大家彼此彼此，不分軒輊。說作家謙虛誠篤者少，浮狂傲氣者多，不算誇張之語。即或有的作家佯作恭順和遜，那骨子裏的倨慢驕侮，即或是傻子也能夠感覺出來的。還有的，也許當着面，嘴上不得不說些好話，他心裏的月旦雌黃真的全盤托出的話，我敢擔保，會使對方心臟病都要氣犯了的。

僅僅是文人相輕，應該是無所謂的。好惡不同、格調有異，評價自然也就很難一統。

文人相輕，不完全是一件壞事。若不相輕，何來競爭？唯其不讓人相輕，就只有發憤寫得更好，讓人家想輕你也輕不成；唯其要輕別人，自己寫得很不上路，也張不開這張嘴去數落別人。這大概就是毛澤東說的「兩分法了」。所以，不必把文人之間這種爭長較短的行為，看得太嚴重。曹丕在《典論》裏說這四個字的時候，口氣也是輕描淡寫，看得並不嚴重的。

　　但怕就怕這種文人相輕的情結，發作到成為一種病態，那負面效果便是不好估量的。因為，在這個世界上，無恥文人在作踐大師時，那種無賴嘴臉、卑劣伎倆、小丑心態、下流行為，是很令人髮指的。

　　由於蘇東坡在政治上不贊成王安石的新法，在文學上達到了「流俗翕然，爭相傳誦」，「宣傳中外，孰不歡驚」，「傳於人者甚眾」的程度，「東坡之文，落筆輒為人所傳誦」，這就是王安石、章子厚和他們的黨羽，絕不肯輕輕放過他的原因。第一次流放，因詩禍被抓到開封坐牢，後來謫降黃州，倒是宋神宗多少有點保護他的意思，如果沒有這位皇帝，按王安石的爪牙 —— 那些御史們的意見，就該以大不敬罪殺頭了。第二次流放，也是王安石的餘黨所幹的事，這回貶得更遠，一下子把他發落到嶺南惠州。第三次流放，則是又一批更不成氣候的小文人的低劣把戲了，他被放逐到海南島。

　　初到昌化，連房子都沒一間，幸好海南學子崇敬這位大文豪，自動聚集起來，運木培土，給他蓋了可以遮風避雨的所在。在海南三年以後，他才遇赦回到合浦。

　　他的全部不幸，無不由文人相整而生。

　　然而，有什麼辦法呢？腐殖的土壤裏，必有蛆蟲孳生。就像莎士比亞所寫的那樣：「眼見天才注定做叫化子了，無聊的草包打扮得衣冠楚楚，純潔的信義不幸而被人背棄，金冠可恥地戴在行屍的頭上，處女的貞操遭受暴徒的玷辱，嚴肅的正義被人非法地詆讓，壯士被當權的跛子弄成殘缺，愚蠢擺起博士架子駕馭才能，藝術被官府統治得結舌鉗口，淳樸的真誠被人瞎稱為愚笨。」所以，蘇東坡窮其一生，也未能擺脫這類專門整治文人的文人之手，最終還是被他們整得心力交瘁，在召回首都的途中，死在了江蘇常州。

　　宋人筆記《萍洲可談》裏記述：「余在南海，逢東坡北歸，氣貌不衰，笑語滑稽無窮，視面多土色，屬耳不潤澤。別去數月，僅及陽

羨而卒。東坡固有以處憂患，但瘴霧之毒，非所能堪爾。」看來，那些由整人棍子們組成的戰鬥隊，實際上還是達到了扳倒大師的目的。

在合浦時的蘇東坡，也許已有一種終結的預感了吧？

孤雲出岫豈求伴，錫杖凌空自要飛。

為問庭松尚西指，不知老奘幾時歸？

這首寫在合浦的詩，雖然借寓唐僧西天取經的事，但「豈求伴」和「自要飛」，也是在抒發自己創作上兀立不羈的信心。無論「庭松仍西指」，無論「不知何時歸」，也無論怎樣的文人相整，他不改初衷地堅持走自己的路。儘管不走運，但他卻成為中國歷史上的一塊豐碑。

如今在合浦縣的這所中學裏，東坡亭在碧草芳花之間，東坡井在蟬聲如雷之中，都是「俱往矣」地供人憑弔的陳年遺址。但痛苦這東西，一旦化為歷史，製造痛苦者和遭受痛苦者，都不過是人們茶餘飯後的談資而已，聽的人和講的人，都已沒有那種切膚之痛的感覺了。

在東坡亭已經模糊的石碑上，我似乎讀到了這種不幸之幸，如果小人得意得太早，儻儻君子太經不起挫折，我們還能讀到東坡先生的傳世名篇嗎？

悟到這些不屈不撓，也就不虛此行了。

巨貪蔡京餓死始末

---- **蔡京**（1047—1126）----

字元長，宋朝權臣，福建仙遊人。先後四次任相，大肆搜刮
民財，時人稱他為「六賊之首」。其藝術天賦較高，在書法、
詩詞等方面有成就。後被貶嶺南，死於途中。

在故宮博物院的珍藏品中，有一幅《聽琴圖》，是宋徽宗趙佶的自畫像，他坐在樹下彈琴，有點諸葛亮唱《空城計》的架勢。聽眾有兩位，一位灰衣人，帶個小童；一個紅衣人，正襟危坐。據說，這個「紅衣人」就是蔡京，在那兒裝孫子，作出被音樂陶醉，魂夢不知所依的樣子。畫的上方，還有「臣蔡京謹題」的一首詩，其中兩句「仰窺低審含情客，似聽無弦一弄中」，雅得那麼俗，可又俗得那麼雅，真是無恥之極。帝將相入畫，相為帝題詩，這文人丞相，這文人皇帝，真是珠聯璧合，臭味相投。

宋朝羅大經《鶴林玉露》丙編卷之六載：

有士大夫於京師買一妾，自言是蔡太師府包子廚中人。

一日，令其作包子，辭以不能。詰之曰：「既是包子廚中人，

何為不能作包子？」對曰：「妾乃包子厨中縷葱絲者也。」

這個蔡太師就是蔡京。他畫好，詩好，字好，文章好，當然，誤國殃民，貪贓枉法，竊弄權柄，恣為奸利，也是「好」得不得了，最後亡國了事。

我們在《水滸傳》、在《金瓶梅》、在《大宋宣和遺事》這三部古典白話小說裏，讀到了他。一般來講，歷史人物都在史籍中存在，而他卻進入口述文學的話本範疇，被人予以演義，說明這個人是應該予以口誅而筆伐之的。

這一點，與明朝的嚴嵩成為舞台丑角的境遇頗為相似。明萬曆年間，好幾齣戲曲，如《丹心照》《鳴鳳記》《一捧雪》，都以嚴氏父子為戲劇主角出現。因而蔡京、嚴嵩，與其他中國歷史上權奸兼巨貪的，如漢朝的梁冀、唐朝的元載、清朝的和珅，有不盡相同的地方。

梁冀，紈絝惡少；元載，稍解文墨；和珅，略知詩文。這班人，權，唯恐攬得不大；錢，唯恐撈得不多；惡，唯恐做得不甚；罪，唯恐犯得不重。雖然在禍國殃民這一點上，他們是一脈相通的，但是應該承認，嚴、蔡這兩位，一有文學才華，一具藝術天賦。嚴嵩的詩，一部《鈐山堂集》，寫得相當出色；而蔡京的詩、書、畫，則尤為精絕。

在中國歷史上，作為文人，能夠把皇帝玩得團團轉，不是皇帝把他們耍了，而是他們把皇帝耍了，當數着這兩位「大師」了。一般來講，當文人遭遇帝王，不幸者多，而幸者少。而這二位，則是幸中之幸，令人刮目相看。所以，名列「頂級害蟲排行榜」、成為綁在恥辱柱上的罪人的這兩位，千古以來受到譴責和批判的同時，都少不了拉出其主子陪綁。

蔡京的故事尤其多一點，這個曾經擁有天大的權力、曾經貪下天

大的財產、曾經陪着混賬帝王宋徽宗，將北宋王朝玩到亡國的、壞得
不能再壞的敗類，最後的下場卻是誰也無法想像得到的，他竟活活地
被餓死了。這樣的一個離奇情節，着實令人匪夷所思。與羅大經這則
隨筆所述及的，其窮奢極欲的一生，反差之強烈，令人咋舌。

　　這真讓人不得不信世間確有「因果報應」這一說了。

　　如果厨娘所言為實，可想而知，太師府的厨房裏，有縷葱絲者，
那也必有剝蒜頭者、摘韭菜者、切生薑者的各色人等。連料理佐料這
般粗活，都如此專業化分工，以此類推，紅案白案、酒水小吃、鍋碗
瓢勺、油鹽醬醋，更不知該有多少厨師、幫手、採買、雜工，在圍着
他的這張嘴轉。即使當下一個五星級大飯店的餐飲部門，也未必細到
連縷葱絲都專人負責。由此可見，這位中國歷史上數得着的權奸，也
是中國歷史上數得着的巨貪，在其權傾天下之際，其淫奢糜爛到了何
等驚人的程度。

　　一般來講，害蟲的出現不奇怪，封建社會是一人說了算的官僚
政權，是毫無監督的專制統治，從來就是滋生貪官污吏的土壤。而大
的害蟲出現，還得要有一個縱容、支持、包庇，給他們撐開保護傘的
最高統治者。沒有皇帝撐腰，無論梁冀、元載、蔡京、嚴嵩，還是和
珅，都不可能一手遮天、囂張一世的。因此，只要提起蔡京，就得涉
及趙佶。而說到昏君宋徽宗，斷不了牽扯到奸臣蔡太師。他倆像一根
線拴的兩隻蟈蚱，難拆難分。

　　「元祐更化」時，蔡京因力挺「保守派」司馬光廢《免役法》獲
重用，紹聖初又力挺「變法派」章惇變行《免役法》繼續獲重用。他
首鼠兩端，投機倒把，是個被人不齒的機會主義分子。徽宗趙佶即位
後，他因名聲太臭，被劾削位，居杭州。適宦官童貫搜尋書畫珍奇南
下，蔡京變着法兒籠絡這位內廷供奉，得以重新入相。從此，徽宗像
吃了他的迷魂藥一樣，對他言出必從。無論蔡京如何打擊異己，排斥

忠良，竊弄權柄，恣為奸利，徽宗總是寵信有加，不以為疑。

所以，朝廷中每一次反蔡風潮掀起，徽宗雖然迫於情勢，不得不將他降黜一下，外放一下，但總是很快又讓他官復原職。從徽宗登基的 1102 年（崇寧元年），任命蔡京為尚書右僕射兼中書侍郎起，到 1126 年（靖康元年）罷其官爵止，二十多年裏，徽宗四次罷免了他，又四次起用了他。最後，蔡京年已八十，耳背目昏，步履蹣跚，徽宗還倚重之，直到自己退位。

任何一位領導人，輕信失察、用人不當的事，難免發生。看走了眼，被假象蒙蔽，把處理品當優等貨，把偽君子當正派人，這都是可能的。但通常可一可二不可三，但徽宗甚至於四，一錯再錯，錯上加錯，實在是不可救藥得很。

一個不好的皇帝，碰上了一個不好的宰相，可想而知，這個國家必出問題不可。北宋之亡，固然亡在不好的皇帝趙佶手裏，也是亡在這個不好的宰相蔡京手裏。

北方的金兵，鋪天蓋地而來，趙佶遜位了，讓兒子趙桓也就是欽宗，登基接位。彈劾蔡京的奏章如雪片飛來。其中又以孫覿的上疏，最為深刻全面。他認為，從古書的記載來看，巨奸老惡的，沒有比蔡京更為厲害的了，正是他的胡作非為導致宋朝國力日下，步步走向滅亡。

這份參奏的對象，與其說是蔡京，毋寧說是趙佶。

中國的老百姓不需要一個會畫畫、會寫詩、會彈琴的皇帝，而是需要一個不給老百姓製造災難的統治者，所以，民間文學對這位亡國之君，口碑從來不佳。

《水滸傳》第二回有一段介紹，說趙佶「乃神宗天子第十一子、哲宗皇帝御弟，見掌東駕，排號『九大王』，是個聰明俊俏人物。這浮浪子弟門風，幫閒之事，無一般不曉，無一般不會，更無般不愛。

琴棋書畫，儒釋道教，無所不通；踢球打彈，品竹調絲，吹彈歌舞，自不必說」。

那時，趙佶還在他的潛邸裏做端王，再混賬，再敗家，也只是牽涉他個人而已。何況他是王子，一個有着太多條件，足可以優哉遊哉的花花公子，他為什麼不享受、不快活？再說，宮廷中最為忌諱的一件事，就是所有可能成為帝位候選人的成員，表現出不安於位、躍躍欲試的情緒。因此，趙佶潛心於文學藝術領域，多方涉獵，是他聰明的抉擇。這時，他寫詩、作畫、學道、性放縱，浪漫得過頭，我們沒有理由苛責。

然而，趙佶 18 歲那年，他的兄長宋哲宗駕崩，無子嗣。一頂御轎將他抬進宮裏，讓他即帝位。這雖然是天上掉餡餅的美事，但是好還是壞，是走正路還是入邪道，是正經八百還是荒淫無恥，他的一舉一動，一言一行，就和大宋江山息息相關了。事實證明，他只能當端王，而不適合當皇帝，他一坐在金鑾殿上，凡中國昏庸之君的毛病他都具備，凡中國英明之主的優點他全沒有。而且，昏君中最致命的弊端，就是遠君子、近小人、寵奸邪、用壞人，他當上皇帝以後，整個開封城，成為大家比賽看誰比誰更無恥、更墮落的罪惡淵藪。

儘管中國封建社會中有過三百多個皇帝，好的極少，壞的極多。然而，老百姓不怕皇帝他一個人混賬，即使三宮六院七十二嬪妃，頂多增加一百個討不到老婆的光棍而已。即使酒池肉林，做極鋪張之事，對偌大一個國家來說，也是可以承受得了的。但最害怕的，是這個皇帝重用一群虎狼來管理國家，魚肉百姓，那就比天災還要恐怖，因為天災的周期短，一年兩年，三年五年，也就過去了，而人禍的周期，有時是一輩子，必須等到那個災難製造者去見上帝時才告終止，這可就太痛苦了。

這其中最為虎作倀的，最興風作浪的，就是微宗一直倚為膀臂的

股肱之臣蔡京。宋人著的《大宋宣和遺事》雖為民間文本，但把北宋滅亡的根本原因，説得一清二楚：

> 這位官家，才俊過人，口賡詩韻，目數群羊，善畫墨君竹，能揮薛稷書，能三教之書，曉九流之法。朝歡暮樂，依稀似劍閣孟蜀王；論愛色貪杯，彷彿如金陵陳後主。遇花朝月夜，宣童貫、蔡京；值好景良辰，命高俅、楊戩。向九里十三步皇城，無日不歌歡作樂。蓋寶籙諸宮，起壽山艮岳，異花奇獸，怪石珍禽，充滿其間；畫棟雕樑，高樓邃閣，不可勝記。役民夫百千萬，自汴梁直至蘇杭，尾尾相含，人民勞苦，相枕而亡。加以歲歲災蝗，年年饑饉，黃金一斤，易粟一斗，或削樹皮而食者；或削樹皮而食者，或易子而飧者。宋江三十六人，哄州劫縣；方臘一十三冠，放火殺人。天子全無憂問，與臣蔡京、童貫、楊戩、高俅、朱勔、王黼、梁師成、李彥等，取樂追歡，朝綱不理。

民間諺語説，鮎魚找鮎魚，嘎魚找嘎魚。這透出老百姓看透世相的睿智，一下子就把「物以類聚，人以群分」這個最起碼的真理，形象地烘托出來了。孔夫子對於小人的許多經典見解，如《論語》中：「君子周而不比，小人比而不周」；如「君子喻於義，小人喻於利」；如「君子和而不同，小人同而不和」；如「君子泰而不驕，小人驕而不泰」；如「君子矜而不爭，群而不黨」，而小人「群居終日，言不及義，好行小慧，難矣哉」等等，直至今天，也仍是放之四海而皆準的真理。

從古至今，凡正派人，光明磊落，「君子不黨」，方正坦蕩。而小人在一起，必然要拉幫結派，「群居」「不義」，寡廉鮮恥，無惡不作。

《水滸傳》開頭，高俅為巴結權貴，表演球技，那「氣球一似鰾膠粘在身上」，在場人物馬上引為知己。凡壞人得志之時，也必是好人遭殃之日，金聖歎批書至此，擲筆一歎：「小蘇學士，小王太尉，小舅端王。嗟乎！既已群小相聚矣。」小人想不發達也不行了，林沖想不被發配充軍也不可能了。

世道就是這樣，一個小人，獨木不成林，也許作不了大亂；兩個小人，雙木則成林，就有可能犯奸作亂。而蔡京加上童貫，加上高俅，再加上一群無恥宵小，「群小相聚」，豈不天下大亂乎？

趙佶做皇帝，在政治上一塌糊塗，在經濟上一塌糊塗，在抵抗外侮上尤其一塌糊塗，在私生活的荒淫無恥上最為一塌糊塗。而所有這些一塌糊塗，無不與蔡京這個位列中樞的決策人物有關。這位混賬帝王，對蔡京四起四落，信，疑；復信，復疑；到最後深信不疑，終於金兵渡河，國破家亡，他和他的兒子成為俘虜，被押北上，關在黑龍江依蘭 —— 也就是那時的五國城，死在冰天雪地之中。我想他在地窖裏死到臨頭那刻，大概也不會對蔡京以及那些「群小相聚」的人等，導致他這樣悲慘的結局，有些什麼覺悟和清醒認識的。

什麼人跟什麼人在一起，是有規律可循的。有趙佶，才有蔡京；而有了蔡京，就必然會有趙佶。這些年來，凡被「雙規」，凡被法辦，甚至最後處以極刑的要員，從來沒有一個是獨行俠，只要提溜出一個，必然像挖土豆似的，總是一窩或一串給端出來，總是一群趨利忘義者的自然組合。

我一直也在笨想，這些經受不住誘惑，決定以身試法，走上犯罪道路的各級幹部、大小官員，總是有這第一次，也許與老婆、秘書、子女、情人，不難溝通，可同事、僚屬、上下級、左右手，或者供貨老闆、公司經理、銀行領導、合作伙伴，拉他們一同下水，所為不法時，這墮落的第一句話，從嘴裏講出來，應該是相當不好啟齒的，怎

麼張嘴説出來，又如何説，着實難以懸擬。

後來，我明白了，「群小相聚」有時無聲勝似有聲，是不需要台詞的。凡腐敗、貪污、不法、墮落等分子，其間存在着一種不言自明、互相感應的磁場，無須中間人，無須語言交流，只要身處磁場之中，立刻就能產生出動物覓食趨餌的本能，很快就走到一起。據科學家實驗，某間房子裏存有一塊蛋糕，500 米方圓街區裏的老鼠，在第一時間內就會得到這個食物信息，而且，相互策應的鼠眼在黑暗中閃閃發光，協同動作的四肢在地溝中蠢蠢欲動，一起向這塊香噴噴的蛋糕遊走接近。

所以，當蔡京等「六賊」猖獗之時，也是正人君子銷聲匿跡之日。整個朝廷，成了小人得勢、奸佞當道、正不壓邪、劣勝優汰的局面，結果，當時中國所有不齒於人類的狗屎堆都不請自到，統統蟻附蛆聚於這位混賬帝王的身邊。

北宋完啦！

一個政權，從上到下，從內到外，從局部到整體，逐漸腐敗起來，那麼就只有等着喪鐘敲響的那一刻。北宋未亡於遼，因為那時的宋王朝還沒有全部爛掉，而到了岳飛所寫「靖康恥，猶未雪，臣子恨，何時滅」的徽、欽二帝被俘之時，如此不堪一擊，如此兵敗城下，説到根底上，是這個政權的肌體已千瘡百孔、病入膏肓，即使沒有金兵入侵，不存在外患，內部的農民起義也已是不可阻擋之勢。

對統治者而言，腐敗墮落之可怕，不在於吏治鬆弛，法紀懈怠，而是一旦成為社會風氣，無法遏制，就像加速度下降的物體，最後會完全失控，直到這個政權毀滅。同樣，貪污瀆職之可怕，並不在於官員道德淪喪、綱紀不張，而是國家經濟命脈上那血流不止的創口，是會要了這個政權的命。北宋王朝的覆滅，就覆滅在竊居要位的官員，無一不是貪污腐敗分子，無一不是只謀私利的小人。大宋江山這塊蛋

糕落到這群小人手中，那結果是可想而知的。

當這些撈取名位、盜竊國家、貪得無厭的「官」，這些道德敗壞、胡作非為、禍國殃民的「僚」，這些狐假虎威、欺壓百姓、中飽私囊的「吏」，這些飛揚跋扈、尋釁找碴、敲詐勒索的「役」，在風光得意時，有後台支撐時，老百姓也許無可奈何，只能看着這些人跳。可是，凡作惡，必自斃；凡害人，必害己；凡跳得高，必跌得重；凡逃過初一，必逃不脫十五，這種生活的辯證法，雖然有時並不百分之百地兌現，但大體上，是會有一份天地間的公平存在的。

北宋完了的同時，蔡京終於走到頭了，老百姓等到看他垮台失敗的這一天。據《宋史》：「欽宗即位，徙（蔡京）韶、儋二州，行至潭州死，年八十。」「雖譴死道路，天下猶以不正典刑為恨。」

人民群眾雖然沒看到他被明正典刑，但要給他一點顏色看看，以洩心頭之恨，以報家國之仇，以吐多年之積怨，也以此滅一滅小人得志不可一世的威風，卻是全國上下的想法。既然不能動他一指頭，既然不能打他一巴掌，大家忽然悟到，有一個收拾他的絕妙主意，那就是在其充軍發配的一路之上，不賣給他一粒糧、一滴油、一根菜，更甭説，一塊烙餅、一個饅頭、一個包子了。沒有發通知，沒有貼佈告，街鄉市井、驛站旅店、莊戶人家，所有的中國人表現出從來沒有過的齊心，讓他活生生地餓死。

飢腸餓肚的蔡京，回想當年那珍肴奇饌，現在卻連一口家常便飯也吃不着了。那時候，他愛吃的一種腌製食品「黃雀酢」，堆滿了三大間廳堂，他轉世投胎一千次也吃不完，現在想聞聞那撲鼻的香味，卻也不可能了。

中國人對於貪官污吏的憎恨之心、懲罰之意，是絕對一致的，因此，再也沒有比這種餓死蔡京的辦法，更讓人民大眾開心了。

王明清《揮麈後錄》：「初，元長（蔡京）之竄也，道中市食飲之

物,皆不肯售,至於辱罵,無所不至。乃歎曰:『京失人心,一至於此。』」《大宋宣和遺事》載,蔡京最後「至潭州,作詞曰:『八十一年往事,三千里外無家。孤身骨肉各天涯,遙望神州淚下。金殿五曾拜相,玉堂十度宣麻。追思往日謾繁華,到此番成夢話。』遂窮餓而死」。

這就是一個貪官的奇特死法。

蔡京雖然被餓死了,但不等於所有「蔡京式」的人物都已被餓死,因此,這個陳舊的故事或許能讓有些人讀出一點震懾的新意來。

宋徽宗自尋死路

宋徽宗（1082－1135）

名趙佶，宋朝第八位皇帝。在位 26 年，被俘後受盡折磨而死。他擅長書畫，自創一種書法字體，被後人稱為「瘦金體」，是少有的藝術全才與藝術通才。

　　怒髮衝冠，憑欄處、瀟瀟雨歇。抬望眼，仰天長嘯，壯懷激烈。三十功名塵與土，八千里路雲和月。莫等閒、白了少年頭，空悲切。　靖康恥，猶未雪。臣子恨，何時滅！駕長車，踏破賀蘭山缺。壯志飢餐胡虜肉，笑談渴飲匈奴血。待從頭、收拾舊山河，朝天闕。

　　很多中國人都能背誦這首岳飛的《滿江紅》。但究竟「靖康恥」恥到什麼程度，事隔千年，大概已很難體會作者「靖康恥，猶未雪。臣子恨，何時滅」的切身感受。不過，我們可以從下列記載中，想一想當年在世界歷史上也罕見的，這種野蠻施虐於文明的惡行。在 21 世紀的今天，重讀這些殘存的血淚史，金人對中原王朝的擄掠所造成的神州陸沉的慘狀，仍舊令人有慘不忍睹的觸目驚心之感。

（1125 年十二月二十日止）共津運金三十餘萬兩、銀一千二百餘萬兩。（二十六日止）又津運括取及準折金五十萬兩、銀八百萬兩。

（1126 年）金遣使來，索金一千萬錠、銀兩千萬錠、帛一千萬疋。

（1127 年正月十九日）開封府報納擄營金十六萬兩、銀六百萬兩。

（1127 年二月二十三日）城內復以金七萬五千八百兩、銀一百十四萬五千兩、衣緞四萬八十四疋納軍前。

（1127 年十四日）擄盡索司天官、內侍、僧道、秀才、監吏、裁縫、染木、銀鐵各工、陰陽、技術、影戲、傀儡、小唱諸色人等及家屬出城。（宋朝韋承《甕中人語》）

二十二日，以帝姬二人，宗姬、族姬各四人，宮女一千五百人、女樂等一千五百人、各色工藝三千人，每歲增銀絹五百萬兩疋貢大金。

原定犒軍金一百萬錠、銀五百萬錠，須於十日內輸解無缺。如不敷數，以帝姬、王妃一人準金一千錠，宗姬一人準金五百錠，族姬一人準金二百錠，宗婦一人準銀五百錠，族婦一人準銀二百錠，貴戚女一人準銀一百錠，任由帥府選擇。

十七日，國相宴皇子及諸將於青城寨，選定貢女三千人，犒賞婦女一千四百人，二帥侍女各一百人；自正月二十五日起，開封府津送人、物絡繹入寨，婦女上自嬪御，下及樂戶，數逾五千，皆選擇盛妝而出。選收處女三千，帥府令婦女已從大金將士者，即改大金梳裝。元有孕者，聽醫官下胎。（金朝李天民《南征錄彙》）

（正月二十九日）軍前索教坊內侍等四十五人、露台妓女千人，蔡京、童貫、王黼、梁師成等家歌舞及宮女數百人，先是，權貴歌舞及內人自上皇禪位後皆散去。至是，令開封府勒牙婆、媒人追尋，哭泣之聲遍於閭巷，聞者不勝其哀。（宋朝佚名《朝野僉言》）

凡法駕、鹵簿、皇后以下車輅、鹵簿、冠服、禮器、法物、大樂、教坊樂器、祭器、八寶、九鼎、圭璧、渾天儀、銅人、刻漏、古器、景靈宮供器、太清樓、秘閣、三館書，天下州府圖及官吏、內人、內侍、技藝工匠、倡優，府庫蓄積為之一空。（元朝脫脫《宋史》）

　　如果當時有大型運輸工具，我估計，連開封城也會運到金人的發源地黑龍江、吉林一帶。這種落後的、愚昧的、因小利益而肆意進行大破壞的貪婪，從來就是中國歷史上所有災難的總病根。金朝李天民《南征錄彙》中，有這樣一則靖康年間的記載：當時金軍圍住開封，很有點像抗日戰爭時期的淪陷區，奸淫燒殺的日本鬼子到處找「花姑娘」，竟將大宋王朝皇宮裏的婦女，作為他們淫亂的對象。「（金）皇子語太上曰：『設也馬（金兵將領）悅富金帝姬，請予之。』太上曰：『富金已有家，中國重廉恥，不二夫，不似貴國之無忌。』國相怒曰：『昨奉朝旨分俘，汝何能抗？』令堂上客各取二女走。太上亦怒曰：『上有天，下有地，人各有女媳。』」這些尚處於落後的、愚昧的狀態中，只要是女人就要進行交配的帝王，連本族婦女都難逃脫其淫暴，何況是作為戰利品的中原女子？你跟他講廉恥、講禮儀、講孔夫子的儒家倫理，豈不是對牛彈琴嗎！靖康之恥，恥莫大者，就是這些禽獸對中原精神文明的褻瀆，對文化的玷污。

這也就能理解岳飛為什麼要「怒髮衝冠」了。

公元 1127 年（靖康二年），汴京（今開封）城破，宋徽宗趙佶、欽宗趙桓（1100—1161）父子，為金人所俘，與后妃、皇室、貴戚、臣工一起，共約一萬四千多人的大隊俘虜，分七個批次，被押解北上。

在歐洲，公元 455 年，北非的汪達爾人，從撒丁島、科西嘉島、西西里島入侵意大利，並攻陷羅馬城，歷時半個月，有計劃地洗劫該城，將許多珍貴藝術品搶劫一空。公元 10 世紀，金人對開封的大掠奪，就是這種海盜暴行的翻版。可汪達爾人只要財物，不及其他。躍馬黃河的金人，真是慾壑難填，什麼都要，尤其是女人，特別是年輕的具有貴族身份的女人。特別可怕的，是他們着意搜羅 13 歲以下的少女，還要檢驗是否為處女之身，恐怕連汪達爾人也下作不到這種陰刻程度。

這年 46 歲的趙佶，與兒子趙桓，被金人囚俘而去後，再也沒有回到他們朝思暮想的家國。可憐的詩人皇帝，只能在沉吟中度過餘生：

玉京曾記舊繁華，萬里帝王家。瓊樓玉殿，朝喧簫管，暮列琵琶。　花城人去今蕭索，春夢繞龍沙。家山何處，忽聽羌笛，吹徹梅花。

趙佶的這首《眼兒媚》是在被解送途中作的，那夜忽聞遠處的笛聲，頗哀怨，他有感而發。

同行的趙桓也和了一首，寫竣，父子執手大哭。

趙佶在位 25 年，凡中國昏庸之君的所有毛病他都具備，凡中國英明之主應有的優點他全沒有。但他在國破家亡之際，沒有逃跑，這

一點值得肯定，可以說他愚，但不可以說他不敢承擔亡國之責。他完全可以學唐玄宗逃到西蜀去，宋朝的國土疆域雖不如唐朝幅員遼闊，但仍有半壁江山，足可周旋一陣。本來已經離開了開封，可還是接受了臣民們的意見，又跑回來與他兒子一起被金人擄劫而去。

這一點，說明他只有文人氣質，而無政治頭腦。當詩人、畫家可以，當帝王就不是材料了。跑路，尚有復辟的可能；株守，只能被俘當亡國奴。從此之後的十年，大部分時間他被關押在黑龍江的依蘭，終於死於非命，連個葬身之地也沒有。

趙佶是詩人、畫家，且水平非一般附庸風雅的帝王可比。《湯垕畫鑒》稱：「徽宗性嗜書畫，作花鳥、人物、山石，俱入妙品。作墨花墨石，間有如神品者。歷代帝王善畫，徽宗可謂盡意。所作《夢遊化域圖》，人物如半小指，累數十人，城郭宮室，旌幢鼓樂，仙嬪雲霧霄漢，禽獸龍馬，凡天地間所有物，色色俱備，為功甚至。令人起神遊八極之感，不復知有人世間奇物也。」有一年在北京的嘉德拍賣會上，他的《寫真珍禽圖》以 2,350 萬人民幣成交，創下中國畫售出的天價記錄。作為文人的宋徽宗，詩詞一流，繪畫一流，連他的書法——他所創造的「瘦金體」，也是一流的。

但是，歷史從來是政治的歷史。

趙佶的風流韻事、趙佶的藝術成就、趙佶的詩文筆墨，在史書上只是一筆帶過的零碎。所以一個作家，千萬別把自己看得太重，尤其是一些鴉鴉烏的作家，在大歷史的萬古長卷中，你連一粒塵埃的資格也難以獲得。看看趙佶，要不是這次拍賣，老百姓中有多少人知道他會畫畫、會作詩，但從《水滸傳》、從《金瓶梅》、從《大宋宣和遺事》中，所有人都知道他是個昏君。作為皇帝的他，是末流中的末流，是一個亡國之君。

北宋王朝，自趙匡胤黃袍加身後，就沒有打下長治久安的根基。

它一直未能振作，更談不上強大，先是遼，後是金，最終為元，這些習騎射、性剽悍、好劫掠、尚武力的北方強鄰，或大軍壓境、勒索錢帛，或長驅直入、侵城略地。趙姓帝王，為苟且偷安計，只好一會兒稱弟，一會兒稱姪，一會兒稱臣，簽訂城下之盟，納土輸粟，貢繳歲幣，低頭乞活。

宋徽宗趙佶的末路，固然很大程度上是繼承了前朝的弱勢，但他加速度地使這個國家死得更快了。北宋王朝前期，與遼國、西夏三分天下，將近一百年間，用金錢和貢物購買和平。北宋王朝後期，這個生性輕佻的趙佶，竟想利用新起的完顏氏政權來剪除大宋的夙敵遼國，以便火中取栗。殊不知那是一天天「抖」起來的暴發加之野蠻的政權，而你卻是一天天破敗下來，雖然文明可很軟弱的王朝。在戰場上，精通琴棋詩畫的趙佶怎麼可能是這個強悍的完顏氏的對手？

一開始，對方看不透你，尚存一點懼心，等到高梁橋一役宋軍一敗塗地，就徹頭徹尾地把大宋王朝不當一回事了。1121 年（宣和三年）金國滅遼以後，揮師南下；1127 年（靖康二年），打進開封，俘虜走徽、欽二帝，於是北宋王朝終結。

趙佶被虜以後，他的第九個兒子趙構在歸德（今商丘）稱帝，是為高宗。被金兀朮趕到長江以南，甚至更南諸省的趙氏政權，儘管史稱「南宋」，但在金人眼裏，這個苟延殘喘的敗將只是一個屬國。趙佶被押解到金國的上都以後，本來還指望着他的老九直搗黃龍，拯救他於水火之中。誰知故國天涯，音信堵絕，羈俘忍辱，無有歸日，那歲月當是相當不堪的了。除了回憶，除了等死，這位風流皇帝還能做什麼呢？

裁剪冰綃，輕叠數重，淡著燕脂匀注。新樣靚妝，豔溢香融，羞殺蕊珠宮女。易得凋零，更多少無情風雨。愁苦！

問院落淒涼，幾番春暮！　　憑寄離恨重重，這雙燕何曾，
會人言語。天遙地遠，萬水千山，知他故宮何處？怎不思
量，除夢裏有時曾去。無據，和夢也新來不做。

　　這首《燕山亭·北行見杏花》，據說是趙佶幽禁期間的絕筆。已
成囚徒的趙佶被關在五國城的地窖子裏，幻想中的南歸之夢漸次破
滅，最後在冰天雪地的淒寒裏，戰慄得連夢也做不成了。不久，他便
在痛苦的絕望中離開人世，魂歸故里了。

　　金政權形成很晚，1115 年（政和五年）才正式有了國家機器，那
時趙佶還做着他風流快活的皇帝，與李師師風花雪月、與周邦彥爭風
呷醋、與高太尉鞠場展藝、與蔡太師琴棋書畫，根本沒把剛走出茹毛
飲血的原始社會的金人當回事。「於夷狄之中，最微最賤」（明朝楊循
吉《金小史》），然而這個民族卻以鐵蹄、以擄掠、以屠殺、以酷政，
滅遼降宋。南宋政權在大軍壓境下，不得不繼續割地賠款，納粟獻
絹，承認其宗主國的威勢。

　　小人得志的嘴臉，通常是不怎麼好看的。暴發的有錢者如此，暴
發的有名者也如此。因此，這個暴發的金政權，那份趾高氣揚可想而
知。1135 年（政和十五年），趙佶在金人的羞辱折磨中痛苦死去，之
後長達兩年，凶信才傳到南方。國力衰弱、仰人鼻息的趙構，只好不
斷地派祈請使，到金朝懇求將其還活着的生母，和已經亡故的父親的
靈柩送回。趙構的籲求，他們一直延宕到 1142 年（紹興十二年），才
允准。派宣慰使送回人和棺的同時，還刁鑽地寒磣你，帶去了冊封趙
構為宋帝的詔書。這當然是很令人難堪的。

　　中國人，尤其中原漢族，尤其知識分子，很在乎名分，很在乎面
子上的那一點尊嚴。「打人別打臉，罵人別揭短」，這是弱者訴求的最
低線。至於背後，怎麼低三下四，怎麼彎腰屈背，都可以。但是當着

眾人，在公開場合，像阿Q那樣承認「我是蟲豸」，還是頗難下台的。

所以，作為弱勢王朝的趙構，為了死在異國他鄉的老子，臣服於這個踞起於北方的暴發戶，那十二萬分的無奈是可想而知的。

試想一下，尚處在「父死則妻其母，兄死則妻其嫂，叔伯死則姪亦如此。無論貴賤，人有數妻」（元朝宇文懋昭《金志》）時期的民族，跟宋人的文化能夠對話嗎？完顏氏雖然建立了皇權，穿上了龍袍，上溯七代，把牧馬的爹、放牛的爺封為太祖、高祖，但血液中的蒙昧，並不因此有所改變。著《廿二史劄記》的趙翼，很詫異於這些蠻族統治者的不開化：陛下，你已經貴為天子、萬乘之尊，要什麼樣的女人不唾手可得呢？為什麼一定要將有血緣關係的姐妹、有倫理關係的姑嫂，都納入後宮呢？

趙構的籲求，金人覺得好笑，笑完了又搗鬼，送回一個空棺材，裏面放的是一段朽木。這使我們回想起「文革」期間，那些戴高帽、陰陽頭、掛木牌、噴氣式，惡意醜化施虐的手段，愈下等的人愈能想出下流的主意。文明處於不文明的腳板下，文化處於無文化的掌心裏，無論古今，那無所不及的卑鄙，絕對是知識分子痛苦的根源。

偏安一隅的趙構，終於悟過來：從老祖宗「澶淵之盟」起，不就捏着鼻子接受苛刻條件嗎？我算老幾？我為什麼就不能忍了這口氣？何況，迎母后，葬先帝，某種程度上，也是他繼承正朔、賡續國脈的一次表演機會。於是他決定大張旗鼓，以轉移視線，沖淡金主冊封的那份尷尬。

禮迎場面甭提多麼堂皇了，入境伊始——據清朝畢沅《續資治通鑒》：「初，（太）后既渡淮，帝命秦魯國大長公主、吳國長公主迎於道。至是，親至臨平奉迎，用黃麾半仗二千四百八十三人，普安郡王從。」一路輝煌，沿途供奉，百姓擁戴，夾道歡迎，可謂盛況空前。不過，皇太后想到與趙佶同在五國城羈押期間，有時連飯也沒得吃，

衣也沒得穿，有時大雪封門堵在地坑裏，只有瑟縮等死，也許覺得她兒子這種形式主義更多的是偽善；還有更多的皇親國戚，還有更多的同胞手足，在金人鐵蹄下呻吟呢！

趙構的兄長趙桓，還活着呢！你為什麼不一起祈請歸還呢？

趙構這一點自私是很正常的，上任皇帝活着回來，他這個下任皇帝還幹不幹？不過即使請求放人，金人也未必肯，實際上連趙佶的骨殖也沒有回到故國，那抬着的棺材裏空空如也。金人就壓根兒不想把他放回來，即使死了的皇帝剩下一把骨頭，也不還給你們。一群欠開化的統治者，行事有點不合邏輯，你也無可奈何。

梓宮運回來，當然就得下葬。

當時，中土人對金人的鄙棄，甚於契丹，認為絕無信義可言，要打開棺材驗屍。朝臣們也議論紛紜，眾說不一：「先是選人楊煒貽書執政李光，以真偽未辨；左宣義郎王之道亦貽書諫官曹統，乞奏命大臣取神櫬之下者斬而視之。」但是，趙構主意已定，因為他只有認賬一條路好走。「既而禮官請用安陵故事，梓宮入境，即承之以椁，仍納衮冕衣於椁中，不改斂，遂從之。」強者有權對弱者按他的行為方式施虐，被征服者也唯有忍氣吞聲而已。

果然，南宋亡後的1279年（元朝至元十五年），有盜墓賊楊髡等強行挖掘宋陵。「於二陵梓宮內略無所有。或云止有朽木一段，其一則木燈檠一事耳。當時已逆料其真偽不可知，不欲逆詐，亦聊以慰一時之人心耳。蓋二帝遺骸飄流沙漠，初未嘗還也，悲哉！」（宋朝周密《癸辛雜識》）

對趙佶來講，他只能永遠埋在那冰封雪蓋的黑土地下，魂牽夢縈汴京的繁華、臨安的綺麗、江南的秀美和中原的萬千氣象。清朝昭槤在其《嘯亭雜錄》中談到：「五國城在今白都納地方。乾隆中，副都統綽克托築城，掘得宋徽宗所畫鷹軸，用紫檀匣盛瘞千餘年，墨跡

如新。又獲古瓷數千件，因得碑碣，錄徽宗晚年日記，尚可得其崖略。云於天會十三年寄跡於此，業經數載，始知金時所謂五國城即此地也。」

九百多年過去了，傷痛的乃至血腥的記憶，漸漸沉積，乃至於湮沒，那些無日無夜往北行走的大隊俘虜的遭際當然是不幸的。現在為被押北去的趙佶想一想，這位詩人、畫家、極昏庸也極倒霉的皇帝，難道他不思索，這僅僅是對他個人的懲罰嗎？

顯然不完全是。

跋涉數千里，行程近兩年，沿途痿斃的、殺戮的、凍餒而死的、葬身溝壑的、涉水沒頂的、忍受不了蹂躪踐踏侮辱糟蹋的，到終點，男十存四，女十存七，按金官方統計，事實上死的人數超半；苟活的為奴僕、為妾侍，更糟的發往邊遠的荒漠，被當作牲口賣掉……

據南宋洪邁《容齋三筆》卷三《北狄俘虜之苦》，我們看到更為悲慘的鏡頭：

元魏破江陵，盡以所俘士民為奴，無問貴賤，蓋北方夷俗皆然也。自靖康之後，陷於金虜者，帝王子孫，官門仕族之家，盡沒為奴婢，使供作務。每人一月支稗子五斗，令自舂為米，得一斗八升，用為糧；歲支麻五把，令績為裘。此外更無一錢一帛之入。男子不能績者，則終歲裸體。虜或哀之，則使執爨，雖時負火得暖氣，然才出外取柴歸，再坐火邊，皮肉即脫落，不日輒死。唯喜有手藝，如醫人、繡工之類，尋常只團坐地上，以敗席或蘆藉襯之。遇客至開筵，引能樂者使奏技，酒闌客散，各復其初，依舊環坐刺繡；任其生死，視若草芥……

　　説到底，碰上了野蠻的強者，對文明的弱者而言，便只有滅絕。

　　李後主和宋徽宗這兩位在中國文學史有一席之地的帝王，簡直像暹羅雙胞胎那樣相似，在藝術上超人絕頂，臻於極致；在政治上一塌糊塗，糟糕透頂。既是極為風流、極具才華的文人，也是極淫佚、極墮落的帝王。「或謂徽宗，乃南唐李後主後身，其然，豈其然乎」（邵玄同《雪舟脞語》），這當然是文人的附會。雖然兩人皆為昏君、庸君，但如宋徽宗那樣昏且庸者，在歷史上還是罕見的。他能在執政 25 年間，信任絕對的奸佞蔡京，四次免其職，四次又起用，其執迷不悟至此，也確是到了不可救藥的地步。

　　　　自古書傳所記，巨奸老惡，未有如（蔡）京之甚者。太上皇屢因人言，灼見奸欺，凡四罷免，而近幸小人，相為唇齒，唯恐失去憑依，故營護壅蔽，既去復用，京益寨然。自謂羽翼已成，根深蒂固，是以兇焰益張，復出為惡。倡導邊隙，挑撥兵端，連起大獄，報及睚眦。怨氣充塞，上干陰陽，水旱連年，赤地千里；盜賊偏野，白骨如山，人心攜貳；天下解體，敵人乘虛鼓行，如入無人之境。（徐自明《宋宰輔編年錄》）

　　於是，蔡京、高俅等六賊為祟，更加速了大宋王朝的滅亡進程。

　　南宋洪邁在《容齋隨筆》中質疑：「予頃修《靖康實錄》，竊痛一時之禍，以堂堂大邦，中外之兵數十萬，曾不北向發一矢，獲一胡，端坐都城，束手就斃。」其實他應該明白，北宋之亡，固然是亡於金的大舉進攻，但這個處於崩潰邊緣的政權，早已民不聊生、危機四伏。別説毫無還手之力，連招架之功都也不具備。即使金人不進入中原，方臘、宋江之後的農民武裝，也會絡繹不絕地揭竿而起。

　　宋徽宗注定是要敗亡的，不過，他敗亡在一個極其愚昧落後而且野蠻剽悍的敵人手裏，那就更加倒霉。他們用這種慢慢地消遣你，不到最後一刻也不停止折磨的方法，讓你死得難看，從中透出極原始的近乎食人生番式的悖逆，令人不寒而慄。如果說宋太宗用牽機藥鳩死李後主，只是數日間事，那麼完顏氏弄死宋徽宗的過程，一直遷延八年之久。這位藝術家皇帝，恐怕是中國帝王中死期最長的一個。

　　文明的力量是強大的，這是就人類發展的全過程而論，但並不是絕對的。有時，黑暗的野蠻也會弄得日月無光。了解這一點，也就明白歷史為什麼有時會出現短暫的倒退現象了。

李清照的飄零命運

李清照（1084－1155）

號易安居士，山東濟南人。宋朝女詞人、婉約詞派代表，齊
州章丘（今山東章丘）人。她的詞作，前期多寫其悠閒生活，
後期多悲歎身世。亦能詩，留存卻不多。

紅藕香殘玉簟秋，輕解羅裳，獨上蘭舟。雲中誰寄錦書
來？雁字回時，月滿西樓。　花自飄零水自流，一種相思，
兩處閒愁。此情無計可消除，才下眉頭，卻上心頭。

這首《一剪梅》是李清照的早期作品，當作於 1103 年（崇寧二年）
的秋天。「花自飄零水自流」這一句，實在是條極不吉祥的預言，她
的一生那任由沉浮的際遇，那難以自主的命運，都似應了「花自飄零」
四字讖語。

李清照作此詞時，芳齡二十，是與趙明誠婚後的第三年。花樣年
華，新婚燕爾，應該是女人最好的歲月。然而，正是從這首詞開始，
被流水不知帶往何方的飄零命運，也就開始了。這位才女，其命運不
濟的一生，既是一個女人的悲劇，也是一代文人的悲劇，更準確地

說，是中國封建社會這個政治絞肉機，生生將一個最有天賦的女詞人毀滅的悲劇。

故事得從 1100 年（元符三年）說起，正月，哲宗駕崩，趙佶嗣位，是為徽宗。這位在中國歷史上數得着的昏君一上台，便倒行逆施起來。他那助紂為虐的助手，便是臭名昭著的蔡京。如果說北宋王朝逃脫不了滅亡的命運，那這兩個如暹羅雙胞胎親密的一對混蛋，則是加速北宋亡國的推進器。若無他倆，這個病入膏肓的王朝，也許還能在病榻上遷延數年，可是經趙佶、蔡京以及童貫、楊戩、高俅、朱勔、王黼、梁師成、李彥一干人等瘋狂地折騰以後，這個本來已奄奄一息的王朝，便氣絕身亡了。

李清照的不幸從 1102 年（崇寧元年）開始。七月，蔡京得勢；八月，詔司馬光 20 名重臣子弟不得在京師任職。這道聖旨，對她來講，絕非吉兆。在中國，政治運動中，株連、同坐、擴大化，是必有之義。寧「左」勿右，嚴懲不貸；寧信其有，不信其無；寧可錯殺一千，不可放過一個，哪怕錯了以後再進行平反，也要挖地三尺，務求完勝。中國人要是極端化起來，相當可怕，運動初期，發動群眾，那烈火烹油之勢，那雷霆萬鈞之力，由不得李清照不考慮自己父親的命運，由不得不擔憂自己會否被牽連。而且，所有投入這場政治運動的幹將打手，上至決策人物，下到跑腿嘍囉，無不殺氣騰騰，真是讓她心驚肉跳。

先為右相，復為左相的蔡京，高舉紹述大旗，一手封王安石為舒王，配享孔廟；一手大開殺戒，將司馬光、文彥博、蘇軾等籍為「元祐奸黨」。七月乙酉，「以文章受知於蘇軾」（《宋史》）、為「蘇門後四學士」之一的李格非（李清照之父），終於在劫難逃。定案「元祐奸黨」十七人，李格非名列第五，被罷官。從此，李清照就走上了「花自飄零水自流」的不幸道路。九月，蔡京及其子蔡攸並其客葉夢

得，將元符末忠孝人分正上、正中、正下三級，計四十多人，均予升官。對所謂奸邪人，又分邪上尤甚、邪上、邪中、邪下四級，凡 542 個人，分別予以貶降。這其中，將元祐、元符舊黨中堅人物的執政官文彥博、宰相司馬光等 22 個人，待制官以上的如范祖禹、程明道、程伊川、蘇轍、蘇軾、呂公著、呂誨等，凡 119 個人籍作奸黨，御書刻石，立於端門，以示儆尤。李格非名列其中，充軍廣西象郡。十二月，限制行動自由。1103 年（崇寧二年）三月，詔黨人的親子弟，不得擅到闕下。四月，毀司馬光、呂公著等繪像及「三蘇」、秦、黃等人文集。九月，令天下監司長吏廳各立「元祐奸黨碑」。黨人碑刻 309 個人，李格非名列第 26 位。

1104 年（崇寧三年），詔御書所書寫之奸黨，不得在首都居住，凡親屬無論親疏，都遣返原籍。1106 年（崇寧五年）春正月，彗星出西方，太白晝見，詔求直言，方有毀碑之舉。1108 年（大觀二年）春正月壬子朔，宋徽宗大赦天下，黨禁至此稍弛。（據《李清照集箋注》）

李清照的父親李格非，為蘇門弟子，著《洛陽名園記》，謂「洛陽之盛衰，天下治亂之候也。其後洛陽陷於金，人以為知言」而聞名，聲播海內。以禮部員外郎，拜提點京東刑獄，作為河南、山東一帶的司法廳長、警察總監，也非等閒人物。蔡京切齒仇恨蘇軾，對他的文章、書法、碑刻、出版物，無不一網打盡。李格非受業於蘇軾，劃為黨人，列入黨籍，遭遇清洗，也就難逃一劫。平心而論，混賬如趙佶者，儘管修理文人不遺餘力，加之蔡京助紂為虐，大搞宋朝的「文革」，但這次政治運動，倒沒有開過殺戒，總算不違祖宗規矩。不過，他先打「元祐奸黨」，後打「元符奸黨」，雷厲風行，嚴懲不貸，充軍發配，妻離子散，京師內外，鬼哭狼嚎，也是蠻恐怖的。

最滑稽者，居然運動過後，還有平反改正、落實政策一說。「元

祐奸黨」案，從 1102 年到 1108 年，僅有六年，實在讓人不禁感歎繫之。北宋自神宗變法以來，到徽宗的「雙打」，知識分子就不停地被翻燒餅，烙了這面再烙那面，烤焦這邊再烤那邊，今天把這撥打下去，明天把那撥抬上來，後天給打下來的這撥昭雪，再後天又將抬上來的那撥打下去。這過程，正對應了李格非所受到的免官、下放、復職、再謫的政治厄運。他在哲宗朝元祐年間，因蜀黨被起用，到了徽宗朝崇寧年間洛黨抬頭，又被打下去。在中國無論過去，也無論後來，只要是這種收拾知識分子的政治運動，多形成對立的兩面，一為正直君子，一為無恥小人，其分野是非常清晰的，其結局也是十分明確的。

有才華的文人，當不了打手，只能當寫手；而狗屁不是的小人，拿筆桿不行，拿棍棒卻行。一般來講，古往今來，君子絕對搞不過小人，小人絕對能把君子搞倒搞臭，而且保證不會手軟，往往極盡刁鑽刻薄之能事，搞得你連想死也不能那麼痛快。「士可殺而不可辱」，辱比殺更能挫折識文斷字之輩。宋徽宗搞的這種銘刻在石板上的「奸黨碑」，可以算是中國「四大發明」之外的「第五大發明」，比西方的恥辱柱，不知早了多少年。當代政治運動中，出現過的大字報、戴高帽、批鬥會、噴氣式，說不定都是借鑒宋徽宗的這一手。

現在已經找不到李格非到廣西以後的情況資料，但他女兒卻因為是奸黨的親屬，日子不怎麼好過。第一，她不能不掛念謫放遠方的老爹；第二，她不能不犯愁自己要被遣送的命運。「株連」一說，雖然出自秦朝，但是各朝各代的統治者無不奉為圭臬。宋朝當時不可能沒有以蔡京為首的「雙打辦公室」，以高俅領銜的「清查奸黨工作組」。在中國，只要一搞運動，整人者，層出不窮；告密者，紛紛出籠；檢舉者，望風撲影；打小報告者，如影隨形，立刻就是小人輩出、奸佞紛呈、惡狗滿村、爬蟲遍地的景象。一個詩詞寫得如此出色、人品修

得如此出眾的女詞人，能逃脫得掉這許多「業餘警察」的眼睛嗎？

幸好，李清照的先生趙明誠很愛她，這是那不堪屈辱的日子裏，她唯一的精神支柱。這位在太學讀研或者考博的丈夫，既沒有跟她真離婚或假離婚以劃清界限，也沒有立時三刻大義滅親將她掃地出門，而是四處求情，輾轉託人，送禮請客，以求寬容，捱一天算一天，儘量拖延着不走。

實際上，趙明誠完全可以求他的父親趙挺之，這位官至尚書左丞除中書侍郎、相當於副首相的高級幹部，只消說一句話，誰敢拿他的兒媳怎樣。然而，此人很不是東西，「炙手可熱心可寒」就是李清照對這位長輩的評價。我不知道趙佶搞這次政治運動，會不會成立一個中央領導小組？若真如此，向來就是反蘇軾、反蜀黨、反「元祐黨人」的趙挺之，這個「急先鋒」不是這個機構的成員才怪！估計，他很賣力氣，於是很受趙佶賞識，很快擢升為尚書右僕射。

趙挺之不會為「雙打」分子的子女李清照緩頰的，一方面是親不親，路線分；另一方面便是一種陰暗心理了，此人幾乎謅不出幾句像點樣子的詩詞，對他才華出眾的兒媳難免妒火中燒。

正是這許許多多的外部因素，令李清照相當不是滋味，才有這首《一剪梅》。明人王世貞評說此詞：「可謂憔悴支離矣。」（《弇州山人詞評》）這四字評語，可謂大奇。只有個中人、過來人，才能作此等語。因為王世貞之父王 ，藏有《清明上河圖》，嚴東樓想要，他不敢不給，但又捨不得，只好搞了一份贗品送去。誰知被人揭發，由此忤怒嚴嵩，便找了藉口將他關進大牢。王世貞營救無計，只好眼看着其父瘐斃獄中。這種相類似的感受，從時代背景這個大的角度，來忖度李清照寫作時的心態，是說到了點子上的。

李清照崛起於北宋詞林，實在是個異數。

她有一篇在中國文學史上最為直言不諱的批評文章，開頭處先講

述了一個故事：

> 開元、天寶間，有李八郎者，能歌擅天下。時新及第進
> 士開宴曲江，榜中一名士，先召李，使易服隱名姓，衣冠故
> 敝，精神慘沮，與同之宴所，曰：「表弟願與坐末。」眾皆不
> 顧。既酒行樂作，歌者進。時曹元謙、念奴為冠。歌罷，眾
> 皆諮嗟稱賞。名士忽指李曰：「請表弟歌。」眾皆哂，或有怒
> 者。及轉喉發聲，歌一曲，眾皆泣下，羅拜曰：「此李八郎
> 也。」（《詞論》）

這位突兀而來的李八郎，凌空出世，令滿座拜服，其實也是她震驚京師、征服文壇的寫照。

當這位小女子由家鄉山東濟南來到開封的時候，詞壇好比那曲江進士宴，無人把她放在眼裏。斯其時也，柳永、宋祁、晏殊、歐陽修、蘇軾、張子野、晏幾道、秦觀、黃庭堅……詞藻紛出，華章迭起，一闋歌罷，滿城傳寫。凡歌場舞榭，盛會宴集，三瓦兩舍，遊樂釀聚，嘯歌唱賦，非蘇即柳，不是「大江東去」，就是「曉風殘月」，鶯鶯燕燕為之一展歌喉，弦索笛管為之喧鬧嘈雜，詞壇光彩悉為鬚眉奪去，文學風流盡在男性世界。

這位新人不能不大費躊躇了，性別歧視是不容置疑的，更主要的是來晚了的她，發現這桌文學的盛宴已沒有她的一席之地。文學有時比政治還勢利、比經濟還現實，錯失時機，淹蹇一生，滿腹才情，螢草同腐，完全是有可能的。得先機者、善哄抬者、搶風頭者、敢弄潮者、比較不那麼要臉的硬充數者，往往倒能得到便宜。因此，一旦別人捷足先登，後來者就只有站着看熱鬧的份兒。況且，在文壇上，佔着茅坑不拉屎的家伙，尤其不識相，是決不甘心給別人讓位的。所

以，必如李八郎那般，穿雲裂石，餘音繞樑，令人啞口無言，才會被人承認。

李清照本可打出「美女作家」的招牌，在文壇那張桌子上擠進去一張椅子。我揣度她會覺得那很下作，因為她說過的：「譬如貧家美女，雖極妍麗豐逸，而終乏富貴態。」「富貴」是物質，在李清照筆下的這個「富貴」，卻是百分之百的精神。以色相在文壇討一口飯吃，那是巴爾扎克所嗤笑的外省小家碧玉才幹得出來的骯髒勾當，這位大家閨秀肯定是不屑為之的。

儘管有關她的生平記載缺乏細節描寫，更無繪聲繪色之筆墨，但從她這篇藐視一切、睥睨名家的《詞論》推斷，可以想像得出她的自信。本小姐不寫則也罷了，既要寫，必定以初寫黃庭之美，出神入化之境，讓開封城大吃一驚。

果然，不鳴則已，一鳴驚人，「當時文士莫不擊節讚賞」（明朝蔣一葵《堯山堂外記》）。

阮閱《詩話總龜》後集《麗人門》云：「近時婦人能文詞如李易安，頗多佳句。小詞云：『昨夜雨疏風驟，濃睡不消殘酒。試問捲簾人，卻道海棠依舊。知否，知否？應是綠肥紅瘦。』『綠肥紅瘦』，此言甚新。」

陳郁《藏一話腴》甲集云：「李易安工造語，故《如夢令》『綠肥紅瘦』之句，天下稱之。」

黃升《花庵詞選》云：「前輩嘗稱易安『綠肥紅瘦』為佳句，余謂此篇（《念奴嬌·蕭條庭院》）『寵柳嬌花』之句，亦甚奇俊，前此未有能道之者。」

據研究者言，同時代人對於李清照的評述，大都近乎苛刻，對其生平尤多訾議。但從以上的宋人評價，可以想像當時的汴梁城裏，這位新出爐的詞人肯定是一個最熱門、最流行的話題。如曹植《洛神賦》

所寫的「翩若驚鴻，婉若游龍」那樣令人感到新鮮、感到好奇。她的端麗形象，恐怕是北宋滅亡前那末世文壇的最後一抹亮色。

《一剪梅》中，遠走之苦，戀念之深，綺麗的離情，委婉的別緒，無可傍依的憂愁，無計排遣的惆悵，字字句句，無不使人共鳴。全詞無一字政治，但政治的陰霾籠罩全詞。這還不過是她飄零一生的序曲，嗣後，靖康之國滅，南渡之家亡，逃生之艱難，孤奔之無助，更是無窮無盡地與政治扭結在一起的悲劇。甚至直到最後，她死在哪年？死在哪裏？都成為一個無法解開的謎。

儘管她很不幸，但她留給後世的不多的詞、很少的詩、極少的文章，無一不精彩。甚至斷簡殘篇，隻言片字，也流露出她的睿智。在中國文學的天空，李清照堪稱女性文人中最為熠熠發光的星。

宋人中填詞，李易安亦稱冠絕，使在衣冠，當與秦七、黃九爭雄，不獨雄於閨閣也。（明朝楊慎《詞品》）

清照以一婦人，而詞格乃抗軼周、柳。張端義《貴耳集》極推崇其元宵《永遇樂》《聲聲慢》，以為閨閣中有此文筆，殆為閒氣，良非虛美。雖篇帙無多，固不能不寶而存之，為詞家一大宗也。（清朝紀昀《四庫全書總目提要》）

一個作家、一個詩人，能給後人留下充分的話語餘地，說好也罷，說壞也罷，能夠有話好說，那就不簡單，可謂不虛此生。作品問世，不是轉眼煙飛焰滅，而是說上數十年，甚至數百年，像李清照這樣，才是真正的不朽。至於時下我等廁身之文壇，耳聞目睹，躬逢其盛的「不朽」，無論個人吹出來的，還是哥兒們、姐兒們捧出來的，至多只能說是一種樂此不疲的文學手淫而已。

李清照的這首很政治化而無任何政治蛛絲馬跡的《一剪梅》，長期以來被看作一首閨情詩、一首思婦詞，被人吟哦傳誦。在最早的版本上，甚至還有編輯多情地加上題注：

> 易安結縭未久，明誠即負笈遠遊。易安殊不忍別，覓錦帕書《一剪梅》詞以送之。

甚至還有更豔麗的演義，說那塊錦帕，也就是李清照手跡的此詩真本，到了元代還被畫家倪雲林所收藏云云。如果真是這樣羅曼蒂克的話，那倒是適合拍好萊塢愛情電影的上好素材。

其實，這是面對政治迫害的戀戀不捨之歌，走也得走，不走也得走，那是很痛苦的訣別。不能抗命的無法逃脫，難以名狀的淒涼情緒，無可奈何的強迫分手，心碎鬱悶的長遠相思，絕非泛泛的離情別緒所能涵括，而是更深層次的悲恨怨憤。要真是「花自飄零水自流」，花歸花，水歸水，各走各的路，倒是相安無事的。可是，落花無意，流水有情，「雙打辦」也好，「清奸肅黨辦」也好，頻頻敲開她家的大門，不斷關照她何時啟程。於是，「遠遊」的，只能是她。告別汴梁，沿河而下，回到原籍齊州章丘，也就是山東濟南，獨飲她飄零人生的第一杯苦酒。

與此同時，北宋當局的腐敗政權，也開始江河直下地向滅亡走去。宋徽宗在位 25 年，寵用奸宄小人，殘害忠臣良將，搜刮民脂民膏，大肆揮霍浪費，內有農民起義，外有強敵逼境，只知貢幣求和，以得苟且安生。

到了公元 1125 年（宣和七年），徽宗實在幹不下去了，退位給趙桓，自任太上皇。李清照也就跟着大倒其霉，雖說是個人的命運，在大時代的背景下無關宏旨，但隨着異族侵略者的金戈鐵馬步步南下，

個人命運也不能不與家國的命運聯繫在一起。如果説「花自飄零」的話，在她 40 歲以前，猶是在薄風細浪中迴轉，那麼 40 歲以後，便跌落到萬劫不復的深淵，永無安穩之日。

李清照先受到其父，後受到其夫之父，兩起截然相反的政治風波牽連，也曾飽受冷遇嘗盡白眼，也曾過着提心弔膽的日子，不知哪一天又有什麼禍事光臨，但她終究不是直接當事人，花雖飄零，還只是萍蹤浪跡，波迴岸阻，中流蕩漾，無所憑依罷了。儘管「紅藕香殘玉簟秋」有點淒冷，儘管「輕解羅裳，獨上蘭舟」有點孤獨，然而，她與趙明誠那兩相愛戀着的小環境，還是溫馨的；共同之好，積二十多年之久的金石收藏，那意氣相投的小氣候，還是很融洽的。那些年月裏，有過痛苦，也有過歡樂；有過挫折，也有過成功；有過碰壁，也有過收穫；有過陰風冷雨，也有過鳥語花香。

1126 年，趙桓繼位，是為「靖康」。第二年，金兵破汴梁，北宋政權便畫了句號。這年，李清照 43 歲。

> 至靖康丙午歲，侯（即其夫趙明誠）守淄川。聞金人犯京師。四顧茫然，盈箱溢篋，且戀戀，且悵悵，知其必不為己有矣。（《金石錄後序》）

殘酷的戰爭，迫使他們不得不過起浪跡天涯的逃亡生活。胡騎南下，狼煙四起，烽火鳴鏑，遍野而來。那看不到頭的黑暗，擦不乾淨的淚水，永無休止的行色匆匆，沒完沒了的趕路顛簸，便一直伴隨着「花自飄零」的詞人。疾風險浪，波濤翻滾，雲湧霧障，天晦日暗。可想而知，飄零在水裏的花瓣會有什麼結果。

現在，很難想像九百多年前，一為書生、一為弱女的這對夫婦，為了上千件的金石、圖畫、書籍、珍玩等物，不落入侵略者手裏，追

隨着敗亡的逃跑政府，是如何由山東青州的老家啟程，一路曉行夜宿、餐風飲露、舟載車運、人馱馬拉，輾轉千里將其運往江南的？

他們總是追不上逃得比他們還快的高宗皇帝趙構，他們追到江南，高宗到了杭州；他們追到浙江，高宗又逃往海上。中國知識分子那種「天下興亡，匹夫有責」的使命感，讓他們雖然意識到最後那一無所有的結果，然而，面對這些辛苦搜集的文化瑰寶，不保護到最後一刻，卻不敢輕言放棄。

可他們的苦難之旅，又有誰能來分擔呢？無能的政府不管，無恥的官僚不管，投降主義者看你的笑話，認賊作父者下你的毒手，然而，這也阻擋不住他們鐵了心跟隨着被奉為正朔的流亡朝廷，往南逃奔。這就是中國知識分子獨有的苦戀情結。寧可自己死去也不敢將收藏品丟失、放棄、轉手的這對夫婦，一定要為這個國家、這個民族，盡到綿薄之力。你可能會嘲笑他們太愚、太腐，但你不能不尊敬他們這種難能可貴的品質，要沒有這樣一份忠忱之心、竭誠之意，哪有五千年來中國文化的輝煌？

到了欽宗靖康二年，也就是高宗建炎元年，他們的全部積累，不但成為他們夫婦的負擔，甚至成為李清照不幸一生的災難。

　　既長物不能盡載，乃先去書之重大印本者，又去畫之多幅者，又去古器之無款識者，後又去書之監本者，畫之平常者，器之重大者。凡屢減去，尚載書十五車。至東海，連艫渡淮，又渡江，至建康。青州故地，尚鎖書冊什物用屋十餘間，期明年再具舟載之。

　　次年（建炎二年），十二月，金人陷青州。凡所謂十餘屋者，已皆為煨燼矣。

　　（《金石錄後序》）

存放在故土的遺物，悉被胡騎付之一炬；千辛萬苦隨身運來的，又不得不再次割愛。當這些窮半生之力、傾全部家產、費無數心血、已是他們生命一部分的金石藏品，無論多麼珍惜也只有忍痛拋棄，那真是難捨難分。丈夫還要到別處赴任，只剩下她煢子一人，遠走他鄉，「時猶有書兩萬卷，金石刻二千卷，器皿茵褥可待百客，他長物稱是」。獨自照管着這一大攤子家當，她肩上所承擔的分量，也實在是太重了。

而她更想不到的沉重打擊接踵而至，丈夫這一去，竟成死別：

> （明誠）獨赴召。六月十三日，始負擔捨舟，坐岸上，葛衣岸巾，精神如虎，目光爛爛射人，望舟中告別。余意甚惡，呼曰：「如傳聞城中緩急，奈何？」戟手遙應曰：「從眾。必不得已，先棄輜重，次衣被，次書冊捲軸，次古器。獨所謂宗器者，可自抱負，與身俱存亡，勿忘之！」遂馳馬去。
>
> 途中奔馳，冒大暑，感疾。至行在，病痁。七月末，書報臥病。余驚怛，念侯素性急，奈何病痁，或熱，必服寒藥，疾可憂。遂解舟下，一日夜行三百里。比至，果大服柴胡、黃芩藥，瘧且痢，病危在膏肓。余悲泣，倉皇不忍問後事。八月十六日，遂不起，取筆作詩，絕筆而終……

李清照的《金石錄後序》，至今讀來，那段惆悵、那份追思，猶令人慨歎。

在中國歷史上，真正的讀書人，為這個民族，為這塊土地，可以有所作為，可以施展抱負的領域，其實是非常有限的。凡是有利可圖、有名可沾、有福可享、有美可賞的所在，還未等你涉足，早就有手先伸過去了。而這雙手，一定生在有權、有勢、有威、有力量、有

野心、有慾望的人身上。區區文人，何足掛齒？誰會把你的真誠願望當回事。你一旦不知趣地也要參與、要介入，也許你未必想分一杯羹，只想盡一點心、效一點力，那也會遭到明槍暗箭、雷池設防的。

然而，中國的讀書人無不以薪火相傳為己任，無不以興滅繼絕為己責，總是要為弘揚文化，做些力所能及的事情，庶不致辜負一生。李清照和她的丈夫趙明誠，節衣縮食，好古博雅，典當質押，搜羅金石，本來就是吃力不討好的事情。大敵當前，危機四起，殫思竭慮，奔走跋涉，以求保全文物於萬一，這在他人眼中更是愚不可及的書呆子行為。到了最後，她的藏品失散、丟棄、遺落、敗損，加之被竊、被盜、強借、勒索，「何得之艱難失之易也」，「所謂歸然獨存者，乃十去其七八。所有一二殘零不成部帙書冊，三數種平平書帖，猶愛惜如護頭目」，連她自己也忍不住嘲笑自己，「何愚也邪」！

經過這場生命途程中最漫長，也是最艱辛的奔波以後，又是一系列的麻煩、不幸、官司、謠諑，包圍着她，耗盡她的全部創作能量。她本來應該寫得更多，然而卻只能抱憾。

胡適說過：「李清照是中國文學史上一個最有天才的女子。」然而，在這個世界上，最不能得到寬容的是太出眾的才華，最不能得到理解的是太超常的智慧，最不能得到支持的是太完美的成功。凡才華、智慧，無一不是在重重阻斷下難產而出；凡成功、凡完美，無一不遭遇到嫉妒和排斥。她付出了自己的一生，她得到了文學史上的輝煌，然而她在這個小人結群、豺狼當道、精英受害、君子蒙難的時代，除了「花自飄零水自流」之外，簡直別無生計。

李清照生於公元 1084 年（神宗元豐七年），卒年不見載籍，約為公元 1156 年（高宗紹興二十一年），故而具體死亡日期和地點，湮沒無聞。一個曾經美麗過，並在文學史上留下美麗詩詞的才女，大才未展、大志未盡地退出，其落寞之中悄然淡去的身影，給人留下無盡的

遐想。

如果，再回過頭去品味她那首《烏江》詩：「生當作人傑，死亦為鬼雄。至今思項羽，不肯過江東！」無論她怎麼樣死去，她那雙詩人（亦是詞人）的眼睛，終是不肯閉上的。

若是假以時日，給她一個能夠充分施展的機會，這位中國文學史上的第一女性，也不至於只留下一本薄薄的《漱玉集》給後世了。「花自飄零水自流」，對於文人無奈的命運，也只能是無聊的空歎罷了。

趙孟頫的漢奸陰影

趙孟頫（1254—1322）

宋末元初書畫家，浙江吳興（今浙江湖州）人。官居一品，
名滿天下。他能詩善文，懂經濟，擅金石，通律呂，解鑒
賞。特別是書法和繪畫成就最高。

公元 1283 年，文天祥在北京菜市口就義，問鼎中原的蒙古政
權，坐穩江山。公元 1289 年，謝枋得在北京法源寺絕食斃
命，元朝已經完全控制了整個中國。次年，也就是公元 1290 年（至元
二十七年），「八月，癸巳，地大震，武平尤甚」。元朝建都北京後，
還在其發源地舊大名城，也就是現在的內蒙古赤峰市的寧城縣，保留
着中都（稱北京）的建制。這些少數民族政權的首領，相信這場發生
在其祖宗所在地的地震，百分百是「天譴」，他們不住地叩問上蒼，
為什麼？

《元史》描寫這次震災的慘狀：「地陷，黑沙水湧出，人死傷數
十萬。帝深憂之。」餘震一直持續到九月。元世祖忽必烈有點坐不住
了，一世英武的他已年過七旬，終究龍鍾老邁，看到死亡枕藉、山川
溢流的報告，對於天神不斷示儆的恐怖，表現出十二萬分的敬畏，連

忙「召集賢、翰林兩院官，詢致災之由」。

這時，一個南人，一個降人，而且還是元的敵國南宋王朝的一個皇室，趙匡胤的第十一世係，仕元為翰林侍讀學士趙孟頫，跳將出來。

正如公元 2008 年的 3 月 15 日，在四川汶川發生大地震時一樣，一些不三不四的人，馬上跳出來説些不三不四的話，從而讓人們更加看清了那張不三不四的臉。元中都武平的地震，也給了趙孟頫一次表演的機會。本來，中國人中多有淺薄者，一有風吹草動就耐不住寂寞。而作為一個漢奸文人（包括具有吃裏爬外傾向、具有「准漢奸意識」的知識分子），有一種情不自禁的，必然「跳將出來」的衝動。

趙孟頫，在當下不究細底的人眼中，是位大畫家、大書法家，他的書畫作品進入嘉德拍賣，通常開價都在六位數以上。其實，稍稍了解一點宋、元之際的歷史，便對此人的名節不禁搖頭了。怎麼説，他也貴為趙宋王朝的皇族嫡裔，如果既不抵抗也不合作，還説得過去；可他竟然叛祖背宗，變節出仕，應詔加入元政權，得高官，擁厚爵，遂為後人所不齒。當時，宋朝人看不起他，因為他叛宋；元朝人也看不起，因為他降元。所謂「豬八戒照鏡子，裏外不是人」，即此謂也。

這就是當漢奸得到一時好處的同時，必須付出的「遺臭萬年」的代價。

趙孟頫寫過一首題曰《罪出》的懺悔詩：「在山為遠志，出山為小草。古語已云然，見事苦不早。平生獨往願，丘壑寄懷抱。圖書時自娛，野性期自保。誰令墮塵網，宛轉受纏繞。昔為水上鷗，今如籠中鳥。哀鳴誰復顧，毛羽日摧槁。向非親友贈，蔬食常不飽。病妻抱弱子，遠去萬里道。骨肉生別離，丘壟缺拜掃。愁深無一語，目斷南雲杳。慟哭悲風來，如何訴蒼昊。」説明他被迫也好，被誘也好，或者，難忍寂寞也好，來到元大都為元朝官，終於不勝懊悔。這首詩

中，有着沉痛的懺悔。但腳上的泡，是自己走出來的，既然後悔，何必當初。

在這個世界上，人生道路的轉軌，事業場景的切換，乃常數也。獨是漢奸這一條路，為了30個戈貝克而將靈魂出賣給撒旦，那是絕對走不得的。一失足成千古恨，名節上虧了，也就什麼都跟着玩完了。

儘管，趙孟頫是一位全天候的才子，無論當時的南宋遺民、蒙元官宦，還是後來的明清雅士、民國文人，無不欣賞他那綽約嫵媚的行草真隸、他那華采風流的詩詞歌賦、他那出神入化的水墨丹青。但是，歷史的批判，仍然使我們無法閉上眼睛，淡忘他背宋投元的行徑。

趙孟頫不僅僅書、畫、詩、賦一流，文章、經濟也卓有建樹。據《元史》評論：「前史官楊載稱，孟之才頗為書畫所掩，知其書畫者，不知其文章；知其文章者，不知其經濟之學，人以為知言云。」另外，他與夫人管道昇的情感生活，也一直為人所津津樂道。管夫人有一支曲，精彩生動，至今傳誦：「你儂我儂，忒煞情多，情多處熱如火！把一塊泥，捏一個你，塑一個我；將咱兩個，一齊打破，用水調和；再捏一個你，再塑一個我；我泥中有你，你泥中有我；我與你生得一個衾，死同一個槨！」這是一首奇思妙想的愛情詩，還是一首琅琅上口的白話詩，雖然距今已經七八百年，但字裏行間，我們彷彿還能看到一個妙曼可人的女性形象。

趙孟頫和管夫人在大都的日子，活得大概不輕鬆。物質上的窮困是一個方面，精神上的折磨則是更重要的一個方面。假如他真是一個厚顏無恥的人，既無自責，更不懼人責，也許就無所謂了。但他終究是一個真正的文人，一個在學識修養上有着高蹈境界的大師級人物，生活在異族統治下，相信那首《罪出》，正是他的心聲。

當漢奸，不但生前不自在，死後也不自在。中國人對於漢奸的反感是根深蒂固的。在中國歷朝歷代中間，吃過漢奸苦頭最多最大者，莫過於宋。所以，兩宋之人對於漢奸，也最為深惡痛絕。宋朝王明清《玉照新志》稱：「（秦）檜既陷此，無以自存，乃日侍於漢奸戚悟室之門。」而清朝無名氏《漢奸辨》則分析：「中國漢初，始防邊患，北鄙諸胡，日漸交逼。或與之和親，或與之構兵。由是漢人之名，漢奸之號創焉……所謂真漢奸者，助異種害同種之謂也。」

趙孟頫初到大都，並不得意。忽必烈欣賞他的才華，但統治集團猜忌他的忠誠度，只任命為兵部郎中，官階從五品，級別較低。當時統帥六部的尚書省平章政事，為色目人桑哥。元統治中國，將人分為四等：蒙古人為一等，色目人為二等，漢人為三等，南人為四等。此人頗得忽必烈的信任，登上要位。按照奴才所信奉的哲學，同為主子驅使，心腹的奴才要高於非心腹的奴才，資深的奴才要高於新入行的奴才，桑哥有理由看不上趙孟頫。而在元朝，還要加上類似印度種姓制度的差別對待，桑哥為色目人，比趙孟頫這個南人高出兩個層級，那就更不將他當回事了。何況，閣下還是一個貨真價實的漢奸！於是，桑哥就曾因趙孟頫犯下的細微過失，當堂施予鞭刑。眾目睽睽之下，可讓這個前朝的王孫公子飽受了皮肉之苦，更丟臉於朝廷上下。

二等奴才被一等奴才暴揍一頓，踹上兩腳，當然也是活該！

正好，發生了這次地震，而且元世祖「詢致災之由」，趙孟頫就想藉此報一箭之仇。不過他知道，他要單打獨鬥，對這個驕橫跋扈的桑哥發難，有可能打不着狐狸還惹一身騷。他私底下串聯一個名叫徹里的忽必烈的親信近臣，搞掉桑哥。

據《元史》載，徹里為這次進言，很付出了一些代價。「既而徹里至帝前，數桑哥罪惡。帝怒，命衛士批其頰，血湧口鼻，委頓地

上。少間，復呼而問之。對如初。時大臣亦有繼言者，帝遂按誅桑哥，罷尚書省。」看來，趙孟頫四兩撥千斤，確非等閒人物。

所以，也不能以一個純粹的藝術家來看趙孟頫。一般來說，當漢奸者，或具有吃裏爬外傾向，「准漢奸」意識的知識分子，都具有唯恐天下不亂的稟賦。一場地震，正好給他一次登台獻藝的機會。不要以為文人不懂政治、不玩政治，不過文人在政治層面的較量，段級較低，手藝較次，一下子就讓人看透罷了。

忽必烈何許人也，如果不是一條目光如炬的沙漠之狼，至少也是一條耳聽八方的草原之狐。何況他已經做了三十多年的皇帝，什麼沒見過，對這個南朝降臣的地下活動，當然不會一無所知。笛卡爾有句名言，這個世界上有這許許多多的紛擾，就是因為人們不大肯待在自己家裏的緣故。要是這位藝術家能夠按捺得住，安心廝守着愛妻管道昇，不從抗震棚裏躥出來裏撅外挑，忽必烈也許就不會找他交流心得了。

我們在《元史‧趙孟頫傳》中，看到這位滅宋的大帝與這位降元的文人，有過一段相當戳心窩子的談話：

> 帝嘗問葉李、留夢炎優劣，孟對曰：「夢炎，臣之父執，其人重厚，篤於自信，好謀而能斷，有大臣器；葉李所讀之書，臣皆讀之，其所知所能，臣皆知之能之。」帝曰：「汝以夢炎賢於李耶？夢炎在宋為狀元，位至丞相，當賈似道誤國罔上，夢炎依阿取容；李布衣，乃伏闕上書，是賢於夢炎也。……」

民諺有云：當着矮子，別説短話。葉李、留夢炎和趙孟頫，都是有前科的變節分子。忽必烈與他探討漢奸甲和漢奸乙的孰優孰劣，而

眼前這個漢奸丙，豈非十冬臘月喝涼水，點點滴滴在心頭嗎？言外之意，趙孟頫再傻也聽得出來，其實是蒙古皇帝給他一個善意的提醒。你從哪裏來，是你做主的事，來了我歡迎；你到哪裏去，是我做主的事，那就由不得你。閣下，第一，別忘了自己是誰！第二，千萬別走得太遠！這年忽必烈75歲，到底是一位老人家了。趙孟頫得感謝人老以後，心腸不那麼鐵石，否則他的下場不會比桑哥好多少。看到這位如坐針氈的前朝皇族，看到這位頭冒冷汗的文化精英，忽必烈把口氣緩和了下來：「汝以夢炎父友，不敢斥言其非，可賦詩譏之。」這對才子趙孟頫來說，不費吹灰之力，馬屁詩一首，即席呈遞上去：「狀元曾受宋朝恩，目擊權奸不敢言。往事已非那可說，且將忠孝報皇元。」據宋朝周密的《癸辛雜識》說，這首詩讓留夢炎恨他一輩子。

此次談話以後，趙孟頫便請求外調，落腳地為山東濟南，做地方官去了。也許，他覺得既然上了賊船，又跳不下來，只好揀一個稍稍能避開風口浪尖的處所暫且棲身。

王國維《東山雜記》寫道：「文人事異姓者，易代之際往往而有。然後人責備最至者，莫如趙子昂（趙孟頫）。虞堪勝伯題其《苕溪圖》云：『吳興公子玉堂仙，寫出苕溪似輞川。回首青山紅樹下，那無十畝種瓜田。』」「沈石田題其畫《馬》則云：『隔目晶梵耳竹披，江南流落乘黃姿。千金千里無人識，笑看胡兒買去騎。』王漁洋題其畫《羊》則云：『南渡銅駝猶戀洛，西來玉馬已朝周。牧羝落盡蘇卿節，五字河梁萬古愁。』諸家攻之不遺餘力，而虞勝伯一絕，溫厚深婉，尤為可誦。」

在家家泉水、戶戶垂楊的濟南，趙孟頫曾經寫過一首詩：「雲霧潤蒸華不注，波濤聲震大明湖。時來泉上濯塵土，冰雪滿懷清興孤。」這首題曰《趵突泉》的詩，如果說「時來泉上濯塵土」，還可以理解為他的懺悔，那麼「冰雪滿懷」和「清興孤」，就有點文不對題、語

焉不詳。趙孟頫和管道昇儘管擺脫了京城蒙古人和色目人的面孔，但他變節仕元、背叛家國的心靈陰影，則是永遠擺脫不掉的。

高啟死定了

---- **高啟**（1336—1373）----

元末明初詩人，江蘇蘇州人。參加編修《元史》，受命教授
諸王。為「明初詩文三大家」之一。後因連坐而被腰斬。

征途險巇，人乏馬飢。

富老不如貧少，美遊不如惡歸。

浮雲隨風，零落四野。

仰天悲歌，泣數行下。

（《悲歌》）

詩只八句，詩中的悲愴之情、危絕之境、蒼茫之意、孤憤之心，
那種藝術上的震撼力是相當強烈的。這些詩句，讓我想起陳子昂《登
幽州台歌》的大氣、李白《蜀道難》的壯觀，甚至想起更早年代曹操
《苦寒行》和《卻東西門行》的深沉凝重。包括結尾「仰天悲歌，泣
數行下」的斷然收煞，也類似曹操「鄭康成行酒，伏地氣絕」那戛然
而止的句式。這首詩，如果不標出係明初詩人高啟的手筆，以其雄渾
的漢唐氣派，沒準會令人誤認為是至少不晚於唐的一首古風。

　　現代的讀者，顯然不太熟悉這位在中國已經很冷門的人了。高啟，字季迪，號槎軒，長洲（今江蘇蘇州）人，生於 1336 年，死於 1373 年，只活了 38 歲。元末大亂，曾避難松江青丘，又號青丘子。

　　他的代表作《青丘子歌》，其實就是他的歸隱宣言、他的文學宗旨：

　　　　青丘子，臞而清，本是五雲閣下之仙卿。何年降謫在世間，向人不道姓與名。蹦屬厭遠遊，荷鋤懶躬耕。有劍任鏽澀，有書任縱橫。不肯折腰為五斗米，不肯掉舌下七十城。但覓好詩句，自吟自酬賡。田間曳杖復帶索，旁人不識笑且輕。謂是魯迂儒、楚狂生。青丘子，聞之不介意，吟聲出吻不絕咿咿鳴。朝吟忘其飢，暮吟散不平。當其苦吟時，兀兀如被醒。頭髮不暇櫛，家事不及營。兒啼不知憐，客至不果迎。不憂回也空，不慕猗氏盈。不慚被寬褐，不羨垂華纓。不問龍虎苦戰鬥，不管烏兔忙奔傾。向水際獨坐，林中獨行。斬元氣，搜元精。造化萬物難隱情，冥茫八極遊心兵，坐令無象作有聲。微若破懸虱，壯若屠長鯨，清同吸沆瀣，險比排崢嶸。靄靄晴雲披，軋軋凍草萌。高攀天根探月窟，犀照牛渚萬怪呈。妙意俄同鬼神會，佳景每與江山爭。星虹助光氣，煙露滋華英，聽音諧《韶》樂，咀味得大羹。世間無物為我娛，自出江石相轟鏗。江邊茅屋風雨晴，閉門睡足詩初成。叩壺自高歌，不顧俗耳驚。欲呼君山老父攜諸仙所弄之長笛，和我此歌吹月明。但愁欻忽波浪起，鳥獸駭叫山搖崩。天帝聞之怒，下遣白鶴迎。不容在世作狡獪，復結飛佩還瑤京。

　　這首自敘詩，與李白的「但用東山謝安石，為君談笑靜胡沙」的入世不同，也與杜甫的「安得廣廈千萬間，大庇天下寒士俱歡顏」的濟世不同，而在元末明初這樣一個戰爭環境中，要想遠離動亂求得安寧，只有一個選擇，那就是「不問龍虎苦戰鬥，不管烏兔忙奔傾」的出世。

　　這首詩，結構之奇特，句法之跳躍，選字之怪異，堪稱「一絕」。

　　這首詩，想像之豐富，意境之廣博，情感之高蹈，堪稱「二絕」。

　　這首詩，思想之自由，精神之挑戰，愛憎之分明，堪稱「三絕」。

　　歷史上習慣將他與楊基、張羽、徐賁稱為「吳中四傑」，也有人稱為「明初四傑」。《明詩紀事》評價高啟：「允為明三百年詩人稱首，不止冠絕一時也。」明人李東陽對「明初四傑」這樣的提法不以為然，他說：「國初稱高、楊、張、徐，高才力聲調過三人遠甚，百餘年來，亦未見卓然有過之者。」

　　紀昀在《四庫全書總目提要》中，對高啟、對其主要著作《大全集》《鳧藻集》的撰述，評價是相當高的。「啟天才高逸，實據明一代詩人之上。其於詩，擬漢魏似漢魏，擬六朝似六朝，擬唐似唐，擬宋似宋。凡古人之所長，無不兼之。振元末纖穠縟麗之習，而反之於古，啟實為有力。」同時，紀昀也為其英年早折未展才華，深表遺憾，高啟「行也太早，殞折太速，未能熔轉變化，自為一家，故備有古人之格，而反不能名啟為何格。此則天實限之，非啟過也」。

　　有什麼辦法呢？文人的生命力本來就不濟，而天才的文人又更加脆弱些。即使老天讓他活，皇帝不讓他活，那也只好認命。朱元璋非要他死，而且一直在找機會讓他死，他豈能不死？第一，朱元璋視他為死敵張士誠死黨之一。第二，朱元璋得國後，詔赴京城修《元史》，他有過辭意，這使得朱元璋不悅。第三，洪武三年，朱元璋要授他戶部侍郎一職，他卻自陳年少不當重任，被賜金放還。明擺着不給老朱

面子，還好意思拿人家的銀子。詩人也不掂量掂量，這幾兩銀子，是拿得還是拿不得？竟然以為朱皇帝對他夠意思，放他回家當隱士去呢！殊不知皇帝老子盯上了你，要給你顏色看，你躲到天邊也不行的。何況，在中國數百個帝王中間，老朱是最小人的一個，高啟躲了初一，躲不了十五，死定了。

清朝的紀昀，在文壇是主流派，在政壇是在朝派，自然不能信口議論帝王的是非，哪怕是前朝的也不置褒貶。因為他怕今上聯想：你現在說朱元璋的壞話，焉知你將來會不會有一天嚼我乾隆的舌頭根子？所以，就文章談文章，就詩歌談詩歌，專談高啟的創作成就。至於怎麼死的、如何死的，一律採取「模糊哲學」。

這位學富五車的聰明人說：

> 唐時為古文者，主於矯俗體，故成家者蔚為巨製；不成家者，則流於僻澀。宋時為古文者，主於宗先正，故歐、蘇、王、曾而後，沿及於元，成家者不能自闢門戶，不成家者，亦具有典型。啟詩才富健，工於摹古，為一代巨擘。而古文不甚著名，然生於元末，距宋未遠，猶有前輩軌度，非洪、宣以後漸流於膚廓冗沓、號台閣體者所能及。

雖然紀昀指出高啟「工於摹古」，但即使「摹」，這位老先生也肯定他有不同凡俗、自成一格之處：「特其摹仿古調之中，自有精神意象存乎其間，譬之褚臨禊帖，究非硬黃雙鈎者比，故終不與北地、信陽、太倉、歷下，同為後人詬病焉。」

紀昀主持《四庫全書》的編政，閱盡數千年的古人，讀遍數萬卷的著作，含英咀華，擇選定奪，品評勘磨，剔誤抉訛，你不能不承認他是大鑒賞家，你也不能不承認他評斷的權威性。他褒高啟的同時，

將北地（李夢陽）、信陽（何景明）、太倉（王世貞）、歷下（李攀龍）諸名家，貶了一通，這種揚此抑彼的鮮明做法，在卷帙浩繁的「提要」中，是不多見的。我想，這是否為紀昀的皮裏陽秋手法？因為他說高啟為「一代巨擘」，惜未能形成自己的風格，接着又說這不是高啟的過錯，是老天不給他「熔轉變化，自為一家」的時間。

那麼高啟未能給明代文壇增添光彩，這筆賬應該記在誰的頭上？紀昀嘴上不說，大家心裏有數。才 38 歲的高啟，被腰斬處死，又說不上犯了什麼滔天罪行，令人不能不為中國文人的悲劇命運一哭。

腰斬，這種刑法，即使在草菅人命的舊時代，也並不常常使用。歷史上只有一個秦朝、一個明朝，是比較熱衷酷刑的，秦始皇殺人如草，朱元璋殺人如麻，腰斬自然是少不了的花樣。於是，秦的李斯、明朝的高啟，首當其衝，成為被腰斬的刀下之鬼。

因此，在被奪命的中國人中間，這兩位應該算是死得最不幸、最慘烈的。

高啟之死，在吳晗的《朱元璋傳》裏，是這樣的：

> 蘇州知府魏觀把知府衙門修在張士誠的宮殿遺址上，被人告發。元璋查看新房子的《上樑文》有「龍蟠虎踞」四字，大怒，把魏觀腰斬。僉事陳養浩作詩：「城南有嫠婦，夜夜哭征夫」，元璋恨他動搖士氣，取到湖廣，投在水裏淹死。翰林院編修高啟作《題宮女圖》詩：「小犬隔花空吠影，夜深宮禁有誰來？」元璋以為是諷刺他的，記在心裏。高啟退休後住在蘇州，魏觀案發，元璋知道《上樑文》又是高啟的手筆，舊恨新罪一併算，把高啟腰斬。

這位叫魏觀的知府，修浚河道，重建衙門，本想留下一點德政，

沒想到拖累了高啟，都成了刀下之鬼。舊時蓋房子，上樑是屋頂的關鍵工程，要燒點香燭紙馬，要奉上三牲貢獻，要有一篇琅琅上口的《上樑文》。蘇州是座人文薈萃的古城，蓋的是知府衙門，自然要請一位當地的文人動筆。魏觀認為這件事非高啟莫屬，便派人到松江青丘去請他。誰也沒料到，正是這篇文章斷送了國子監祭酒魏觀、翰林院編修高啟這兩條命。

據明朝楊循吉《吳中故語》，朱元璋對原來張士誠的屬地及屬地的政治文化經濟中心蘇州，以及屬地的老百姓，一百個不放心，因為他稱帝後，吳地的黎民百姓依舊懷念這位憐民的張王，依舊懷念他寬下的統治，依舊偷偷地給他燒「九四香」（張士誠的小名叫張九四）。朱元璋很不安，大概也嫉妒，所以派遣過來很多特務，一動一靜，無不在他的掌握之中。

蒲圻（即魏觀）碩學夙充，性尤仁厚，蒞臨之久，大得民和。因郡衙之隘，乃按舊地以徙之，正當偽宮之基。初城中有一港曰「錦帆涇」，云閶闔所鑿，以遊賞者，久已湮塞，蒲圻亦通之。時右列方張，乃為飛言上聞，云：「蒲圻復宮開涇，心有異圖也。」時四海初定，不能不關聖慮，乃使御史張度覘矣。御史至郡，則偽為役人，執搬運之勞，雜事其中。斧斤工畢，擇吉構架，蒲圻以酒親勞其下人予一杯，御史獨謝不飲。是日高太史為上樑文。御史還奏。蒲圻與太史並死都市，前功遂報。

而明代祝允明《野記》，更是駭人聽聞：

魏守（觀）欲復府治，兼疏溶城中河。御史張度劾公，

有「典滅王之基，開敗國之河」之語。蓋以舊治先為偽周所
處，而臥龍街西淤川，即舊所謂錦帆涇故也。上大怒，置公
極典。高太史啟，以作《新府上樑文》與王彝皆與其難。高
被截為八段云。

李斯在咸陽被腰斬，斬成幾截，司馬遷的《史記》沒有記載。
高啟在南京被斬成八段，是有據可查的。除了祝允明外，明朝李賢的
《古穰雜錄》也有類似文字。數百年後重讀這類史料，那令人髮指的
刑戮場面，仍令人驚心觸目。一個大活人，攔腰斬成兩截，就夠殘忍
的了，還要再分切成八段，那就更為恐怖，與剁成肉泥相差無幾。你
不能不佩服這位絕對流氓無產者出身的皇帝，對知識分子下手之狠、
之毒。史稱之為「暴秦」的統治者，從屠夫的角度，恐怕也要對他甘
拜下風。

朱皇帝，還是您行！您就抓住「龍蟠虎踞」四個字，把一干還在
那裏搖頭晃腦、吟詩作對的知識分子，「咔嚓」「咔嚓」幾鍘刀，打發
到陰曹地府去了，佩服，佩服！

其實，就算你借給高啟膽子，這位詩人敢造反嗎？拍馬屁還來不
及呢！1368 年（洪武元年），朱元璋定都南京，高啟應召入朝，授翰
林院編修，修《元史》。這期間，他寫了不少詩篇。其中，有一首古
風，你可以說它是一篇應景文章，但從他手下寫出來，豪邁大氣，不
落俗套。你得承認，到底是「桂冠詩人」，連哄這個很不好哄的朱皇
帝，也能在不露聲色間，將老爺子撫摩得很舒服。而且不像有些作家
詩人，拍得下作，捧得露骨，也許正因為如此，陛下才會延請他為皇
家西席，教育他許多皇子中的一個。

詩為：

大江來從萬山中，山勢盡與江流東。

鍾山如龍獨西上，欲破巨浪乘長風。

江山相雄不相讓，形勝爭誇天下壯。

秦皇空此瘞黃金，佳氣蔥蔥至今王。

我懷鬱塞何由開，酒酣走上城南台；

坐覺蒼茫萬古意，遠自荒煙落日之中來！

石頭城下濤聲怒，武騎千群誰敢渡？

黃旗入洛竟何祥，鐵鎖橫江未為固。

前三國，後六朝，草生宮闕何蕭蕭。

英雄乘時務割據，幾度戰血流寒潮。

我今幸逢聖人起南國，禍亂初平事休息。

從今四海永為家，不用長江限南北。

（《登金陵雨花台望大江》）

　　儘管結尾幾句近乎吹捧，可端誰的碗，不就得服誰的管嗎？文人固然清高，可也不能不食人間煙火，受人錢財，撰幾句捧場話，也無不可。但是，他要收拾你了：蘇州有什麼好「龍蟠虎踞」的？一句話，推下去，腰斬了。這就是朱元璋，像所有翻臉不認人的小人一樣，不念舊情，早把那首洋洋灑灑的古風忘掉了。

　　明太祖嗜殺成癮，特別熱衷於消滅文人，一是源於農民的狹隘意識，對於知識分子非我族類的排斥、不信任；二是來自草根階層的他，坐上龍椅以後，那種先天的自卑心理，是絕對碰不得當過小和尚、做過盜牛賊的過去。他一波一波地製造「文字獄」，清除知識分子，是由自卑到自尊的蹦極所導致的失衡，是處於劣勢文化狀態下對優勢文化的逆反，於是，瘋狂屠殺，便是他那精神的釋放宣洩之道。

　　據吳晗《朱元璋傳》引《明朝小史》，朱元璋剛當上皇帝，修玉

牒時,很想借名人的光,好遮住自己腿上未洗淨的牛糞和泥巴。物色了半天,發現南宋的大儒朱熹,那位得以配享孔廟的聖人還可以利用。後來,有一姓朱的典史朝覲他,都否認與朱熹有關係,朱元璋頓時省悟過來:區區小不剌子都不冒認祖宗,我堂堂大皇帝幹此等事,被戳穿了豈不貽人笑柄?

後來,他學那位亭長劉邦,「將相王侯,寧有種乎」,乾脆不諱自己為「出身寒微」的「淮右布衣」,係「起自田畝」的「江左匹夫」。

但是,他自己怎麼說都可以,你說不行。你知識分子,哪怕眼神流露出一絲蔑視,就要拿腦袋來見。當時,就有許多上奏表的官吏,當然都是有文化的人了,由於一些字、一些詞,或音同,或意似,能夠與他當過和尚、做過盜賊的歷史聯繫附會上,那就找倒霉了,馬上處決。

在中國,一個農民,當他屬於土地的時候,可能還是本質上的農民,善是他的主要方面;當他離開安身立命的土地,就可能成為不可知的異數,惡便成為他生命的一個支撐點。中國歷代的農民起義,從陳勝、吳廣到太平天國、義和團,其浩浩蕩蕩的基本隊伍,都是由這些離開土地的農民所組成。農民失去土地,再也沒有值得顧惜的東西,只剩下破壞和毀滅。正因為一無所有,戰鬥力特別強,摧毀力特別大,所到之處,無不赤土,然後裹挾着更多新產生出來的餓殍,離開土地,接着再「流」下去。千古以來,文化史興衰起落,與這些領導者的文明程度密切相關。他明白一點,文化的日子便好過一點;他糊塗一點,便斯文掃地,知識遭殃,這些,都白紙黑字寫在一部《二十四史》中。

在歷代官修的史書中,對這些流動着的武裝農民,如黃巾、黃巢、李自成、張獻忠,一律呼之曰「流寇」。「寇」當然是毫無異議的蔑稱,「流」卻是準確的狀態描寫。農民只要一流起來,手裏握有武

器，便什麼事都做得出來。尤其流民中的先鋒分子，也就是流氓無產者，如朱元璋，暴得富貴，即使坐了江山，也不是能在一代、兩代間改變其先天的由於小農經濟所造成的文化劣勢，尤其是那種文化劣勢所形成的心理基礎，更難徹底改變。於是，便注定這些掌權的農民，儘管穿上了龍袍，也充滿對知識分子的敵視、對優勢文化的憎惡。

在《朱元璋傳》裏，吳晗開了一串被殺文人的名單：

處州教授蘇伯衡以表箋論死；太常卿張羽坐事投江死（注：不是他跳江自殺，而是被綁起來扔到長江裏）；河南左布政使徐賁下獄死；蘇州經歷孫右曾為藍玉題畫，泰安州知州王蒙嘗謁胡惟庸，在胡家看畫，王行曾做過藍玉家館客，都以黨案被殺；郭奎曾參朱文正軍事，文正被殺，奎也論死；王彝坐魏觀案死；同修《元史》的山東副使張夢兼、博野知縣傅恕、福建僉事謝肅都坐事死，曾在何真幕府的趙介，死在被逮途中；曾在張士誠處作客，打算投奔擴廓帖木兒的戴良，畏罪自殺。不死的，如曾修《元史》的張宣，謫徙濠州；楊基罰作苦工；烏斯道謫役定遠；顧德輝父子在張士誠亡後，並徙濠梁，都算是十分僥倖的了。

因此，以高啟為首的「吳中四傑」，能指望老朱給他們拋來一串熱情的飛吻嗎？

明朝的郎瑛在《七修類稿》中提到：「國初，張士誠竊居姑蘇，較之一時僭偽似小有間。眾皆嗜殺，不禮士夫，張則造景賢樓以延之。」生活在明朝中葉的郎瑛，文中所説的「一時僭偽」，自然不包括明太祖。其實，元末天下大亂，群雄蜂起，割據爭奪，稱王稱霸，朱元璋、方國珍、張士誠，都是「僭偽者」。而販私鹽出身的張士誠，

稱吳王，據蘇州，對知識分子的吸引力要大於朱元璋，在延攬吳地的
文人、士紳以及元朝的官吏加入他的政權來效力方面，也比朱元璋要
成功一點。

據紀昀的《四庫全書總目提要》載，「吳中四傑」之楊基，「其
先嘉州人，祖官吳中，因家焉」；張羽，「本潯陽人，僑居吳興，再徙
於吳」；徐賁，「其先蜀人，徙常州，再徙平江」；加之高啟，同住在
姑蘇城裏，同受到張士誠的禮遇，對這個代元而起的新政權，持歡迎
態度，也是順理成章的事情。中國的士，說來可憐，只要不用小棍子
老敲他的腦袋，不用小鞭子老抽他的屁股，他就會感恩戴德。如果奉
為上賓，引為知己，他都恨不能為之殉死。這四位文人，拿今天的
話來說，是當之無愧的著名作家，都箕坐在景賢樓裏，喝着老酒，聽
着評彈，成為那個鹽販子的座上客。我想在應天也建立了政權的朱元
璋，獲知這個情報，是不會很開心的。所以，最後這四位詩人，先後
被殺、被謫徙，還連帶一批仕吳的文化人死於非命。甚至為了懲罰，
蘇州的田賦也是全國最高的，蘇州被強迫外移到鳳陽去的百姓也是各
地中最多的。

當皇帝的，未必不小人，未必不記仇，未必不睚眦必報。一篇
《上樑文》，送到御案上，老朱跳起來：朕正等着呢！於是高啟伏法，
一分為八，慘不忍睹。

總而言之，倘不沉默，你就被腰斬；倘不想被腰斬，你就只有沉
默。這是朱皇帝的邏輯，也是許多中外獨裁者奉為圭臬的邏輯。在沉
默和腰斬之間，若是任擇其一的話，如果高啟徵求我對這道選擇題的
看法，我會建議他選擇沉默。寧肯咬斷舌頭，也要設法保住腦袋，這
才是上上策呀！腦袋掉了，他即使有八斗之才，也就白搭了。腦袋留
着，他那八斗之才雖廢了，至少作為一個觀眾，活着看收拾過你的人
死，也不讓收拾你的人看你死。這樣算賬，我覺得還划得來。

有人對我堅持這種笑到最後寫到最差，或笑到最後卻最後什麼也寫不出的做法，不怎麼贊成。我也同意這種屬於我個人經驗的怯懦、苟且的生存哲學，很沒出息，屢被具有鬥士精神的同行所鄙視，我也死豬不怕開水燙，很無所謂的了。但我活了這麼多年，別的長進沒有，記憶力還算不錯，那些認為應該奮不顧身去抗爭，應該堅持真理去決戰，應該不屈不撓往前衝，應該抵抗到底豁出命的勇敢者，大難臨頭，撒丫子跑得比誰都快，有的都跑到美利堅合眾國去了。他自己跑路，卻要你去當傻帽，這等好樣的同行，要我在記憶中將其格式化掉，那是不可能的。

說到底，如果為真的文學、真的天才，做些什麼，也許還值得。可當今果有什麼天才，果有什麼大師嗎？我是從來不相信的。

把話說得再絕一點，對文學來說，高啟是重要的；對朱元璋來說，多一個天才少一個天才，算個什麼？高啟的不幸，是碰上了朱元璋這樣一位從窮鄉僻壤、從封閉環境走出來的統治者。閉塞，則偏執；偏執，則抵制，而長期抵制的結果，便是拒絕文明。貧窮，則愚昧；愚昧，則無知，而長期無知的結果，便是敵視文化。對大多數既非天才，也非大師的人來說，作為朱皇帝的子民，保住腦袋的同時，還要護住屁股，避免吃棍子，避免挨板子，便是第一要務了。

天才固然重要，但為了天才而罔顧一切，那就是癲狂了。記住蘇聯電影裏的一句名言，好像是列寧對那個瓦西里說的：「麵包會有的。」那是真理得不能再真理的真理，從歷史的角度來看，天才總是會有的。

用得着你急嗎？

我記得高啟有一首小詩，不知是他何時的作品，題名為《田舍夜春》，只四句，與聶夷中的《咏田家》、秦韜玉的《貧女》，有異曲同工之處。

新婦春糧獨睡遲，夜寒茅屋雨來時。

燈前每囑兒休哭，明日行人要早炊。

這真是一首佳構，春米聲、風雨聲、嬰兒的哭聲，如在耳邊，聲聲可聞；米香、夜色、燈光、人影，如在眼前，歷歷在目；生活的沉重，勞動的煩冗，期待之渺茫，未來之無望，也令我們有所感觸。詩人筆下的婦女，將稻穀春成如珠如璣的白米，某種程度上，多少類似文人在錘煉字句上，那如琢如磨的勞動精神；而她所感受到的「夜寒茅屋雨來時」的淒冷心境，也頗類似於千百年來中國文人那不大容易笑得起來的精神狀態，這實在令人不勝感慨。

第六章　明

朱元璋為何仇視文人

朱元璋（1328—1398）

明朝開國皇帝，濠州鍾離人。他在位期間，社會生產逐漸恢復和發展，中央集權進一步加強。但他晚年偏好誅殺，未能善始善終。

明人的《翦勝野聞》載：

> 太祖視朝，若舉帶當胸，則是日誅夷蓋寡。若按而下之，則傾朝無人色矣。中涓以此察其喜怒云。

這個嗜殺的太祖，就是明朝的開國皇帝朱元璋。在中國三百多個帝王中間，他是真正來自草根階層的卑微人物。幾千年來，農民起來造反者無數，失敗者也無數，而他卻是成功坐上龍椅的少數人。與他景況相類似者，是漢高祖劉邦。近人錢穆說：「除卻漢高祖，中國史上由平民直起為天子者，只有明太祖。」不過，劉邦非絕對之平民，當過泗水亭長，介乎派出所長與街道委員會主任之間，領取九品或從九品的俸祿，用公帑支付工資，那就是官員。在中國，再小的官也是

官，官就是管，管就是權。亭長，管轄約方圓十里的範圍，後來他發達了，又回到他當亭長的老家，一張口，「大風起兮雲飛揚，威加海內兮歸故鄉」。那底氣，那聲勢，絕非一朝一夕之功，也絕非一個升斗小民吼得出來的。

明朝陳繼儒《狂夫之言》中載：「太祖常躬祭歷代帝王廟，至漢高像前曰：『我與公皆布衣，起得天下。公是好漢子！』命再加一爵。」其實，朱元璋這個赤貧無產階級，或流氓無產者，根本沒法跟泗水亭長相比。從他自敍《朱氏世德之碑》，「某自幼多疾，捨身皇覺寺中。甲申歲，父母長兄俱喪，某託跡緇流。至正二十四年，天下大亂，淮兵蜂起，掠入行伍……」來看──

他的職業：

第一，當過和尚；

第二，混過盲流；

第三，幹過兵痞；

第四，做過蟊賊。

他的履歷：

第一，在地主家放過牛；

第二，在廟宇裏掛過單；

第三，在流浪時討過飯；

第四，在落草中打過劫。

雖然按照某個年月流行的觀點，這都是他的優勢，他比劉邦更無產階級、更苦大仇深、更徹底革命、更立場堅定。但在封建時代的人們眼裏，這都成為他的劣勢，這些不光彩的過去是上不得台盤的。為這些胎記，當上皇帝以後的朱元璋，很自卑，很惱火，他說可以，別人說不行。就構成他絕對碰不得的心結。

洪武年間，開科考士，朱元璋翻閱考中的生員名單，一名來自江

西婺源的姓朱的舉子，吸引住他的目光。如果此人是南宋朱熹後裔的話，排個轉折親，攀上一位先賢當祖宗，豈不很是光彩麼？那個考生當然了解朱元璋殺人不眨眼的脾氣，哪敢撒謊，連忙申辯與朱熹並非同宗，連遠房也不是。朱元璋一想，這樣一個學子，都不冒認聖人為祖，朕就更犯不着了，遂寢息了這個認祖的念頭。

這是一件小事，但可了解朱元璋心底裏的這個「結」，左右着他的一生。

現在無從知道，朱元璋在他闖蕩江湖、跌倒爬起的早期歲月中，是如何飽受生員官吏、豪門士族、衙隸差役、地主富戶欺壓；當初遊方乞討、流浪為生之際，沒有機會讀書，是如何被同齡人笑話他不識字，要他蒙他，從而令他產生對知識分子的嫉妒和厭惡心理的。一個活生生的人，被迫害而無法抗爭，鬱積於胸，總有爆發的一天，何況朱元璋？積怨生恨，久恨成仇，就像酵母一樣膨脹，便釀成對官員、對富戶、對文化人的血海深仇。待他有了報復的機會，有了報復的手段，嗜殺——便是他那數十年積鬱心結的一次釋放、一種補償。

所以，他老婆馬皇后跟他廝守一生，最後沉痾不起，知道死之將至，寧可等死，也堅決拒絕用藥。朱元璋大火，跑到後宮去，責問她為什麼。馬皇后說：「我吃藥也是死，不吃藥也是死。可我吃了藥死後，你一定要殺這些太醫們的頭。與其如此，還不如不吃藥而死，可以保全這些太醫們。」這一段野史，人稱「馬皇后憐惜太醫」。由此可見，這位皇帝動輒殺人之不問情由，與他同生死共患難的老婆，對他無所不用其極的狠毒、斬草除根的決絕，也是無可奈何的。

清朝趙翼在《廿二史劄記》載：「蓋明祖一人，聖賢豪傑盜賊之性，皆兼而有之者也。」清朝萬斯同論朱元璋：「蓋自暴秦以後所絕無而僅有者。此非人之所敢謗，亦非人之所能掩也。」按照近代精神病學的研究，他的這種近乎瘋狂的嗜殺行徑，基本上屬於心理變態。

清朝談遷的《談氏筆乘》提到：「太祖好微行，察政理，微行恐人識其貌。所賜諸王侯御容一，蓋疑像也。真幅藏之太廟。」看來，他的嫉恨心結，隨着他登基以後愈演愈烈，他的嗜殺之性隨着他為帝以後變本加厲。據吳晗的《朱元璋傳》說，他打江山 30 年，坐江山 30 年，當上皇帝以後殺掉的人，要比他未當上皇帝時所殺掉的人，只多不少。僅一個「胡惟庸案」、一個「藍玉案」，前後共屠殺五六萬人，株連人數之多，牽扯地域之廣，駭人聽聞。「村墟斷炊煙，隴上無行人」，這是當時詩人筆下的大案開殺的慘狀。

　　在明人筆記中，關於朱元璋私訪而大開殺戒的記載頗多，如《翦勝野聞》中載：「太祖嘗微行京城中，聞一老嫗密指呼上為老頭兒。帝大怒，至徐太傅家，繞室而行，沉吟不已。時太傅外出，夫人震駭，恐有他虞，稽首再拜曰：『得非妾夫徐達負罪於陛下耶？』太祖曰：『非也，嫂勿以為念。』亟傳令召五城兵馬司總諸軍至，曰：『張士誠小竊江東，吳氏至今呼為張王。今朕為天子，此邦居民呼朕為老頭兒，何也？』即令籍沒民家甚眾。」如馬生龍的《鳳凰台記事》中載：「元宵都城張燈，太祖微行至聚寶門外，見民間張一燈，上繪一大足婦人，懷一西瓜而坐。上意其有『淮西婦人好大足』之訕，乃剿除一家九族三百餘口，鄰里俱發充軍。」

　　封建社會的小農經濟，決定了個體農民的生存狀態。他們無非四件事：春耕、夏播、秋收、冬藏；無非四個「頭」：生活在炕頭、勞動在地頭、最遠到村頭、最終到墳頭。終其一生，僅此而已。在一個農民的心目中，地頭乃維繫生存的根本，對朱元璋這樣一個當了皇帝的農民來講，國家就是他的地頭。所以，他把宰相取消，耕耘、灌溉、鋤草、施肥，事無巨細，無不親手操持，即或對傭工，兩眼也盯得溜直。清朝黃宗羲《明夷待訪錄》中說：「有明一代政治之壞，自高皇帝廢宰相始。」然而，國家那麼大，你朱元璋縱有三頭六臂，日理萬

機，也有管不過來的時候。具體而微的國家行政事務，唯有託付給有知識、有文化、有能力的人進行管理。正如一個老農忙不完地頭的莊稼活，不得不請鄰居幫忙，不得不僱長工、短工，儘管他信不過，但也不得不這樣去做。

如果說朱元璋藉微行察訪，是因為他不放心老百姓，而他主持朝政那就更加不放心讀書人了。因為他內心這個「結」，總在提醒他，這些知識分子，會不會給他要心眼？會不會跟他不合作？會不會看他的笑話？尤其那些有思想、有才能、有威信、有人望的知識分子，更被他視作心腹之患。朱元璋這種殘暴陰刻的念頭、自負褊狹的行為、猜忌懷疑的心態、與人為敵的戒懼，自然與他早年受欺壓、遭摧殘、被排斥而抬不起頭來的成長歷程有關。過去人家不把他當人對待，現在他也不將這些人當人對待。他對手下的功臣夙將、文武官員，總提防着、戒備着，甚至有點病態的神經質，而神經繃緊到一定程度就要開刀問斬。

在《國史大綱》中，錢穆分析朱元璋的這種與讀書人為敵的意識形態之形成淵源時說：

> 宋太祖懲於唐中葉以後武人之跋扈，因此極意扶植文儒。明太祖則覺胡元出塞以後，中國社會上比較可怕的只有讀書人。但是所謂傳統政治，便是一種士人的政治。明太祖無法將這一種傳統政治改變，於是一面廣事封建，希望將王室的勢力擴大。一面廢去宰相，正式將政府直轄於王室。既不能不用士人，遂不惜時時用一種嚴刑酷罰，期使士人震懾於王室積威之下，使其只能為吾用而不足為吾患。

早年間，朱元璋與其他起義軍作戰打天下的時候，還是很注意延

攬士人以為己用的。譬如提出「高築墻，廣積糧，緩稱王」的高昇，譬如提出「不嗜殺人，故能定天下於一」的唐仲實，再譬如劉基，譬如宋濂等等，他都禮遇有加。而且，他能夠從淮北起家，渡過長江，西與陳友諒戰，南與方國珍戰，東與張士誠戰，然後定鼎金陵，為他出謀劃策者，都是這批由他敦請入幕的知識分子。但江山坐穩，這些有着自己觀點信念的軍師謀士，這些在征戰中立下卓著功勛的名帥虎將，很有礙於他的統治，他登基沒幾年，就開始收拾這些老伙計，以及那些不得不使用可又不得不防範的文人了。

明初，因為朱元璋小和尚出身、為兵為匪的經歷，元朝知識分子看不起他，並不和他積極合作。加之後來他對待臣下的手段惡劣，名聲不佳。尤其是他暴虐的「廷杖」，令人生厭。當眾脫下褲子被按住打屁股，每五棍換一個打手，這種施之於朝臣的「廷杖」，精神上令人飽嘗羞辱，身體上即使被杖者命大，不致斃命，也將終生殘疾。中國歷史上的「廷杖」，以明朝最為盛行，就是太祖帶的頭，一直到末帝崇禎，終明之世，不絕於書。因此，當時的士人以服官為畏途，清朝趙翼《廿二史劄記》載：「時京官每旦入朝，必與妻子訣，及暮無事，則相慶以為又活一日。」

朱元璋一看文人紛紛藉故推託，指名也不來，給官也不做，頓時火起，下了一道御旨，叫作「寰中士夫不為君用」的律例。這意思就是，別以為朝廷多麼待見你們這班人，可我需要爾等為朕效力的時候，必須馬上報到上班，不來就是犯罪行為。「貴溪儒士夏伯啟叔姪斷指不仕，蘇州人才姚潤、王漠被徵不至」，就按照這條「不為君用」的律令，將他們「誅而籍沒其家」。

如果説，引發朱元璋對開國元勛大開殺戒的藉口，是謀反叛亂，那麼他對知識分子的鎮壓，就是不能容忍這些讀書人對他的「譏訕」，尤其是碰他的「忌諱」。他的心結，是絕對的禁區，誰碰誰就遭殃。

魯迅先生筆下的阿Q，因為頭禿，連「光」、連「亮」都在忌諱之列，這種農民心理可算是一脈相承。那個小D，曾經語帶不遜地譏諷過，阿Q不但怒目而視，還扭抱住他打了一架。如果阿Q成了皇帝，金口玉言，那小D肯定被抓出來拉出去斃了。說到底，朱元璋是農民，而農民在小農經濟狀態下形成的狹隘、封閉的意識，就免不了有阿Q這種由極其自卑轉折成極其自尊的護短心理。

明朝黃溥《閒中今古錄》載：杭州教授徐一夔撰寫了一份賀表，上呈朱元璋討好。馬屁拍得夠響的，其中有「光天之下，天生聖人，為世作則」等阿諛奉承語句。誰知朱元璋閱後大怒，他說：「『生』者，僧也，以我嘗為僧也；『光』則無髮也，『則』字音近賊也。」遂下令把教授斬了。《閒中今古錄》又載：洪武甲子，朱元璋開科取士，一些功勳大臣不服，認為他輕武重文。朱元璋講：「世亂則用武，世治則用文。」勳臣們提醒他：「此固然，但此輩善譏訕。」並舉了朱元璋當年的死對頭、另一位起義軍領袖張士誠的例子告誡他。張士誠原名九四，對儒士相當禮遇，因嫌「九四」為名不雅，請教這些儒士，才改名張士誠。朱元璋一聽，說：「這名字不是蠻好嗎？」哪知道這些勳臣說：「《孟子》裏有一句『士誠小人也』，這根本就是在變着法兒罵他，他不明白罷了！」這正好碰到朱元璋的心結上，從此他對士人和他們的文字，挑剔找碴，沒完沒了。

明朝皇甫錄《皇明紀略》載，朱元璋曾命令狀元張信教他的兒子們寫字，張信用杜甫詩「捨下筍穿壁」作為臨摹字式。朱元璋一見這五個字，莫名其妙地大怒：「堂堂天朝，何譏誚如此？」說話間把這位狀元推出去腰斬了。僧人來復上謝恩詩，其中有「金盤蘇合來殊域」、「自慚無德頌陶唐」兩句，朱元璋閱後發火了，認為頭一句「殊」字是「歹」和「朱」二字合起來的，是在咒罵他；認為後一句是諷刺他無德，「雖欲以陶唐頌我而不能也，遂斬之」。

　　這種毫無理性的「忌諱」，這種純係腦殘的「找碴」，其實是和這位皇帝的文化弱勢相聯繫的，也是歷代草根階層出身的帝王仇視知識、痛恨文明、蔑視文人、憎惡文化的必然結果。

賭徒解縉

解縉（1369—1415）

字大紳，明朝文學家、書畫家，江西吉水人，官至內閣首輔，參與機務。以才高、好直言為人所忌，屢遭貶黜，終被埋入雪堆凍死。

有這麼一首膾炙人口的打油詩：

> 春雨貴如油，下地滿街流。
> 跌倒解學士，笑煞一群牛。

解學士，即解縉。據民間演義，在他科舉高中，接獲喜報，按捺不住興奮之情，慌不擇路地去通知諸親好友時，因為天雨路滑，不慎摔倒，吉水縣城裏滿街的鄉親，看到這位小個子大文人，滿身泥水，踉踉蹌蹌，狼狽不堪的樣子，竟「轟」的一聲，像春雷那樣驚天動地地大笑起來。尷尬的解縉定了定神，說要即席賦詩，記敘這次跌跤的事，於是大家靜下來洗耳恭聽。隨後，他信口吟出這首打油詩。誰也沒料到，他反過來將看笑話的左鄰右舍調侃了一頓。

他個子雖矮，但志向奇大。他聰明睿智，靈活圓通，有腳踏實地的幹勁，更有出人頭地的理想。別看他跌倒在眾人的奚落聲中，卻敢在打油詩中大言不慚地自奉為「解學士」。看來他深信，他解縉一定會走出吉安，走出江西，有朝一日成為翰林院大學士。果然，一切都如他所願。他三十多歲就以超常的智力、出類拔萃的學識，成為當時中國的第一部大百科全書《永樂大典》的總纂，真是何其了得！

20 世紀的 90 年代，我應邀參加北京圖書館館慶，蒙贈一冊按原樣複製的《永樂大典》。這本書令我大開眼界：書高半米，闊 300 厘米，書厚約 10 厘米，函盒為藍布裝，本書為黃絹封面，是我有生以來，見到和拿到的第一本「巨無霸」書籍，而且還是線裝書。

《永樂大典》1408 年成書，全書 22,877 卷，裝訂成 11,095 冊，由兩千多名寫手抄成，合計 3.7 億個漢字，是清朝《四庫全書》問世前的一部史無前例的類書，也是體現國力宏大的文化壯舉。

這一冊，據館方介紹，是新中國成立後從山東徵集到的大典殘本，真字韵，門制類卷，冊第三千五百一十八至第三千五百一十九，全帙應是 56 頁，實際現存僅 39 頁零一角。

僅僅一個「真」字韵的「門」字，把明朝以前各類典籍圖書中有關「門」的文字記載，包括門的樣式和製作的細節圖、剖析圖，統統囊括其中。手捧這部有關「門」的著作，大有進入中國文化殿堂，穿過那扇巨闊厚重的大「門」，得窺堂奧的感覺。

會集了中華文化的萬卷精華，出自矮個子解學士之手，實在了不起。

解縉生於江西吉水，這是一個地靈人傑的地方。在宋朝，此地出過一個大文人、大學者歐陽修。我一直忖度：在鄉間即被目之神童的他，是以歐陽修在宋朝文壇、政壇的雙輝煌，來定位自己一生目標的。

應該說，解縉的勢頭，在科考、仕途等方面，直追先賢。歐陽修做到翰林學士，解縉也做到翰林學士；歐陽修在宋仁宗、宋神宗身邊做過侍讀學士，解縉在永樂登基後也做過侍讀學士，不過稱謂略有不同，一為龍圖閣大學士，一為右春坊大學士。

這兩位老表，在學問和著作上也是可以相互媲美的。歐陽修的《新五代史》，及與宋祁合修的《新唐書》，為清朝官定的《二十四史》之一種，自然也就有不朽巨讖的身價。而解縉，他主持編纂的《永樂大典》，儘管散佚殆盡，但清朝《四庫全書》問世之前，這部史無前例的極其龐大的類書，在中國文化史上的價值，也是公認的。

雖然，朱棣派了他的高參，那位和尚姚廣孝掛帥《永樂大典》，但具體的編纂重任是由這個年歲並不大的解縉來承擔的。

別看中國「學而優」的文人很多，中國有大學問而「優則仕」的文人也很多，但是能主持煌煌巨製的帥才，卻很少。數來數去，恐怕也就只是宋之歐陽修、司馬光，明之解縉，清之紀昀等。

實事求是地講，解縉相比於他宋朝的老表，在文章、詩詞、學問、著作上的名聲、成就，以及在文學史上的建樹、文學思潮的影響方面，要略遜一籌。

歐陽修矯五代靡頹文風，倡古文運動，和唐朝韓愈一樣，「文起八代之衰」，是得到千古定評的「唐宋八大家」之一。其詩詞歌賦，至今仍弦誦不絕，甚至幾首信筆拈來的小令，也寫得風致嫵媚。

而解學士，真替他抱屈，除了那部現已破碎殘缺的《永樂大典》，他的代表作是什麼，他的文學主張是什麼，除專門研究者外，大多數中國人便了無所知。這就是中國知識分子的宿命，才高見嫉，不是老天爺要你死，而是皇帝不讓你活，縱有「三墳」、「五典」在胸，錦繡文章在口，出手珠璣，落墨華彩，腦袋一掉，這些才華也隨之成為一杯黃土。

　　想起這些早早死於非命的天才，青冢枯草，杜鵑啼血，不禁黯然神傷。

　　自「學而優則仕」之說出現以後，在中國數千年來，叫作士，叫作文人，叫作知識分子的階層中的絕大多數人，便以此作為奮鬥目標，矢志不懈。產生這麼大的效果，這是濫觴者孔夫子沒想到的。他，還有孟子，還有其他門徒，所建構的儒家學說，也就是「孔孟之道」，基本上被後人實用主義地各取所需，或陽奉陰違，或當作耳旁風；獨這一句，書為敲門磚，敲開為仕門，是他們頭懸樑、錐刺股，寒窗苦讀，全力以赴的事情。

　　於是，這些向「學而優則仕」目標奮鬥者，心靈深處對於權力的親和性，對於長官的趨迎性，對於統治階層的依附性，對於在名利場中分一杯羹的競逐性，一代一代遺傳下來，「溶化在血液中」了。這「四性」，遂成為中國知識分子與生俱來的不教自會的本能。凡文人當官者，或想當官者，無不處於這樣的蠅營狗苟之中。沒做到官，內心空落落的，惶惶不安；做了官，生怕官位坐不穩當，惴惴不安。做了不大的官，要往上爬往上攀，忧怛不安；官做大了，又怕高處不勝寒，忐忑不安。總而言之，那按捺不住的「入仕」情結，那百折不撓的「為官」情結，既煎熬又貪戀，既戰戰兢兢又屁顛屁顛，既清高不屑又樂此不疲。

　　至少我親見的文人當官者，莫不如此。

　　但「學而優則仕」，談何容易？這一句話，包含着「學」、「優」、「仕」三個層次，它們不是必然的步步登高的階梯，而是殘酷無情的不斷淘汰的過程。由「學」而「優」，猶如螞蟻上樹，能爬到樹頂的，少之又少。由「優」而「仕」，更是千軍萬馬過獨木橋，掉進湍急的河流中成落湯雞、成溺死鬼者，多之又多。因此，能夠過橋的，每朝每代，也就是屈指可數的幾個。而明初的解學士解縉，應該算是出類

拔萃的一個。

《明史》稱他「幼穎敏」，當非虛言，他是少見的「學而優則仕」的極為成功的一個例子。對他來說，取得功名，如探囊取物，唾手可得，「洪武二十一年舉進士。授中書庶吉士」，幾乎沒費什麼勁兒，就走完這個過程。其實，中進士，為庶吉士，大有人在；但他能得到明太祖朱元璋的特別垂青，除他以外，有明一代，再無第二個。

現在弄不清這位暴君，究竟為什麼對解縉說出如下的話：「朕與爾義則君臣，恩猶父子，當知無不言。」

此話一出，石頭城大驚，這比中了六合彩大獎，還叫人眼紅和羨慕。朱皇帝嫉恨文人，不知製造了多少「文字獄」，獨對解學士恩渥備至，簡直就是一個歷史之謎。帝王寵遇，朝野側目。可以想像，少年意氣，春風拂面，才子風流，如魚得水，這個政治和文學的「雙料明星」，該是何等的風光了。

應該說，解縉二十多歲登上政治舞台，一亮相，還是得到了一個碰頭彩的。在那個腦袋別在褲腰帶上的時代，與朱皇帝玩的時候，早晨上朝，晚上能否活着回家，是打着問號的。但是，這個年輕人就敢給朱元璋上「萬言書」。《明史‧解縉傳》中，保留着上書的部分章節，文章一開頭，就直戳這個「殺人狂」的最敏感處：

> 臣聞令數改則民疑，刑太繁則民玩。國初至今，將二十載，無幾時不變之法，無一日無過之人。嘗聞陛下震怒，鋤根剪蔓，誅其奸逆矣。未聞褒一大善，賞延於世，復及其鄉，終始如一者也。
>
> 臣見陛下好觀《說苑》《韻府》雜書，與所謂《道德經》《心經》者，臣竊謂甚非所宜也。

按老朱以往的脾氣，每一個字都足以殺他一次頭。

但是，在官場中，又有幾個不是呼盧喝雉的賭徒呢？解縉賭齡不長，但敢投機、敢下注，把腦袋押在牌桌上的勇氣不亞於賭場老手。顯然，他揣摸出朱元璋要收刀入鞘，不想再當屠夫。自他洪武元年登基起，屠滅功臣名將，殺害勛戚親貴，血洗儒林文士，一直到洪武二十幾年，所殺掉的人，據明史專家吳晗統計，當不亞於他打江山時，南征北戰所消滅的敵人總數。於是，解縉乾脆冒一下險，拋出幾句石破天驚的話，讓世人對他解學士刮目相看。

上書以後，他等着進錦衣衞，結果平安無事。也許政治這東西，容易上癮，他本應按朱元璋所說，回吉水閉門讀書十年，但一直到1391年（洪武二十四年），他仍賴在南京不走，並且介入了為李善長平反的活動中，成為虞部郎中王國用的幕後高參。那封上朱元璋書，就是他的手筆。這一次，行文放肆，鋒芒畢露，對朱皇帝將自己的兒女親家也以謀反罪處死，竟用了「大謬不然」的指斥語，可見這位個子雖矮膽量卻大的解學士，在這場政治輪盤賭中，實際上是在賭命了。

文章極佳，情理義憤，力透紙背：

> 善長與陛下同心，出萬死以取天下。勛臣第一，生封公，死封王。男尚公主，親戚拜官，人臣之分極矣。藉令欲自圖不軌，尚未可知，而今謂其欲佐胡惟庸者，則大謬不然。（《明史·李善長傳》）

如果不是老朱殺夠了、殺累了，能放過這個上書的王國用和執筆的解縉嗎？情報系統肯定會向他匯報：陛下，這個矮子太狂妄了，竟敢如此大不敬，是殺，是剮，是斬，還是凌遲剝皮？居然，朱皇帝沒

有表態。他在想，這個解縉說得也對，李善長幫着胡惟庸推翻朕，他能得到比朕現在給他更多的富貴嗎？

你得承認這位學士走運，但也得承認他審時度勢之精明、判斷決策之果敢。這第一局他贏得漂亮。接着的第二局，似乎輸了，又扳了回來，不賠反賺，算是小勝。1398 年（洪武三十一年），太祖駕崩，傳位太孫，是為建文帝。權力進行再分配之時，解縉認為他不能缺席。他從吉水匆匆趕到南京，沒想到一下船，被「有司劾縉違詔旨」。因為朱元璋有旨，要他在家讀十年書，至今才八年，不行。倘不回去補課，就把他派到外地當差。這也是官場摘桃心態，競爭者總是愈少愈佳。

解縉上下活動，四出求援，無論如何，他是冒天大風險為韓國公李善長平反冤獄、代王國用上書申訴過的，加之建文帝登基後，亟欲轉變其祖之暴政統治，解縉憑這點政治資本，被建文帝召為翰林待詔。這樣，在南京的他，又成為官場要員、文壇重鎮。

從明朝焦竑《玉堂叢話》，可以看到他馬不停蹄地應酬，四面八方地聯絡，忙得要死的情景。「解大沖素無崖岸，求文與書者日輻輳，率與之，無厭倦意。或言有不當與者，公笑曰：『雨露豈擇地而施哉？且人孰不可與進者？』」

他信奉的人生哲學，就是「寧如有瑕玉，不作無瑕石」，可為、不可為，應為、不應為，如果需要，統統不在話下。到了這一步，他還有什麼「不能為」和「不敢為」的呢？所以，當 1402 年（建文四年），朱棣率靖難大軍，直趨南京，六月十三日，從金川門進入南京城，眼看做叔叔的就要奪了姪子建文帝的江山，解縉面臨這場不死即降、不降即死的兩難局面，在這第三局的博弈中，簡直和了個大滿貫。第一，他無當烈士的慾望；第二，他無殺身成仁的興趣，雖然一開始他也曾想到身殉故主。六月十二日晚，他與幾位同道，決定殉

國。據《明史‧王艮傳》:「燕兵薄京城,艮與妻子訣曰:『食人之祿者,死人之事,吾不可復生矣!』解縉、吳溥與艮、(胡)靖比舍居,城陷前一夕,皆集溥舍。縉陳說大義,靖亦奮激慷慨。」相約死殉。

這是一個赴義就死、義無反顧的場面,人人熱血沸騰。說實在的,中國文人在作秀演戲方面,有着特別的天賦。尤其是解縉站在桌子上 —— 估計因為身高的緣故,這樣好突出自己的形象 —— 只聽他慷慨陳詞,聲淚俱下,信誓旦旦地對大家宣佈:諸位,我要是苟活下來,將來怎麼有臉去見地下「情同父子」的太祖?在下主意已定,燕軍只要前腳進城,後腳我就頭一個在文廟的大樑上,弔死自己。

受過太祖的恩,受過建文帝的恩,又是文章蓋世的國士,眾人當然以他馬首是瞻。這一番擲地有聲的話,說得在場的人,無不慷慨激昂,一個個表示要共同赴死,不做貳臣。

等到解縉、王艮、胡靖相繼離開吳溥家後,吳溥的小兒子吳與弼,年紀尚小,不諳世事,讚歎:「胡叔能有這一份忠君效死的勇氣,真是了不起啊!」吳溥對他兒子說:「你先別這樣斷言,他殉死的可能性不大。依我看,只有你王叔,沒準會走這一步。」

這時,比鄰而居的胡靖,對他家人大呼小叫:「你們快出去看看,亂糟糟的,趕緊把豬欄的門關緊,小心偷豬賊。」聽到這裏,吳溥看他兒子一眼,苦笑道:「一頭豬都這樣顧惜,更捨不得一條命了。」而在此時,住得不遠的王艮家,卻舉家號啕。原來,王艮從吳溥家告辭回去,獨自關在書房裏,喝下了早準備好的毒酒。等家人發現時,他已經倒地不起了。

當金戈鐵馬、荷槍實彈的北軍,湧在金川門通往皇宮的石板路上時,老百姓對進城的大軍避之唯恐不及。獨有一個矮小身材的人影,正快步往燕軍大營走去。解縉出得門來,是朝文廟方向走去的,是要別人看到他實行自縊的諾言,但沒走多遠,拐了一個彎,便鑽進小

巷，改變路線，決定投奔燕王朱棣。軍士把他帶到司令部，朱棣立刻接見這個請求進謁的才子，他當然知道這位小個子文人是誰，在重臣方孝孺拒不合作、更不投降的情況下，能得到受知於太祖的解縉，也就相當滿足了。

「好好好，歡迎解學士棄暗投明，共襄義舉。」

「愚臣來晚一步，早就應該過江迎接聖駕的！」

在他的牽線引薦之下，一批原建文帝方面的二三流文臣也紛紛表態，竭誠擁戴新主。於是，「成祖大喜。明日薦胡靖，召至，叩頭謝。李貫亦迎附」。(《明史》)

朱棣是個有心機的皇帝，他知道自己師出無名，因此，必須要將自己打造成因為建文帝壞了太祖規矩，才興師而來，替天行道的形象。這個解學士，偏偏是他老爹欣賞的，有可資號召的作用。連忙給他安排工作，編纂他向太祖建議過的這套類書，也就等於昭示天下，他才具有這一脈相承的嫡傳正統身份。

然而，朱棣打心眼裏對解縉有多尊敬嗎？才不。朱棣可不是傻子，若干天後，「成祖出建文時群臣封事千餘通，令縉等編閱。事涉兵農錢穀者留之，諸言語干犯及他一切皆焚毀。因從容問貫、縉等曰：『爾等宜皆有之。』眾未對，貫獨頓首曰：『臣實未嘗有也。』成祖曰：『爾以無為美耶？食其祿，任其事，當國家危急，宜近侍獨無一言可乎？朕特惡夫誘建文壞祖法亂政者耳。』後貫遷中允，坐累，死獄中。臨卒歎曰：『吾愧王敬止 (艮) 矣！』」

解縉不作聲，作惶恐狀，裝孫子。中國人多有演戲才能，而中國文人尤善於臨場表演。大約從六月十二日晚7點，到十三日早7點，不足12個小時，解學士的兩面表演，卑鄙得那麼坦然自若，無恥得那麼津津有味，可謂登峰造極矣！這180度的大轉彎，連川劇的「變臉」也望塵莫及。這也應了明朝焦竑《玉堂叢話》中所說的，此君所

信奉的「寧如有瑕玉，不作無瑕石」的人生哲學。儘管如此，我也不想將「小人」這個字眼，加諸解縉頭上。因為他這樣做，是他自己的生存之道，無可非議；而且，他也沒有拿別人當墊腳石或者當見面禮。

這個極有眼力、極善揣摩、極能體會、極能迎合的解學士，一夜之間，易主而事，成為永樂大帝朱棣的首席寵臣，是一點也不奇怪的。歷史上所有的皇帝，都不討厭馬屁，尤其不討厭文人拍馬屁。也許文人的馬屁，講究一點修辭方式，不至於肉麻得令人直起雞皮疙瘩，能撫摸得主子更受用些吧？朱棣馬上給這位解學士派下修《太祖實錄》《永樂大典》這樣極體面、極榮耀，也是極需要學問的重大差使。

據《明史》：「建文四年（洪武三十五年），八月壬子，侍讀解縉、編修黃淮入直文淵閣，尋命侍讀胡廣、修撰楊榮、編修楊士奇、檢討金幼孜、胡儼同入直，並預機務。」按永樂對解縉說：「代言之司，機密所繫，且旦夕侍朕，裨益不在尚書下也。」這大明王朝的第一任首輔，是從他這兒開始的，「春風得意馬蹄疾」，解學士很快就又紅得發紫了。

我在替非要活下來的解學士想：在他的精神世界之中，有一股足以支撐着他堅持的力量，説句不那麼好聽的話，也就是賭本，即朱元璋的許諾和期待，是他的生命線。這也是中國知識分子的最大悲情，總把自己契約於統治階層，椎心泣血地維護其統治，而得到的結果，常常是被主人一腳踢開的一條討嫌的狗而已。可在被踢開之前，那尾巴還是搖得有板有眼的。

朱元璋在大庖西室，對他説的「朕與爾義則君臣，恩猶父子，當知無不言」，便成了他終生發揮藥效的興奮劑。他為這鐵券丹書式的聖諭不能死，他為政治投資、權力抱負、那飛黃騰達的夢也不能死。

解縉明白，死了死了，一死也就什麼都「了」，他不想「了」。和時下被追捧的學界大腕、思想先驅，當時不走林昭、張志新之路，是同樣的聰明。

如果他馬馬虎虎，八九不離十，急流勇退，見好就收，安於此，老於此，很可能成為中國文化史上的一位巨人。紀昀撰《四庫全書總目提要》，在對解縉《文毅集》的簡介中，認為「縉才氣放逸，下筆不能自休，當時有『才子』之目」。

如果才華橫溢、聰明透頂的解縉，此生只當一個純粹的「文人式」官僚，或者「官僚式」的文人，第一，不會死得那麼早；第二，多活若干年的話，「庾信文章老更成」，其文學成就也許不亞於歐陽修，沒準還後來者居上。但中國知識分子的政治情結，說來也是一種痛苦的自虐。明知是杯苦酒，但端起來總不撒手，喝起來總是沒夠。於是，縱使滿腹經綸、才高八斗的文人，只要玩政治，最後，無不被政治玩。

文人搞政治，面對這杯苦酒，大致有三種飲法：

第一種，聰明一點的，淺嘗輒止，見好便收，急流勇退，金盆洗手。

又一種，不那麼聰明的，越喝越多，越飲越亂，不能自拔，無法收場。

再一種，覺得自己聰明，其實並不聰明的，進退失據，內外交困，搭上腦袋，血本無歸。

解學士，大概屬於第三種，一個成也政治敗也政治的文人。因為文人玩政治，屬票友性質，最好淺嘗輒止，當真不得，尤其不能上癮。但是像他這樣聰明、機智、有眼力、善應對的知識分子，要他絕緣政治、疏離官場、告別權力、熄滅慾望，是根本做不到的。表現慾、強出頭慾，成為他的本性。一個太政治化的文人，還有心思坐下

來做學問嗎？他那奇佳的胃口、奇精的腦袋，已經全身心地盤算着那個胖子朱高熾——大明王朝未來的第四任皇帝了。試想，朱元璋、朱允炆、朱棣，他都無一失手地周旋應付過來，有什麼理由不從現在起，就進行期前投資呢？

此時，他還不到 40 歲，他以為來日方長，自己很可能還要侍候第五位、第六位皇帝呢！可是，一肚子學問的解縉忘了，戰場上沒有常勝將軍，牌桌上同樣也沒有常贏的賭客，他怎麼可能永操勝券呢？

一個成功得太快速、太意外的幸運兒，就像在現代遊樂場裏，乘坐過山車那樣，在上升、下降、反側、旋轉的高速運動中，必然會產生失重感、暈眩感，必然會把握不住自己而瞬間失常的。這位成功人士，可以想像得到，在大成功面前，該是如何縱容自己了。他寫過一首《廬山歌》，從中可以讀出他的自恃和自信，同時，也讀得出他的自大和自戀：

昔年拄玉杖，去看廬山峰。

遠山如遊龍，半入青天中。

四顧無人獨青秀，五老與我同春容。

手弄石上琴，目送天邊鴻。

二儀自高下，吳楚分西東。

洪濤巨浪拍崖下，波光上與銀河通。

吸澗玄猿弄晴影，長松舞鶴號天風。

天風吹我不能立，便欲起把十二青芙蓉。

弱流萬里可飛越，因之獻納蓬萊宮。

羲娥倏忽遂成晚，往往夢裏尋仙蹤。

如今不知何人採此景，樹下一老與我襟裾同。

披圖題詩要相贈，氣騰香露秋濛濛。

子歸煩語謝五老，幾時白酒再熟來相從。

他在詩中把自己擺在和廬山排排坐、吃果果的位置上，作為文學家是一種誇張，作為政治家則是一種狂妄。

在朱棣之後，解學士又將賭注下在朱高熾身上。可是，一肚子學問的解縉竟忘了，三國時期的楊修，是怎麼被曹操殺頭的？不就是摻和了曹丕、曹植的繼承者遊戲嗎？封建社會中的皇位更迭，從來就是伴隨着血雨腥風的難產過程。解縉自不量力地介入朱高熾和朱高煦的奪位之爭，而且捲進如此之深，分明是在找死！

先是，儲位未定，淇國公丘福言漢王有功，宜立。帝密問縉。縉稱：「皇長子仁孝，天下歸心。」帝不應。縉又頓首曰：「好聖孫。」謂宣宗也。帝頷之。太子遂定。高煦由是深恨縉。會大發兵討安南，縉諫。不聽。卒平之，置郡縣。而太子既立，又時時失帝意。高煦寵益隆，禮秩逾嫡。縉又諫曰：「是啟爭也，不可。」帝怒，謂其離間骨肉，恩禮寖衰。（《明史》）

1410 年（永樂八年），他又犯了一個極其愚蠢的錯誤：「縉奏事入京，值帝北征，縉謁太子而還。」應該聰明卻是一位笨伯，應該靈敏卻是一隻呆鳥的解學士，在這第四場博弈中，連連敗績，現在又做出這等授人以柄的傻事，只好將身家性命統統搭進去了。「漢王（朱高煦）言縉伺上出，私覲太子，徑歸，無人臣禮。帝震怒。逮縉下詔獄，拷掠備至。」

好了，他的故事到此也告結束。

嗚呼，解縉詩云「天風吹我不能立」，他要是有一點先見之明，

預知最後凍死在雪堆裏的命運，還會如此耽迷政治、酷嗜權力，到成癮成癖的地步嗎？不過，看時下一些同行，經營競逐之積極，張羅奔走之忙碌，上下其手之努力，攀緣迎附之熱烈，好像還很難說這位學士就肯消停下來的。

「十個文人，九個輕狂。」這種説法，也許不無道理。

1415 年（永樂十三年），「錦衣衞帥紀綱上囚籍，帝見縉姓名曰：『縉猶在耶？』綱遂醉縉酒，埋積雪中，立死。年四十七。籍其家，妻子宗族徙遼東」。

明朝的牢，是中國歷史上最糟糕的牢；明代的刑法，是中國歷史上最殘暴同時又是最殘忍的刑法。當獄門打開，解縉透過一絲光亮，見錦衣衞帥紀綱為他端過酒來，起初，他還真嚇得有點魂不守舍，以為是一盞鴆酒。「這，這，這……」他囁嚅得都説不出一句整話。幸好，紀綱先啜了兩口，以示無礙，然後告訴他，賀你啦，解學士，永樂爺説，想不到你仍舊活在這個世界上呢！

解縉怔住了。

這場面如果搬上京劇舞台，肯定會有下列對話：

「當真？」

「當真。」

「果然？」

「果然。」

喝着這位警察局長殷勤滿上的酒，他不禁湧上當年洪武爺面諭的回憶：你這個小小的解縉，先回去讀十年書，再來為官。於是，學士不禁忽發奇想，也許，應了萬歲爺的話，難道，這是我長劍出匣、剖璞為玉的一天來了？總是容易往好裏想，往有利的方面想，是中國知識分子的致命傷，尤其是統治者將他往死裏整的時候，這種機會主義的自慰心理，麻醉得他刀架在脖子上，還感恩戴德。

　　嗚呼，這位特聰明的才子啊！死到臨頭尚不覺，坐久了牢的那張蒼白的臉，竟出現一絲潮紅。

　　他一個勁兒地把喝罄的杯子，伸到紀綱手中的酒壺嘴邊。「滿上，滿上！」

　　喝得醉意盎然的解縉，想起朱元璋期以父子的恩榮，想起朱棣不恥下問的寵遇，對着這位不知殺了多少人的禁衞軍頭子，不禁涕泗滂沱起來。

　　他是喝足了燒酒，爛醉如泥，被獄卒埋在雪堆裏，生生凍死的。這對皇帝來說，是有趣的死；這對文人而言，則是可怕的死。在這個緩慢的生命終結的過程中，解學士恐怕連一句打油詩也謅不出口了。

嚴嵩父子的貪腐集團

> 無端世路繞羊腸，偶以疏慵得自藏。
> 種竹旋添馴鶴徑，買山聊起讀書堂。
> 開窗古木蕭蕭籟，隱几寒花寂寂香。
> 莫笑野人生計少，濯纓隨處有滄浪。
> （《東堂新成》）

這首詩倘若不標明為嚴嵩作，短短八句，將歸隱之心、山林之念、安貧之道、遁世之想鋪寫出來，也還具有一點意近旨遠、趣雅情真的境界，令人很難與 1536 年以後的那個權奸巨貪的醜惡形象聯繫在一起。由於嚴嵩是個被歷史唾棄的人，他的著作也就隨之湮沒。如今，即使在國家圖書館、首都圖書館，找他這部詩集，也是蠻費事的。

公元 1536 年（嘉靖十五年）冬十二月以前，在南京任吏部尚書的嚴嵩，說他是個文人，是個詩人，或者加上「著名」，都是可以的。那時，他紗帽翅上的「纓」，還用不着「濯」。因為明代開國定都南京，永樂遷都北京後，仍在南京立了一個稍小的，與北京並行的中央政府機構。但派到那裏去做官的，通常都屬於非主流的「二線人物」，所以，在南京時的嚴嵩，很有時間遊山玩水、吟詩作文，遂以風雅著稱。

《列朝詩集》載，嚴嵩「初入詞垣，負才名，謁告返里，居鈐山之東堂，讀書屏居者七年。而又傾心折節，交結勝流，名滿天下」。那時，他的人望和文聲，很說得過去。這大概如荀子所言：「忍性然後起偽，積偽然後君子。」凡極善於遮掩自己者，通常都會以偽善騙得大家的良好印象。當時的京都人士，「以公輔望歸之」，可見對其期望值之高。

次年到了北京，嚴嵩來給皇帝祝壽，留在了翰林院修《宋史》，隨之入閣，紗帽翅上的「纓」開始抖了起來，按捺不住的本性便逐漸暴露了。權力這東西，落在品質不佳的人手裏，便是一種惡的催化劑。於是，「憑藉主眷，驕子用事，誅夷忠臣，潰敗綱紀，遂為近代權奸之首」。這時候，連「濯纓隨處有滄浪」那種假姿態、假清高，也沒有了。

若是就詩論詩、以文談文的話，對於嚴嵩此前的作品，應該說，即使不是太好，至少也不是太壞。《明史》稱他，「為詩古文辭，頗著清譽」，也是當時和以後的公論。他的詩集《鈐山堂集》，其實也有一些可圈可點的佳作。但清代修《四庫全書》，就因人而否定其書。「跡其所為，究非他文士有才無行可以節取者比，故吟咏雖工，僅存其目。」這是中國歷史上「以人廢文」的一個很典型的例子。甚至王世貞，儘管其父王忬是被嚴嵩鎮壓的，但他對嚴嵩的詩文，並不因父

仇而持否定態度。「孔雀雖然毒，不能掩文章」，這位文壇領袖能持公允評價，比之時下小肚雞腸的人，要有氣量得多。

一直在南京坐冷板凳的嚴嵩，發跡太晚，等到為禮部尚書兼翰林院學士，其年已 56 歲。等到官拜武英殿大學士，入值文淵閣，受到明世宗朱厚熜重用，則是嘉靖二十一年的事，老先生已年過花甲，高壽 63 歲了。那時，雖無到點退休一說，但他不能不考慮到上帝留給他貪污的年頭，無論怎樣抓撈，為時已不是太多。於是趁早趕快，將他實在不成樣子的「短項肥體，眇一目」的兒子，提拔起來，作為膀臂。這樣，「獨眼龍」得以「由父任入仕。以築京師外城（功）勞，由太常卿進工部左侍郎，仍掌尚寶司事。剽悍陰賊，席父寵，招權利無厭」（《明史》）。

嚴嵩沒想到，他竟活到近 90 歲，與其子聯手作惡的「貪齡」，打破中國貪官之最。這就是李慈銘在《越縵堂日記》裏論他的「名德不昌，而有期頤之壽」，「老而不死謂之賊」了。數十年間，錢財撈得太多，壞事做得太絕，這兩父子，便成為中國歷史上的頂級權奸巨貪。《明史》描畫這兩個人，形象頗有點滑稽：一個肥粗，一個細瘦；一個矮矬，一個高挑；一個是獨眼龍，一個是疏眉目。怎麼看，都不是一家人。後讀談遷的《談氏筆乘》，引趙時春作《王與齡行狀》，方知「嚴世蕃，分宜相嵩之螟蛉子」。所以，嚴東樓（世蕃）為嚴嵩無血緣關係的養子。然而，不是一家人，不進一家門，這兩人 DNA 不同，品種上迥異，但聚財弄權，腐敗淫亂，為非作歹，戕害忍毒，好像一個模子刻出來的，逐臭趨腥，競利爭權，魚肉良善，巧奪豪取，有着天生同好的心靈感應。

一位朋友對我說，豈止如此，這爺兒倆寫的字，也有類通相似之處。不信你去看看，那肥碩飽滿的筆鋒，非一介寒士能寫得出來的。現在，「六必居」醬菜店、菜市口的路北朝南的「鶴年堂」中藥鋪，

那金字牌匾，仍是這兩位遺留下來的「墨寶」。據民國蔣芷儕《都門識小錄》：「都中名人所書市招匾對，庚子拳亂，毀於兵燹，而嚴嵩所書之『六必居』三字，嚴世蕃所書之『鶴年堂』三字，巍然獨存。分宜父子，淫貪誤國，罪通於天，與檜賊齊名。至今三尺童子皆羞之，乃其惡札亦幾經滄桑而不毀，倘所謂貽臭非耶？」

這或許就是歷史的玩笑了，近五百年北京城裏不知有多少老字號，能保存住原先那塊匾額者簡直少之又少，獨獨嚴世蕃與他老爹的這幾個字，甚至在波瀾壯闊的「文革」也未被當作「四舊」砸掉。正是「男子不能流芳百世，亦當遺臭萬年！」

我還擇了一個風和日麗的日子，專門去這兩處店鋪「欣賞」了一番，果然也是如此，二人筆墨，在陽光下居然熠熠生輝。新建成的廣安大街，氣勢恢宏，原來狹窄的菜市口丁字街，拓寬得已非舊時模樣，如果不是夕陽餘輝下，那「鶴年堂」金碧絢麗的匾額，我都不敢相認了。此地應是嚴世蕃的斃命處，他的最後下場，《明史》說得很簡潔，「遂斬於市，籍其家」，那是公元 1565 年的事。

明代棄市，都在西城，不知是否即為這個菜市口？因為清代的「秋決」，即在這裏進行。那麼，嚴世蕃被五花大綁，站在檻車裏，行經此地，看到藥鋪門楣上那幾個閃閃發光的字，不知作何感想？而其父，不知會不會後悔？當初莫如「濯纓隨處有滄浪」，回到鈐山東堂，做他的詩人、文人，也不至於眼睜睜地看着兒子被梟首示眾、身首異處吧？

這一次，被嘉靖徹底冷落的嚴嵩，再也無法救他兒子一命了。

不過，老奸巨猾的他不禁納悶，法司黃光昇奏的這一本，為什麼能起到如此大的作用？這位前首輔百思不得其解。他雖然下台了，對於他侍候了二十多年的主子朱厚熜，應該是能揣摸透的，究竟是什麼使得龍顏大怒到將他革職，僅留了條命，而將其子棄市，到了如此決

絕的地步？

黃光昇何許人也？法司不過是個小角色。御史林潤算什麼東西，借他膽子也未必敢動我們父子嗎？他馬上想到，背後肯定有高人指點。誰？除了接他任的徐階，能有其他高明嗎？嚴老先生跌足長歎，沒料到隔着門縫看人，竟將這位少言寡語的新首輔看扁了。前些日子，他知大勢已去，嘉靖對他已無任何興趣，失寵於皇帝，就意味着保護傘不再起到作用。無可奈何之際，多少有些拜託繼任者徐階的想法，他曾「置酒要（徐）階，使家人羅拜，舉觴屬曰：『嵩旦夕且死，此曹惟公哺乳之。』階謝不敢」。哪知道，這位後起之秀，卻是一個大為可畏的殺手。

現在，他終於明白，今天的徐階，已非昨天「謹事」於他的徐階了。不但要殺他的兒子，沒準過兩天，還要他好看呢！正如他剛到北京，「謹事」他的前任夏言，然後又設法將其除掉一樣。

明朝不設宰相，這是朱元璋定的，權力高度集中在皇帝手裏，另設幾個文官組成的秘書班子為其工作，其中主要負責者即為首輔。嚴嵩沒有猜錯，黃光昇所以敢發難，確是這位一直對他虛與委蛇的徐階私下授意，才緊急上書的。

法司黃光昇、御史林潤，角色雖小，但在官場厮混多年，也成了精。他們的算盤撥拉得很明細：第一，嚴嵩雖然致仕歸田，風光不再，但嘉靖只是討厭他，並不想收拾他，時不時還念叨他的「贊玄」之功，誰知他會不會起復，又殺回來呢？第二，嚴世蕃就更不是好惹的了，此人朝上朝下黨羽密佈，京內京外網絡溝通，是一個氣焰囂張、罔顧一切，什麼都做得出來的壞蛋。多少年來多少人上書奏本，揭發告訐，都未能奈何他分毫。如今貿貿然彈劾他，猶如老鼠捉貓，弄不好，會送命。因此黃法司和林御史的心裏，一直打着小鼓，可首輔徐大人如此器重，又不得不硬着頭皮應承。一連擬了幾份備案

供徐階過目，新首輔皆不以為然，兩人忐忑地試探：「一定要如此行事嗎？」

「你們怵啦？」

「只怕打蛇不死反遭咬！」

徐階不理睬他倆的怯懦：「那就如此吧！照着我說的這幾條上書。」

於是，口授以下諸條：

第一，嚴世蕃在他老家江西南昌，蓋了一座「制擬王者」的府邸。

第二，嚴世蕃在京城與宗人朱某某，「陰伺非常，多聚亡命」。

第三，嚴世蕃之門下客羅龍文，組織死黨五百人，「謀為世蕃外投日本」，在進行着武裝訓練。

第四，嚴世蕃之部曲牛信，本在山海衛把守邊關，近忽「棄伍北走」，企圖「誘致外兵，共相響應」。

黃光昇筆錄後，與林潤面面相覷，滿腹狐疑：「就這些？」

「還不足以掰掉他的頭顱嗎？」

這兩人當然不這麼想，法司定讞，講究鐵證如山，務求一槌砸死，絕不能讓案犯有翻案的可能，可徐大人所擬定的幾條罪行，很難自圓其說。第一，嚴世蕃既然在家鄉大興土木，就沒有必要亡命東洋；第二，嚴世蕃打算逃之夭夭，一走了之，還在京城組織別動隊，製造動亂，還着人出走山海關，召致北虜，完全經不起推敲，不合邏輯。

若是逮雞不着反蝕把米，也就認了，可這是一條惡狼，那後果，豈不岌岌乎危哉！他們當然要擔心的。

在中國，反小貪容易，反大貪難，而反有背景、有後台、有高層人物支撐的巨貪更難。無論古今，凡稱之為巨貪者，第一上面有強大的庇護，第二手中有足夠的權力，第三身邊有鐵桿的死黨。有了這三

者，輕易是奈何他不得的。對嚴嵩而言，這三者他不但全部具備，而且達到極致地步。第一，他有嘉靖皇帝這把大得不能再大的保護傘；第二，他有一人之下、萬人之上的首輔地位；第三，他有沆瀣一氣、共同作惡的兒子、幫手、死黨嚴世蕃。

說實在的，在中國貪污史上，像他這樣實力雄厚、有恃無恐、為所欲為、放手大幹的貪污集團，再也找不到第二個。清代的和珅，上有乾隆罩著，自己位極人臣，能與之相比，但他的兒子豐紳殷德，貴為駙馬，不過一個紈絝子弟，比之嚴世蕃，其無惡不作的水平要差得多。因此，嚴嵩六十多歲入閣，與他那「剽悍陰賊」的兒子一起，二十多年間，賣官鬻爵，索賂求賕，聚斂無厭，苞苴盈門，搜刮下天大的家私。

嚴嵩和他的兒子，得以肆意妄為的大貪特貪，說了歸一，憑藉的是手中的一張門門通吃的王牌：大明天下，誰能越過嘉靖皇帝？但是，「帝自十八年葬章聖太后後，即不視朝，自二十年宮婢之亂，即移居西苑萬壽宮，不入大內，大臣希得謁見，唯嵩獨承顧問，御札一日或數下，雖同列不獲問，以故嵩得逞志」。嘉靖等於將整個國家交給了他，這塊肉，他還不是想怎麼吃就怎麼吃。

在古代東方專制國家裏，貪污之風是難以禁絕的，這是社會制度所決定的；但是，反貪污的正義潮流，不管哪朝哪代，從來是人心所向。「過街耗子，人人喊打」，貪官總是被綁在恥辱柱上受到唾棄。這對父子，儘管保持二十多年不敗，然而，御史諫官們彈劾參奏，哪怕為之終生坐牢，哪怕為之掉了腦袋，也是不屈不撓，前赴後繼，同他們鬥爭了二十多年。

　　嵩無他才略，惟一意媚上，竊權罔利。帝英察自信，果刑戮，頗護己短，嵩以故得因事激帝怒，戕害人以成其私。

張經、李天寵、王忬之死，嵩皆有力焉。前後劾嵩、世蕃者，謝瑜、葉經、童漢臣、趙錦、王宗茂、何維柏、王曄、陳塏、厲汝進、沈煉、徐學詩、楊繼盛、周鈇、吳時來、張翀、董傳策皆被譴。經、煉用他過置之死，繼盛附張經疏尾殺之。他所不悅，假遷除考察以斥者甚眾，皆未嘗有跡也。（《明史》）

讀史至此，不禁怫然。

在封建社會裏，有時候皇帝就是最大的貪污犯。所以說，反貪反貪，不反掉貪官頭頂上那把使其得以貪的保護傘，治標而不治本，抓再多的貪污犯，也根絕不了官員的貪污現象。有了嘉靖的庇護，這兩父子，老的奸，少的惡，全天下恐怕也找不到如此「珠聯璧合」的「最佳拍檔」。

《明史》說這個嚴世蕃，簡直就是「京師一霸」，他以貪贓枉法、不可一世成為後來的《丹心照》《鳴鳳記》《一捧雪》《萬花樓》等雜劇的主角，京劇更有直指其父為戲名的《打嚴嵩》。中國古代的貪官，搬上舞台現世者，這對父子是當仁不讓的冠軍。

嵩耄昏，且旦夕直西內，諸司白事，輒曰「以質東樓」。東樓，世蕃別號也。朝事一委世蕃，九卿以下浹日不得見，或停至暮而遣之。士大夫側目屏息，不肖者奔走其門，筐篚相望於道。世蕃熟諳中外官饒瘠險易，責賄多寡，毫髮不能匿。其治第京師，連三四坊，堰水為塘數十畝，羅珍禽奇樹其中，日擁賓客縱倡樂，雖大僚或父執，虐之酒，不困不已。居母喪亦然。好古尊彝、奇器、書畫，趙文華、鄢懋卿、胡宗憲之屬，所到輒致之，或索之富人，必得而後已。

最後，連他老子都被他這超常的貪污能量嚇傻了。

明朝周元《涇林續記》載：「世蕃納賄，嵩未詳知，始置笥篋，既付庫藏，委皆充牣。蕃妻乃掘地深一丈，方五尺，四圍及底砌以紋石，運銀實其中，三晝夜始滿，外存者猶無算，將覆土，忽曰：是乃翁所貽也，亦當令一見。因遣奴邀嵩至窖邊，爛然奪目。嵩見延袤頗廣，已自愕然，復詢深若干，左右以一丈對，嵩掩耳返走，口中囁嚅言曰：多積者必厚亡，奇禍奇禍，則嵩亦自知不免矣。」

再回到黃光昇、林潤彈劾嚴公子時的情景。對於首輔徐階所擬的狀詞，他們是不以為然的。他倆認為要將貪官扳倒，用今天的法律名詞來說，就是抓住他的大宗贓物，定他個不明財產來源罪，就足以定案。再加上設置冤獄，殘害楊繼盛、沈煉，是民憤極大的案件，要告倒這個嚴世蕃，只有如此上書，方順理成章。

徐階對二人的說法，也不以為然：「諸公欲生之乎？」

「必欲死之。」

徐階冷冷一笑：「若是，適所以生之也。夫楊、沈之獄，嵩皆巧取上旨。今顯及之，是彰上過也。必如是，諸君且不測，嚴公子騎款段出都門矣！」

「性穎敏，有權略」的徐階，能夠與虎狼之性的嚴嵩共事多年，避禍求存，以圖大計，表明了他政治上的成熟。而成熟的表現，正是在《明史》所稱的「陰重不洩」上。看來，韜晦和謙謹，退讓和抑制，使得他的那位政壇前輩有點小看他。但是，有所為有所不為的徐階，在使嘉靖對他的才幹、能力、識見、忠誠精神，增加深刻印象時，也是盡力表現的。終於，「嵩握權久，遍引私人居要地，帝亦寖厭之」，加之「徐階營萬壽宮甚稱旨，帝亦親階，顧問多不及嵩」。於是，徐階接替嚴嵩為首輔。

嚴嵩的前任夏言，那條命是斷送在他手裏的。以此類推，如今徐

階接替了他，他不由得擔心，這齣老戲碼會不會再次上演？他忘了自己已是高齡八旬、一個死神即將叩門的人，徐階根本不會把他當回事了。對這位新首輔來講，當務之急，倒是要把心懷叵測的嚴世蕃在眼前蒸發掉，免得他構成一股勢力，造成威脅。

所以，徐階將黃光昇、林潤請來私邸，囑其上書彈劾。

徐階所擬的那些罪狀，是這位「陰重不洩」的政治家冷眼旁觀的結果。這些年來，所有劾奏嚴氏父子者，無一不義憤填膺地採用「激將法」，以求激起嘉靖的怒火，對「二嚴」施以重法。但每每事與願違。徐階從中吸取了教訓。在中國封建社會，反貪也罷，反腐也罷，你反的雖是一個具體的人，但實際上你觸動的是一個上下左右、密切聯繫的網，一個一榮俱榮、一損俱損的利益集團，一個與統治者、與警察機構、與輿論公權單位相關連的階層。弄不好，貪未反成，腐未反成，你卻先進了局子。

徐階看得很清楚，反嚴嵩反得最激烈的楊繼盛，給嘉靖上書，最終死於非命，就在於他所控訴的「十罪」、「五奸」，每一條，批嵩的同時，也在批嘉靖的昏庸失察。這是嘉靖絕不能接受的。

諸如：「無丞相名，而有丞相權；天下知有嵩，不知有陛下。」

諸如：「陛下用一人，嵩曰我薦也；宥一人，嵩曰我救也。群臣感嵩甚於感陛下，畏嵩甚於畏陛下。」

諸如：「陛下有善政，嵩必令世蕃告人曰，主上不及此，我議而成之。」

諸如：「嵩以臣而竊君之權，世蕃復以子而盜父之柄，故京師有『大丞相』、『小丞相』之謠。」

諸如：「陛下令嵩司票擬，蓋其職也。嵩何取而令子世蕃代擬，又何取而約請義子趙文華輩群聚而擬。」

這無異於揭皇帝的短、打天子的臉，那位陛下本是非常自負、

性格忟躁、絕對不肯認錯的，按照這樣的邏輯，嚴嵩的不是無不由他嘉靖而起，你告嚴嵩實際在數落他，不是找倒霉嗎？嘉靖自然火冒三丈，下詔獄，杖之百，關在牢裏兩年。然後，嚴嵩伺機進讒言，冤死這個楊繼盛。

所以，徐階改弦更張，不告嚴世蕃貪污下的金山銀山，那讓嘉靖掛不住臉，眼皮子底下出了巨貪，絕不是最高統治者的一件光彩的事；同樣，也不告嚴嵩父子陷害忠良，製造冤獄，無論如何，推出午朝門外斬首，總是奉旨行事，嘉靖也有推卸不掉的責任。當皇帝的只有聖明，怎能有錯？

現在，徐階所列的四條罪狀，將嘉靖完全撇開，而每一條都是犯上作亂，是要跟皇上過不去的。第一，蓋府邸「制擬王者」，什麼意思？是不是有想當皇帝的野心？第二，與姓朱的宗人搞地下串聯，是不是要篡權奪位、另立新主？第三，倭寇為明代心腹之患，組成反革命武裝，裏通外國，投奔日本，是何居心？第四，勾結邊外覬覦我大明江山的異族，起內應外合的作用，一旦得勢，那還了得？

最初，林潤、黃光昇欲發其罪，告嚴世蕃殘害楊繼盛、沈煉，耳目們趕緊向嚴世蕃報告，他聽了以後，哈哈一笑，「謂其黨曰：『無恐，獄且解。』」等到這紙奏書上達天聽以後，「世蕃聞，詫曰：『死矣！』」

嘉靖以最快速度批下來，嚴世蕃就被押往菜市口了。

據史載，行刑當天，都人大快，相約持酒，到殺頭處觀看。《明史》載：「臨刑時，沈煉所教保安子弟在太學者，以一帛署沈煉姓名官爵於其上，持入市。觀世蕃斷頭訖，大呼曰：『沈公可瞑目矣！』因慟哭而去。」

這是一個四百多年前的處決貪污犯的場面，故事雖然很古老，但歷史所具有的現實主義精神，那光彩是永遠也不會褪色的。

海瑞重刑治腐

------- **海瑞**（1514—1587）-------

明朝著名清官，廣東瓊山（今屬海南）人。他多次平反冤假
錯案，打擊貪官污吏，深得民心，有「海青天」之譽。他的
傳說故事，民間廣為流傳。

假設有人要編寫一部《中國貪污史》，大概少不了赫赫有名的貪官嚴嵩；假如有人要另外編寫一部《中國廉政史》的話，大名鼎鼎的清官海瑞，則是領銜的人物。前者和後者，一為巨貪一為大廉，都出在明代嘉靖年間，這絕對算不得是這位皇上的榮光。

在某個朝代出貪官，也許並不能證明皇帝昏庸無能，即使最精明的君主，駕馭偌大的國家機器，百慮一失，也難免疏忽。何況，貪官又不會在臉皮刻上字：「吾乃碩鼠是也」。在未捉出時，誰不人五人六，像模像樣？再說，在封建社會「十年寒窗」，「學而優則仕」，「仕」者，官也。在戲曲裏，戴紗帽翅的角色出場：「千里為官，誰不為錢？若不為錢，誰來當官？」這四句念白，足以表明權力和金錢的互換關係。所以老實說，貪官，是常見的；清官，倒不常見。

當清官，窮得要死，苦得要命，誰幹？因而翻開《二十五史》的

任何一史，無不貪官如毛，碩鼠遍地，有時皇帝就是「天字第一號」的貪污犯。出清官，必是在國家問題成堆，積重難返之際。一定由於皇帝昏庸，而且比較長時期地達到相當程度的昏庸，弄得貪污普遍化、瀆職正常化、賄賂公開化，到了國將不國的時候，極個別的不肯同流合污的清官，才會凸顯出來。這就是中國歷史上越是腐敗的朝代裏越出清官的原因。

因此，若無嘉靖、若無嚴嵩、若無滿朝的不正之風，也就顯不出海瑞的節操和風範。嘉靖御臨天下 45 年，已經到了無可救治的程度，海瑞這才會指着皇帝的鼻子開罵：「陛下之誤多矣」，「蓋天下之人不直陛下久矣」。

「關起門來罵皇帝」這句舊時民諺，是一種在壓迫下不敢表示憤怒、又不能不宣洩憤怒的情緒表達。在專制的封建社會裏，在公眾場合敢於對皇帝大不敬，那是要殺頭的。所以，關起門來罵，比較安全。可是，中國的皇帝也不飯桶，你雖然不罵出聲來，但你在肚子裏罵我，根據你敵視的眼光，根據你仇恨的神氣，也能定你的罪，那叫「腹誹」。

「腹誹」，據司馬遷說，是西漢酷吏張湯所發明，他在審判大司農顏異時，就依據此人的「微反唇」，大概稍稍撇嘴，或者撇嘴吧？便奏稱其「不入言而腹誹，論死」。所以，海瑞罵皇帝，指着鼻子罵，罵他不是東西，實在是那個萬馬俱喑的黑暗時代裏，中國人所表現出來的最為難得的一抹亮色。因此，在中國人的心目中，一提到清官，立刻就想起海瑞。

在漫長的封建社會裏，百姓頭腦中的這種「清官情結」，是由於貪官太多所致。明朝官員的貪污現象，可稱中國歷史之最，在數不勝數的貪官污吏中間，一生清介、死無餘銀的海瑞，便寄託着人們對於清廉政治的希望。這也是他的故事，得以在數百年間流傳不已的

緣故。

海瑞之得名，當然是由於他一以貫之的為政清廉。説實在的，偌大王朝也不只海瑞一人是清官，他的成就，主要在於他跳出來，當面鑼對面鼓地罵過皇帝，這才使他的知名度，達到了空前未有的水平。對老百姓而言，做一個清官，不貪不佔，一分錢的國帑也不撈進自己腰包，窮苦到啃菜根、嚼粗糧的地步，固然非常之值得敬佩；但若敢指着鼻子罵皇上，説他不是東西，那才令人感到了不起，崇拜得不行。

一般説，先有個別的貪污現象，發展到大面積的貪污加之腐敗的現象，然後更進一步，則是上下勾結、內外串通、四面八方的貪污腐敗成風。從朝廷到地方貪官多如牛毛，從政治到經濟腐敗無所不在，少數清官才能突出，才會出現清官現象；凡帝國到了這一步，如果原來的皇帝是個庸君的話，這時十有八九成為昏君。而一成為昏君，也就離謝幕不遠了。明白這一點因果關係，也就知道清官為什麼只能受到老百姓的擁戴，而不為他生前以及身後的統治者所容。

明朝官員的貪污現象，問題出在底下，根子卻在上頭。貪污到了這樣大量、普遍、公開甚至合法化的程度，是從帝王開始，由上而下，至宗藩外戚，至宦豎權臣，至將帥督撫，至知府縣吏，至一切衙役隸卒，凡官皆貪，不貪者鮮。據《楊繼忠傳》：「（忠）入覲，汪直欲見之，不可。憲宗問直，朝覲官孰廉？直答曰：『天下不愛錢者，唯楊繼忠一人耳！』」據《吳傳》：「清望冠一時，褆躬嚴整。尚書馬森言平生見廉節士二人，與譚大初耳。」滿朝文武，只找到這幾位不貪的官員，可見明朝在中後期，在中國歷史上數得上是貪污大朝了。

朝政黑暗、特權橫行、法令鬆弛、行政腐敗，是造成官員貪污行為的主要原因。不過，讀清朝趙翼的《廿二史箚記》，可知明朝官員的薪俸，是中國歷朝中最低的。若不想成為餓莩，不額外求財，又有

什麼辦法？如明朝文人李贄，曾任河南輝縣儒學教諭，相當於縣教育局督學；曾任國子監教習，相當於大學講師；後在禮部做司務，相當於辦公廳的處長；又在南京刑部得到員外郎的閒差，相當於現在的部門巡視員，但官俸之微薄，收入之低下，到了難以餬口的地步。他離開河南到北京就職，窘迫到不得不把妻女留在當地，託友人照顧。直到他放外任，當了雲南省姚安府的知府，那是一個有實權的司局級幹部，才有「常例」（被允許的貪污）和其他灰色收入（名義上不允許但也不禁止的貪污）。這種實際上鼓勵官員從非法途徑獲取金錢的政策，是引發貪污的主要原因。

那時官俸發放，有米有鈔，比例不一，財政部門發放薪水的時候，米賤折鈔，鈔賤折米，在盤剝上極盡克扣之能事。尤為可笑者，北京官員發的米，要憑票到南京去領。於是手中的票，只能三文不值兩文地出讓，逼得官員不得不另開財路以謀生計。據《明史‧顧佐傳》：「居歲餘，奸吏奏佐受隸金，私遣歸。帝密示（楊）士奇曰：『爾不嘗舉佐廉乎？』對曰：『中朝官俸薄，僕馬薪芻資之隸，遣隸半使出資免役。隸得歸耕，官得資費，中朝官皆然，臣亦然。先帝知之，故增中朝官俸。』帝歎曰：『朝臣貧如此。』」

本來很低的工資，又常常不足額發放。據《明史‧李賢傳》：「正統初，言『塞外降人居京師者盈萬，指揮使月俸三十五石，實支僅一石，降人反實支十七石五斗，是一降人當京官十七員半矣。宜漸出之外，省冗費，且消患未萌。』帝不能用。」看來打白條之風，倒也是古已有之的事情。

所以，官員們倘不貪污，貧窮化便不可避免。據《段民傳》：「卒於官，年五十九，貧不能殮。」《吾紳傳》：「紳清強有執，淡於榮利。初拜侍郎，賀者畢集，而一室蕭然，了無供具，眾笑而起。」《軒輗傳》：「寒暑一青布袍，補綴殆遍，居常蔬食，妻子親操井臼。與僚屬

約，三日出俸錢市肉，不得過一斤，僚屬多不能堪。故舊至，食唯一豆，或具雞黍，則人驚以為異。」《楊淮傳》：「伏闕受杖，月餘卒，囊無一物，家人賣屋以殮。」《高儀傳》：「舊廬毀於火，終身假館於人。及沒，幾無以殮。」《陶琰傳》：「琰性清儉，飯唯一蔬。每到官及罷去，行李止三竹笥。」海瑞當不例外，在任淳安知縣時期，自己磨穀脫粒，種菜自給。有一次他給母親做壽，只買了兩斤肉，成為人們奚落他的口實。萬曆年間，張居正當國，派御史去考察，「瑞設雞黍相對食，居舍蕭然，御史歎息去」（《海瑞傳》）。

能夠堅持節操者，在一部《明史》中，實屬少數；而始終如一廉政者，則更不多見。「鑾初輔政，有修潔聲。中持服家居，至困頓不能自給。其用行邊起也，諸邊文武大吏俱橐鞬郊迎，恆恐不得當鑾意，饋遺不貲。事竣，歸裝千輛，用以遺貴近，得再柄政，聲譽頓衰」（《習鑾傳》）。既然貪污是官員的一種生存手段，貪污已成為習以為常的生活方式，貪污是這種病入膏肓的社會制度下的必然伴生物，不貪白不貪，貪也不為恥，還有什麼必要潔身自好呢？

即使出現幾個清官，除了本人青史流芳以外，實際上啥事不頂。中國的皇帝，尤其那些獨夫民賊，在滾下龍椅，或者被勇敢者將其拉下馬前，誰也不能拿他怎樣的。中國封建社會中的三百多個皇帝，大部分還是靠老天爺將他收拾掉的。海瑞這封上疏，頂多使嘉靖受了些刺激，病情有所加重。

在一個封建政權中，少數為貪官，絕大多數為非貪官，這個皇帝有可能是一位賢明的君主；而在一個封建政權中，絕大多數為貪官，只有很少者為非貪官，那這個當皇帝的就百分百是個昏庸之君。在明朝官員的貪污現象中，嘉靖是萬貪之源，看他一手培養扶植起來「中國貪污排行榜」的榜首嚴嵩，就知道這位陛下是什麼玩意啦。

海瑞把貪官污吏的總頭目揪出來示眾，那作用可比僅做一個清

官，不知要大多少倍。

公元 1567 年（嘉靖四十五年）二月，海瑞上疏，數落嘉靖。這在當時，也是一件震天動地的大事。他把棺材都買好了，放在家中客廳裏，等着皇帝殺掉他以後用來收殮。於是，舉國轟動，盡人皆知：

> 二十餘年不視朝，法紀弛矣。數年推廣事例，名器濫矣。二五不相見，人以為薄於父子；以猜疑誹謗戮辱臣下。人以為薄於君臣；樂西苑而不返，人以為薄於夫婦。吏貪官橫，民不聊生，水旱無時，盜賊滋熾。陛下試思今日天下，為何如乎？

屈大均的《廣東新語》，描寫了這位皇帝讀疏後的反應，很生動：

> 世廟閱海忠介疏，大書曰：「此人有比干之心，但朕非紂也。」持其疏，繞殿而行曰：「莫使之遯。」一宮女主文書者在旁，竊語曰：「彼欲為忠臣，其肯遯乎？」世廟尋召黃中貴問狀，對曰：「是人方欲以一死成名，殺之正所甘心，不如囚之使自斃。」世廟是其言，囚之三年得不死。

據《明史》載，嘉靖拿到等於罵他不是東西的上疏時，與屈大均所說稍有不同，是一把摔在地上，氣得跳腳，喝令左右：「馬上給我把這個姓海的逮捕，別讓他跑啦！快，快！」

身邊的宦官回話：「都說這個人是有名的痴子，他為了上書，準備好了要坐牢殺頭，先就買了一具棺材，和妻子訣別，家裏的僮僕也早嚇得各自走散，看來他是不打算逃跑的。」

「抓起來！」嘉靖吼。

這還不好説，海瑞正等着法辦。

抓到詔獄，主管官員按子罵父罪來判，自然是非開刀問斬不可。但建議砍掉海瑞腦袋的報告，壓在皇帝的手中，卻一直沒畫圈。嘉靖不傻，他不想成全海瑞，更不想自己落下混蛋紂王殺忠臣比干的臭名。就這樣拖到駕崩，海瑞撿了一條命。

於是，海瑞為大清官，名垂青史。

其實此前，這位浙江省淳安縣的原縣令，在京城大小衙門中，頗有一些關於他的「不怕死，不要錢，不吐剛茹素，真是錚錚一漢子」的傳聞。別看他當時是一個遠在南方省份的小小知縣、六品官，然而，他竟然敢於向當朝執政大臣嚴嵩的兩位親信，一為東南地方總督兼剿倭武裝部隊司令胡宗憲，一為清查鹽政的特派大臣鄢懋卿，公然進行對抗。居然弄得這兩位權高位重的大臣，很吃了一頓啞巴虧，因而大快人心。

老百姓特別願意看到那些有權的人、有勢的人、有錢的人、有名的人，忽然倒霉垮台，這是最過癮的事情。哪怕不一定如此，不過跌了個跟頭、栽了點面子，大家也會捕風捉影，演義誇張，不遺餘力地傳播之、擴大之、噁心之、解恨之。當然，這種窮老百姓陰暗心理的宣洩，實在缺乏「費厄潑賴」精神，實在不具謙謙君子之風，但那些「四有」之人，在他「有」的時候，不那麼張狂，不那麼以權、以勢、以錢、以名來欺人壓人，也許大家就不一定會幸災樂禍了。

淳安縣，即今之千島湖風景區所在地。明代的這個山區小縣，出產不多，油水不大，窮到海縣令只能在逢年過節的日子，才與僚屬們共餐時吃一隻雞、兩斤肉。然而，淳安位處浙、皖交通要衝，地方官每每苦於途經此地的大員要員，送往迎來，難以打點，稍不如意，即被斥責。有一次，胡宗憲的兒子路過，假其父威，對該縣的接待工作大表不滿。其隨從僕役又狗仗主勢，敲詐勒索。海瑞正等待這樣一次

機會，就立刻升堂，下令縣衙的皂隸捕快，把這個紈絝子弟及其一干人眾，統統抓將起來，當堂審訊。

胡公子年輕氣盛，哪把一個六品官放在眼裏，於是出言不遜，打出他老爹的招牌。海瑞當然知道他是誰的兒子，但是他不承認，還說，我們都知道胡總督為官清廉、持家清正，不可能有你這樣一個不成器的兒子，更不可能有你所攜帶的大量銀兩。

「我是，我是，我是！」這位公子哥還威脅海瑞，「你別吃不了兜着走！」

海瑞才不買賬：「大膽放肆，一個騙子，竟敢如此猖狂，罔無法紀，咆哮公堂，給我掌嘴！」

最後，海瑞更來一手絕活，將胡公子及其一行人眾，用繩子拴成一串，押往省裏總督衙門，並附上一紙說明案情的文書，陳說本縣捉拿一名人犯，冒充胡總督之子，在此間招搖撞騙，為非作歹，有損總督清望，造成惡劣影響。為此特解送府城，予以從嚴處置，以懲效尤。該犯所攜現銀若干，因來路不明，已沒收充公，收繳縣庫，云云。

胡宗憲看到這裏，氣得兩眼翻白，差點心肌梗死，他兒子連哭帶鬧，此仇不報也枉為二品大員了。他當然嚥不下這口氣，當然是要報復海瑞的，可又苦於抓不到他的把柄。第一，海瑞不貪污，在那個「無官不貪」的年代裏，他能潔身自好，兩袖清風，不怕查賬，不怕檢舉；第二，他不好聲色，既不找小姐，也不去桑拿房、洗腳房逗留，因之，無黃可掃；第三，他既不搞裝門面的「政績工程」，也不樹「泡沫化」的個人形象，只是公正執法，無懈可擊。因此，除了隱忍不發、以待來日外，胡宗憲對這個海瑞，一時間真有貓吃螃蟹——無從下嘴之感。

鄢懋卿是個腐化分子，《明史》稱他「見嚴嵩柄政，深附之，為

嵩父子所矐」。一般來說，喜歡用小人者，自己必有相當程度的小人
因素，方能同流合污；願意與壞人為伍者，自己要沒有壞的基因，也
難沆瀣一氣。「會戶部以兩浙、兩淮、長蘆、河東鹽政不舉，請遣大
臣一人總理。嵩遂用懋卿。舊制：大臣理鹽政，無總四運司者。至
是，懋卿盡天下利柄，倚嚴氏父子，所至市權納賄，監司郡邑吏膝行
蒲伏。」

　　這就是老百姓講的「鮎魚找鮎魚，嘎魚找嘎魚」，同類相聚的現
象。在統治集團中、在權力層面上、在不正常的政治氛圍裏，這都是
司空見慣的事情。鄢懋卿一入中樞，與嚴氏父子朋比為奸，苛徵重
稅，貪贓索賄，中飽私囊。其實，大家都明白，鹽政乃天下之肥缺，
而全國四大產鹽區的大權全落入他一人之手，絕對是有背制度的枉法
行徑。

　　但是，根本不上朝的嘉靖皇帝只聽信嚴嵩的；開足馬力貪污的嚴
氏父子離不開鄢懋卿，於是，從皇帝到首輔到鹽政，三點一線，正如
北京民諺所說，「武大郎玩夜貓子」，「王八看綠豆，對眼」。明知道這
是個壞蛋，應該被唾棄，然而他上面有人罩着，看着他扶搖直上，老
百姓能有什麼方法？你人微言輕，你啥也不是，你只有乾生氣而已。

　　在淳安的海瑞，一位絕對的清官，當然與這樣一個絕對的貪官，
格格不入。恰巧，鄢懋卿作為奉旨查鹽的欽差大臣路過此地。而海知
縣是十年寒窗，才從海南島的瓊山縣走出來的讀書人。他一步一個腳
印走到今天，不走門子，不投靠山，不溜鬚拍馬，不做虛假統計謊報
成績，梗直到一點彎都不轉，理所當然地要從心眼裏鄙視這個小人得
志的家伙。

　　這也是使那些有權的人、有勢的人、有錢的人、有名的人，無可
奈何而且尷尬的地方，雖然你得意甚至非常得意，雖然我不得意乃至
非常不得意，但是，擋不住我在精神上比你擁有優勢，擋不住我壓根

兒就鄙視你。這就是海瑞決定要給這個大員，下一點眼藥的原因。

海瑞放出風聲：小縣寒酸，囊中羞澀，衙門窮困，招待不了。光是供給抬欽差夫婦彩轎的 16 個女子的伙食，也能把縣財政吃得鍋底朝天，何況還有隨從、聽差、兵弁、衙役之類，哪一個不像餓狼一樣，連吃帶拿，外加孝敬，紅包薄了一點，也是過不了關的。

所以，鄢懋卿還未到淳安，就先接到淳安縣的一封稟帖。他當時一激靈，知道這個海瑞不會有什麼好事，便問來人：「他有什麼要報告的？」

「大人您請細看！」

信件開頭，十分恭謹，「嚴州府淳安縣知縣海謹稟」，接着説已經收到大人的通令，要求各級政府在接待上一切從簡，不得鋪張。大人所做出的英明指示，本縣已傳達到區鄉鎮集，一體認知大人「素性簡樸，不喜承迎。凡飲食供帳俱以簡樸為尚，毋得過為華奢，靡費里甲」。然後，話鋒一轉——大人體察下情，百姓無不讚頌，但您派出來打前站的人員，已經告知準備酒席侍候，每席費銀不得低於三四百兩，席間還需奉獻金花綢緞若干，營造氣氛。特別關照道，欽差大臣夜溺，必需銀子打出來的尿壺，否則尿不出來，性命交關，耽誤國家大事，罪不容貸。本縣十分惶恐，是按大人的從簡精神辦，還是按打前站的老爺所吩咐的辦？

鄢懋卿當場把這個稟帖撕了，下令讓他的一隊人馬繞過淳安，事後再跟這個海瑞算賬。不過，沒過多久，嚴嵩倒台，胡宗憲、鄢懋卿因係同黨，受到牽連被免職。海瑞曾被他們迫害過，也就隨之平反，調回京城任戶部主事。

海瑞這次回到京城，就為他要做的這件驚天動地的事情進行準備。第一，把棺材買好，萬一殺頭好收殮；第二，把家人遣散，免得受他牽連。然後，一封直言不諱批評陛下的上疏，直接呈了上去。

有清官對皇帝來說，不是一件體面的事。一旦出現了一個不怕殺頭的清官，這台國家機器在運轉上，也肯定出了大毛病，估計最高統治者離完蛋也就不會太遠了。果不其然，海瑞海剛峰一出現，嘉靖朱厚熜的日子就屈指可數了。

嘉靖駕崩，海大人很快就平反昭雪了。儘管他有了令人景仰的清官聲名，但朝廷裏的主政者，包括新繼位的皇帝，都對他敬而遠之。作為門面點綴可以，要想委以重任則不行，怕海老人較真，弄得大家都不愉快。封建社會的統治架構是一個寶塔型的，由大小官僚組成疊羅漢式的方陣。每個官僚在他那個位置上，既踩在下面那個職務低於他的官僚頭上，自己的頭上又有另一個職務比他高的官僚的腳踩着。因此，一旦其中哪個頭或哪隻腳，不聽話，不服從，不按部就班，不肯買賬而搗蛋，這架構就要出現大大小小的危機。

他們害怕這個海瑞進入到這個架構裏來，會破壞這個超穩定的秩序。甚至到了萬曆年間，張居正為首輔，也不敢給他任何任命。「萬曆初，張居正當國，亦不樂瑞，令巡按御史廉察之。御史至山中視，瑞設雞黍相對食，居舍蕭然，御史歎息去。居正憚瑞峭直，中外交薦，卒不用。」

儘管大家眾星捧月、高山仰止，海瑞卻很不開心。日復一日、年復一年，從隆慶皇帝到內閣大臣，都不給他分配工作。因為，第一，他沒有鈔票上下打點，鋪平道路；第二，他有清官之名聲，是一個「天將降大任於斯人」的聖人級人物，不能為，也不屑為一般的工作。因此，很長時間內，當這種強烈的「立德立言立功」的補天願望，不能得到滿足時，他便會仰天長嘯，椎心泣血。最後海青天以辭職的方式要挾內閣給他工作，不給就寫公開信罵街，「滿朝之士，悉皆婦人」，把主政者罵了個夠。

於是，1569 年（隆慶三年）海瑞被授予正四品南直隸巡撫，入

駐蘇州。正如《四庫全書總目提要》一書所言,海瑞是個「不自知其不可通」的死硬派,他不了解社會風氣江河日下,他不知道大廈將傾隻手難以支撐。一上任,「海忠介清廉特立,自是熙朝直臣,第其為吾鄉巡撫時,有意鋤巨室,以至刁風四起,至不可遏」(徐樹丕《識小錄》)。

由於他的不識時務,實施某種程度上的劫富濟貧政策,搞得蘇州一帶的官僚地主、士紳名流,無不反對,他也只好告退,離職還鄉。直到 1585 年,清除了張居正以後,所有受到張居正排擠打擊過的官員,包括年已七十有二的海青天,一律重新起用,於是他老人家又從海南島僕僕風塵地來到南京。接張居正為首輔的申時行,其實並不想安排他,又不能不安排他,因為他已經成為一種正義的化身、民眾的偶像,因此寫了一封信給海瑞,「維公祖久居山林,於聖朝為闕典」。那意思是說,你老人家不出山是個遺憾,但現在把你請出來,也不過起個政治花瓶作用。

但是,海瑞一接手右僉都御史,第一件事,就是做了兩條大板凳放在公堂之上,宣稱為專打貪贓枉法者和為富不仁者的屁股而設。這位矯枉過直的老漢,覺得打屁股還不過癮,又給皇帝建議,得恢復老祖宗的辦法,凡貪官都給他剝皮楦草。結果鬧得輿論嘩然,御史彈劾他導使皇帝法外用刑。海老先生碰了一鼻子灰,才悻悻然住手。從此,對這位道德大主教,神宗索性採取供起來的辦法,讓他有職無權,有位無事,直到 1587 年(萬曆十五年)年末,老先生終於在寂寞中悒悒去世。

嗚呼,海剛峰的一生!他是一位以肅貪倡廉為己任的鬥士,他本期望他的不懈努力,能對帝國的廉政建設、對官吏的道德重振,有所作為,有所改善。然而,在《明史·王廷相傳》裏,有一封觸怒嘉靖的上疏,說得很清楚:「人事修而後天道順,大臣法而後小臣廉,今

廉隅不立，賄賂盛行，先朝猶暮夜之私，而今則白日之攫。大臣污則小臣悉效，京官貪則外臣無畏。」而到了神宗（就是在定陵裏躺着的那位），這種制度性的貪污風氣變本加厲，已不可收拾。《明史》説：「明亡，實亡於神宗。」海瑞的所作所為，對腐朽的大明王朝可以説不起任何作用，只好看着朱皇帝打下的天下走向衰亡。

紀昀主撰《四庫全書總目提要》，對海瑞的《備忘集》評價不低：「孤忠介節，實人所難能，故平日雖不以文名，而所作勁氣直達，侃侃而談，有凜然不可犯之勢。當嘉、隆間士風頹薾之際，切墨引繩，振頑醒聵，誠亦救時之藥石，滌穢解結，非林黃，芒硝不能取效，未可以其峻利疑也。」但對海瑞具體的所作所為，也有不能苟同之處。譬如説他「巡撫應天，鋭意興革，裁抑豪強，唯以利民除害為事，而矯枉過直，或不免一偏」。譬如説他「力以井田為可行，謂天下治安必由於此，蓋但睹明代隱匿兼併之弊，激為此説，而不自知其不可通」。

海瑞的悲劇，就在於他認為道德的約束力，可以制止全社會的頹敗風氣；個人一塵不染、兩袖清風的垂範作用，能夠推動整個公務員階層的廉政建設。治亂世、用重典、不惜採取剝皮的酷刑，是足以阻嚇貪官的最有效力的手段。其實他不知道，道德的作用，只能作用於有道德的人。垂範的作用，那些冥頑不化者者，根本不往心裏去。而敢於鋌而走險者、以身試法者，法律又能奈他何？正如馬路上設有斑馬線，對置若罔聞的我行我素者是起不了什麼作用的，除非他被撞傷到垂死的地步，才會後悔未走斑馬線。同樣，「榜樣的力量是無窮的」，只是對願意仿效者能產生向心力和感召力，而對那個一聽「焦裕祿」三個字就煩的幹部，肯定是瞎子點燈白費蠟。他並非不知道，嘉靖的老祖宗、開國之君朱元璋規定：「枉法贓八十貫論絞」，「贓至六十兩以上者，梟首示眾，仍剝皮實草」。用如此重刑來遏制貪污，

又何曾濟事？一個半個清官，挽救不了這個積重難返的貪污王朝。因此，他堅持的道德力量和重刑懲罰，對那個在制度上已病入膏肓的王朝，根本不是對症下藥的萬靈之劑。

海瑞「卒時，僉都御史王用汲入視，葛幃敝籠，有寒士所不堪者。因泣下，醵金為斂。小民罷市，喪出江上，白衣冠送者夾岸，酹而哭者百里不絕」（《明史‧海瑞傳》）。

無論如何，這樣一位終生貧窮而為百姓追念的清官，還是值得我們後人肅然起敬的。於是，想起一則寓言：森林發生了火災，火勢迅速地蔓延開來，黑煙遮住了天空，烈焰燒紅了大地，所有的鳥兒都急着逃出火場，以求活命。只有一隻小鳥，牠不肯離開，仍從小溪裏銜起一口一口的水，冒着生命危險一次一次地往回飛，希望能撲滅這場大火。

這隻鳥，很像海瑞。

改革家張居正的代價

┌─ **張居正**（1525—1582）─────────────
│ 明朝政治家、改革家，江陵（今湖北荊州）人。官至內閣首
│ 輔，在任十年中實行了一系列的改革。去世後被抄家。
└─────────────────────────

提起張居正，馬上就會想到他在明朝後期所推行的改革。

張居正，字叔大，號太岳，湖北江陵人。作為明神宗朱翊鈞
的首輔，達十年之久，是個有作為、具謀略、通權術的大政治家。張
居正的改革了不起，我打心眼裏佩服他；但對他這種太厲害的人，絕
無好感。凡強人，都具有一點使人討厭的「侵略性」，最好敬而遠之。

明朝不設宰相，是朱元璋定下的規矩。這位獨裁者要求高度集
權，只挑幾個大學士為其輔佐。在這些人中間，指定一個小組長，就
是「首輔」。說到底，首輔其實就是一人之下、萬人之上的宰相、丞
相，或首相。而張居正則是明朝歷朝中最強勢的首輔，在任期間擁有
說一不二的權力；因為朱翊鈞十歲登基，相當於一個高小五年級生，
對於這位嚴肅的老師，敬畏之餘，言聽計從，是可想而知的。

一般來講，在中國，改革者取得成功，至少要具備下列三要素：

第一，支持他進行改革的力量，必須足夠強大，不至於輕易被

扼殺。

第二，推行改革的過程中，會有阻難，不至於難到進行不下去，半路上夭折。

第三，改革者的道德品質即使有令人非議之處，也不至於成為反對派使其落馬的藉口。

時下國產的電視連續劇，差不多都是以此為金科玉律，來寫改革的。其實，真實生活遠非如此，不是驚濤駭浪、艱難險阻，就是功虧一簣、全軍覆沒。哪像作家和編導所設想的，上峰護駕、過關斬將，美人青睞、春風得意，魚與熊掌兼得呢？中國歷史上的改革者，十個有九個都很命苦，得好果子吃者不多。也許張居正是唯一的幸運者，至少在他活着時，他讓別人吃苦頭，自己從沒吃過任何苦頭。倒霉，是他進了棺材以後的事。

我所以說他了不起，就因為張江陵是中國唯一沒有遇上什麼阻難、順風順水的改革家。

他之所以沒吃苦頭，是由於皇帝支持；而皇帝支持，又是皇太后和大內總管聯手的結果。有這樣三位一體的後台，他有什麼怕的？願意怎麼幹就怎麼幹。當然，不可能沒有政敵，但張居正是縱橫捭闔的九段高手，在政壇上所向披靡，誰也不堪一擊。

只有一次，他一生也就碰到這麼一次，有點尷尬。因為其父死後，他若奔喪回去，丁憂三年，不但改革大業要泡湯，連他自己的相位能否保住都成問題。他便諷示皇帝下令「奪情」，遂引發一場面折廷爭的軒然大波，使心虛理虧的他多少有些招架不住。最後他急了，又藉皇帝的手，把這些搗亂分子推出午朝門外，按在地上打屁股，用「廷杖」強行鎮壓了下去。

第一個屁股被打得皮開肉綻，第二個屁股就會瑟縮顫抖，第三個屁股必然腳底板抹油開溜。他懂得，製造恐懼，從來是統治者最有效

的威懾手段。操切專擅的張居正，把反對派整得服服帖帖。他是個精通統治術的政治家，也是個冷面無情的政治家，為了目的他敢於不擇手段。

《明史》作者不得不認可他兒，認可他行，認可他有辦法：「尊主權，課吏職，信賞罰，一號令，雖萬里之遙，朝下而夕奉，自是政體為肅。」他所以要鎮壓反對派，是為了營造出推動政治改革、經濟改革的大環境，加之「通識時變，長於任事，不可謂非幹濟之才，而威柄之操，幾於震主」。所以，在其手握極權的十年間，說張居正在統治着大明王朝，不算誇飾之詞。他曾經私下裏自詡：我不是「輔」，而是「攝」。休看這一字之差，表明他深知自己所擁有的政治能量。

張居正穩居權力巔峰時，連明神宗也得視其臉色行事。這位年輕皇帝，只有加入與太后、首席大璫馮保組成的「鐵三角」，悉力支持張居正。如此一來，宮廷內外，朝野上下，首輔還用得着在乎任何人嗎？

眾望所歸的海瑞，大家期待委以重任，以挽救日見頹靡的世道人心，張居正置若罔聞，將其雪藏起來。文壇泰斗王世貞，與他同科出身，一起考中進士，很巴結這位首輔，亟想進入中樞，他婉拒了，「吳干越鈎，輕用必折，匣而藏之，其精乃全」，勸他還是寫他的錦繡文字去了。與李贄齊名的何心隱，只是跟他齟齬了兩句，後來他發達了，他的黨羽到底找了個藉口將何心隱收拾掉以討他歡心，他也不覺不妥。

所以，張居正毫無顧忌，放開手腳，對從頭爛到腳的大明王朝，進行大刀闊斧的改革。他最為人稱道的大舉措，就是動員了朝野的大批人馬，撤掉了不力的辦事官員，鎮壓了反抗的地主豪強，剝奪了抵制的貴族特權，為推廣「一條鞭法」，在全國範圍內雷厲風行，一畝

地一畝地地進行丈量。在一個效率奇低的封建社會裏，在一個因循守舊的官僚體制中，他鍥而不捨地調查了數年，到底將繳賦納稅的大明王朝家底摸得個清清楚楚，實在是亙古未有的壯舉。

《廣陽雜記》載：「蔡岷瞻曰：『治天下必用申韓，守天下必用黃老。明則一帝，高皇帝是也；明只一相，張居正是也。』」可見世人對其評價之高。這項「大清查運動」，始終是史書肯定的大手筆。我一直想，張居正不死得那麼早，再給他十年二十年，將其改革進行到底，而且明神宗長到 30 歲前，他還得輔政，這是太后的懿旨。或許中國將和歐洲老牌帝國如西班牙、如葡萄牙、如英吉利，在 14 世紀進入第一次工業革命時期，也未可知。

我們從凌濛初的初刻、二刻《拍案驚奇》，就會發現其描寫對象，已從傳統的農耕社會轉移到城市，市井階層和商人成為主角。這說明世界在變的同時，中國也在變，萌芽狀態的資本主義商品經濟已經形成。然而，張居正改革的失敗，令中國錯過了一次歷史的轉型期。

想到這裏，不禁為張居正一歎，也為中國的命運一歎！

張居正一直清查到 1580 年（萬曆八年），才得到了勘實的結果：天下田數為七百零一萬三千九百七十六頃，比 1502 年（弘治十五年）增加納稅田畝近三百萬頃。這數字實在太驚人了，約計為二億八千萬畝的田地，竟成了地主豪強、王公貴族強佔隱漏而逃避賦役的黑洞。經過這一次徹底清查，「小民稅存而產去，大戶有田而無糧」的現象，得以基本改變，整個國家的收入陡增幾近一點五倍。

改革是一柄雙刃劍，成功的同時，張居正開罪的特權階層、觸犯的既得利益集團，統統成了與他不共戴天的對立面。所以，他死後垮台，牆倒眾人推，落井下石，如同雪崩一樣不可收拾，這大概也是所有改革家都得付出的代價。

在中國，流血的激烈革命，要比不流血的溫和改良，更容易獲得

成功，就在於這些因循守舊、抵制改革的既得利益者，聯起手來扼殺改良運動，簡直小菜一碟。而一旦革命者磨刀霍霍而來，老爺們就會比豬羊還馴服得多地伸出脖子捱宰。外國也如此，當巴士底監獄大門轟然打開以後，那些貴族、騎士、名媛、命婦，不也排着隊向廣場的斷頭台走去嗎？

張居正推行的「一條鞭法」，從《明實錄》的太倉存銀數，可以清楚地看出改革成果：

年	月	數量（兩）
	六月	2,525,616
1572 年（隆慶六年）	十月	2,833,850
	十一月	4,385,875
1575 年（萬曆三年）	四月	4,813,600
	六月	5,043,000
1577 年（萬曆五年）	四月	4,984,160

上列表格雄辯地證明，改革是時代發展的必然，是統治集團自我完善的必然，推行改革勢必帶來社會的進步。但歷史上很多志士仁人，還是要為其改革的努力付出代價。往遠看，秦國孝公變法，國家強大了，商鞅卻遭到被車裂的命運；往近看，清末百日維新，喚起民眾覺醒的同時，譚嗣同的腦袋也掉在了北京的菜市口。

幸運的張居正，他是死後才受到清算的；他活着，卻是誰也扳不倒的超級強人，強到皇帝也要望其顏色。有一次，他給這位皇帝上課，對方念錯了一個字音，讀「勃」如「背」，他大聲吼責：「當讀『勃』！」嚇得皇帝面如土色，旁邊侍候的臣屬也大吃一驚，心想，張閣老，即使訓斥兒子也不該如此聲嚴色厲呀！所以，他活着一天，威

風一天，加之年輕的皇帝不得不依賴和不敢不支持，滿朝文武都得聽他的，誰敢說聲「不」。

我在想，樹敵太多的張居正，以其智慧，以其識見，以其在嘉靖、隆慶年間供職翰林院，冷眼旁觀到朝野傾軋的無情現實，以其勾結大璫馮保將其前任高拱趕出內閣的卑劣行徑，會對眼前的危機全然不知？會不感到實際上被排斥的孤獨？後來，我讀袁小修的文章，這位張居正的同鄉，有一段說法，為我釋疑解惑了：「江陵少時，留心禪學，見《華嚴經》，不惜頭目腦髓以為世界眾生，乃是大菩薩行。故其立朝，於稱譏毀譽，俱所不計，一切福國利民之事，挺然為之。」（《日記》卷五）

那些被強制納稅的地主豪強，被整肅得戰戰兢兢的各級官員，被旁置被冷落對他側目而視的同僚，被他收拾得死去活來的反對派，都以仇恨的眼光在一旁盯着他。尤其那早先的小學生，現在已是初中生或高中生的朱翊鈞，一天天積累起來的逆反心理，這位政治家是感受得到的，他對其處境心裏像明鏡似的。要不然，他不會提出「致仕」，但太后有話，皇帝不到 30 歲，不令其親政，這位戀權的政治家實際上也不想真的罷手，於是，視事如舊。

袁中道散文寫得漂亮，煉字如金，一個「挺」字，便將其特立獨行、四面受敵的處境形容出來。於是，這位騎在虎背上的改革家，顯然下來是死，不下來也是死，他只有繼續「挺」下去的一條路好走。我想他那時肯定有一種理念在支撐着，他估計不至於馬上與死神見面，只要不死他就繼續當首輔。只要在這個位置上，一切都可以從長計議。

唉！這也是許多強人，在興頭上不懂得什麼叫留有餘地，什麼叫急流勇退的悲劇。這位活得太忐忑、太吃力、太提心弔膽的改革家，終於邁不過 1582 年（萬曆十年）這個門檻，二月病發，六月去世，享

年 58 歲。

他活得比好些同僚都短命，王世貞 64 歲、耿定向 72 歲、李贄 75 歲。

張居正對死亡早有預感，掌政十年，心力交瘁，是主因；「靡曼皓齒」，也是促其早死的「伐性之斧」。他渴嗜權力，沉迷女色，慾望之強烈，後者甚至要超過前者。一方面，明朝到了嘉靖、萬曆年間，淫風大熾，整個社會洋溢着一種世紀末的氣氛。享受、逸樂、奢侈、腐化、縱情、放誕，是普遍風氣。一方面，張居正在「食色性也」上的需求，高出常人許多倍，永不饜足。

基辛格說過，權力具有壯陽的作用。或許如此，張居正手中權力愈大，其性飢渴愈甚，但年歲不饒人，不得不求助於藥物維持其性能力，以肆意淫欲。據沈德符《萬曆野獲編》稱，張「末年以姬妾多，不能遍及，專取以劑藥」，由於「餌房中藥過多，毒發於首，冬月遂不御貂帽」。據說，這是名將戚繼光為拍他的馬屁，貢獻他一種叫膃肭臍（海狗腎）的媚藥所致，服藥以後，熱發遍體，即使數九天氣也戴不住帽子。因此，萬曆年間，首輔不戴帽，百官豈有敢戴之理，冬天的紫禁城內光頭一片，大概算得上是一景了。

此公對於漂亮女子，從來是不拒絕的。有一次，一位外省大員投其所好，送他一尊栩栩如生、非常性感的玉雕美人，他自然是笑納了。明朝官員，工資雖是中國歷代最低，但貪污程度也是中國歷代最劇。張居正觀賞之餘，愛不釋手，同時，又搖着腦袋，有一點不滿足。巡撫忙問：「大人還有什麼吩咐？」張居正說：「若得真人如斯，可謂兩姝並美了！」果然，這位巡撫還當真物色到一位美人，不僅與玉人形似，而且色藝雙絕，送到相府，立即成為首輔的床笫新寵。

據說，朱翊鈞進入青春期後，得知他的首輔府裏美女雲集，不由得感慨他的老師，這把年紀竟能如此生猛。佩服之餘，也歎息自家

雖為九五之尊，卻得不到更多的實踐機會。所以，我一直認為，朱翊鈞在張居正死後，立刻翻臉，從心理角度分析，其中不乏男人的嫉妒在內。

平心而論，張居正的死，難免要被後人詬病，根據《萬曆野獲編》，應該是縱慾過度、藥物中毒。王世貞也認為他死於女色、死於壯陽藥：「得之多御內而不給，則日餌房中藥，發強陽而燥，則又飲寒劑洩之，其下成痔⋯⋯」王世貞求官碰過他的釘子，心存嫌隙，絕對有可能。王世貞也曾著文譏訕過他，說他為了巴結馮保，竟低三下四地在帖子上稱自己為「門生」，斯文掃地。不過，他對張居正病情的敘述應該是可信的。因為前者關乎人格，後者只是風流，在淫逸成風的明末社會裏，王世貞沒有必要栽他這個贓。

萬曆十年六月，張居正壽終正寢，備極哀榮；十月，追劾者起，反攻倒算；十一年三月，屍骨未寒，奪其官階；十二年四月，抔土未乾，又籍其家。最為慘毒的是，因為皇帝抄不到所想像的那麼多金銀財寶，居然令圍江陵祖居，挖地三尺，株連勒索，刑訊逼供，家人有餓死的，有上弔的，剩下的也都永戍煙瘴地面，充軍發配。

張居正這個家破人亡的最後結果，並不比商鞅或者譚嗣同更好一些。

在這場清算運動中，最起勁的，恰恰是信任或是聽任他進行改革，並坐享其改革成果的萬曆皇帝朱翊鈞。而最莫名其妙的是，他在清算張居正的同時，矯枉過正，將初見成效的改革大計也否定了。

張居正這個老謀深算的政治家，竟沒有估計到，你過去鉗制他的壓力愈大，他後來反彈你的抗力也愈高。一旦得手，不狠狠地往死裏收拾你才怪！《明實錄》說張居正「威權震主，禍陰驂乘」；海瑞說「居正工於謀國，拙於謀身」，都有為他惋惜之意，認為他這樣具有高智商的政治家，應該懂得最起碼的機變韜晦之道。人走茶涼，當是不可

避免；但死無葬身之地，險幾拋屍棄骨，就得怪張居正太相信自己的「強」，而太藐視別人的「弱」。

強人會弱，「弱」人會「強」，這也是大多數強人得意時常常失算的一點。

張居正的全部不幸，是碰上了不成器的朱翊鈞，這個精神忪急、性格偏執、缺乏自律能力、心理素質不算健全的青年人，做好事未必能做好，做壞事卻絕對能做壞。諸葛亮比他幸運，雖然阿斗同樣不成器，但他懦弱，始終不敢對相父說「不」。張居正輔佐的朱翊鈞，卻是一個翻臉不認賬的小人。你在，我怕你；你不在了，我還用怕你？再說，馮保給外放了，太后也交權了。一拍御案，統統都是張居正的錯，又能奈我何？

魯迅在與曹聚仁的通信中，感慨過「古人告訴我們唐如何盛，明如何佳，其實唐室大有胡氣，明則無賴兒郎」。清朝趙翼在《廿二史劄記》中，也論述過「蓋明祖一人，聖賢豪傑盜賊之性，實兼而有之者也」。這就是說，「聖賢豪傑」與無恥、無賴、無所不用其極的「盜賊之性」，同在一個人的身上，是可能的。

我懷疑明代諸帝的這種無賴基因，是不是從開國皇帝朱元璋那兒承襲下來的？一上台還透着幾分英明、幾分正確，但都堅持不多時日，便 180 度地走向倒行逆施。這個埋葬在定陵裏的據說腿有點短的家伙，也逃脫不掉明朝皇帝的通病。

你活着的時候，他忌憚你，一口一聲「張老先生」，循規蹈矩，知書識理，你以為替大明王朝輔佐出了一位中興之主。其實不然，你一旦閉上眼睛，你樹了無數的敵，就要跟你算賬，其中最可怕者恰恰是昨天的有為青年、今天的無賴帝王。

無賴行徑，成為一個統治者的主流，治國就是一場胡作非為的遊戲。

　　張居正死的當年，朱翊鈞自毀長城，將薊鎮總兵官戚繼光調往廣東。張居正死的次年，努爾哈赤統一女真各部，崛起關外。這絕不是偶然的巧合，而是清盛明衰的前奏曲。一個政權，旺盛是需要水滴石穿的努力，衰敗卻常常是轉瞬間事。特別是朱翊鈞搞掉張居正後的數十年間，拚命聚斂，以致民亂迭起，蔓延全國，成為不可收拾之勢。

　　明亡禍根，緣起多端，但總結起來，無非內亂外患。這一切，都始自朱翊鈞這個無賴。歷史是無法假設的，若以上面所顯示的國家財政收入進展態勢，如果張居正的改革不因其死而止，不因朱翊鈞的感情用事而廢，不因繼其任者避事趨時而停頓，蕭規曹從，堅持改革，明王朝的氣數不至於那麼快就完蛋的。

　　因為中國為農業大國，農業為國之命脈，但農業的生產周期短以年計，只要有休養生息、恤民安農的政策，有風調雨順、五穀豐登的年景，用不了數年工夫，國家就會富足起來。更可貴的是中國人所具有的耐受精神，乃漢民族綿亙五千年的最大支撐力。哪怕命懸一絲，稍有紓解，立能生聚出復興的活力。只不過經張居正十年努力，太倉存帑便積至四百萬兩，國庫之充盈，為明歷朝之最。《明史》說：「神宗沖齡踐祚，江陵秉政，綜核名實，國勢幾於富強。」這當然是張居正的改革奇跡，也是中國人一旦有了正確指引，民族精神就必能煥發的結果。

　　據陳登原《國史舊聞》載，林潞（此人約與方苞同時）的《江陵救時之相論》竭力讚許這位改革家：「江陵官翰苑日，即已志在公輔，戶口厄塞，山川形勢，人民強弱，一一條列，一旦柄國，輔十齡天子，措意邊防，綢繆牖戶。故能奠安中夏，垂及十年，至江陵歿，蓋猶享其餘威，以固吾圉者，又十年也。」

　　從太倉銀庫歲入銀兩統計，也確實證實，即使在其死後，張居正的改革，還讓朱翊鈞當了多年「太平天子」。

明神宗朱翊鈞統治的 48 年間，張居正輔佐的前十年，有聲有色。此後的 38 年，這位皇帝漸漸與其祖父嘉靖一樣頹唐庸惰，無所作為，「因循牽制，晏處深宮，綱紀廢弛，君臣否隔」，「以至人主蓄疑，賢奸雜用，潰敗決裂，不可振救」。每況愈下，直到不可救藥。（《明史》）

神宗以後，敗亡加劇；光宗在位一年，色癆而亡；熹宗在位七年，政由魏、客；思宗在位 17 年，換五十相。明末的這些不成器的皇帝，不亡何待？所以，神宗死後第二十五年，大明王朝也就國將不國了。他的孫子朱由檢，被努爾哈赤的後代逼到景山頂上，那棵在「文革」期間被鋸斷的歪脖子樹，見證了朱明王朝的終結。

所以，《明史》對這位昏君，有一句精彩的結論：「明亡實亡於神宗，豈不諒歟！」其實，明代的亡國之兆，張居正一死就出現了。

張居正是中國歷史上少有的政治強人，因為事實上只有他孤家寡人一個，以君臨天下的態勢，沒有同志，沒有智囊，只用了短短十年時間，把整個中國倒騰一個夠，實現了他所厘定的改革宏圖。這種孜孜不息、挺然為之、披荊斬棘、殺出一條生路來的精神，是非常值得後人欽敬的。

但是，封建社會已經到了沒落晚期，不論什麼樣的改革和改良都不可能取得成功。腐朽的制度如下墜的物體，只能加速度地滑落，而非人力所能逆轉，這也是舊中國徒勞的改良主義者，最後逃脫不了失敗的根本原因。不過，就張居正的改革而言，其傑出的歷史地位，是不言而喻的。但肯定的同時，他的驕奢淫逸、恣情聲色、刻薄寡恩、跋扈操切，也是後來人對其持保留看法的地方。清《四庫全書總目提要》收其《張太岳集》，提要評論他曰「神宗之初，居正獨掌國柄，後人毀譽不一，迄無定評。要其振作有為之功，與其威福自擅之罪，兩俱不能相掩」。

　　對這樣一位複雜的歷史人物，這樣一位生前享盡榮華、死後慘遭清算的改革者，個人的是和非，還可以千古議論下去。

錢謙益失足記

····· 錢謙益（1582－1664）·····

字受之，號牧齋，晚號蒙叟、東澗老人。明末清初詩人、政
治家，江蘇常熟人。他是東林黨的領袖之一，也是文壇領
袖。明亡後，依附南明弘光政權，為禮部尚書。後歸清，為
禮部侍郎。

闌風伏雨暗江城，扶病將愁起送行。
煙月揚州如夢寐，江山建業又清明。
夜烏啼斷門前柳，春鳥銜殘花外櫻。
尊酒前期君莫忘，藥囊吾欲傍餘生。

（《吳門春仲送李生還長安》）

　　細雨、冷風、垂柳、驪亭，對晚境孤淒、扶病送行的老人而言，
忘年之交的這一別，更不知何日得見？幾天來，對特地從南京來看望
他的年輕朋友，重敍契闊，不分宵旰，有多少的話要說，有多少的事
要辦啊！燈火如豆，縱論傾情，不覺天之破曉；爐中炭燼，茶涼茗
淡，依然談興不減。昔時的宦海沉浮，諸多的罣誤失落；曾經的錦繡

年華，難堪的卑瑣回憶，只剩下往事如煙的感觸不已、浮生若夢的無限惆悵。此時此刻，詩人，已無當年強求發達的政治抱負，更無馳騁官場的雄心壯志，所剩下的一點點精氣神，也就只有賦幾首閒詩了。

這首情深意切的七律，真是心緒闌珊，感慨萬千，欲言又止，欲罷不能啊！「煙月揚州如夢寐，江山建業又清明」，將那命運跌宕、家國碎落的無望前程，那歲月如磐、滄桑黍離的不堪命運，以及詩人一生的顛撲悲喜、跌宕熬煎，全部凝縮其中。

這首詩的作者，為明末清初的錢謙益。在那改朝換代的歲月裏，他是時人公認的文壇巨擘。你也許並不贊成他這個負面大於正面的詩人，然而，你卻不能不欽服他的才氣、他的學問。

無論是當時的人，還是後來的人，論清詩，或論明清之際的文學，首先必然要談到他。錢謙益之所以重要，就在於他所發軔的嶄新詩路，主宰着大清王朝的詩歌格局。

《明史》認為他的詩歌革新，非同小可，評價為「至啟、禎時，准北宋之矩矱」，不可謂不高。這就是說，明詩到了天啟、崇禎年間，已經奄奄一息，是他重新連接起上至北宋的詩歌脈絡。在這個世界上，沒有長命百歲的文學，文學屬於時代。明代詩歌從「前七子」、「後七子」，到隨後的「復古派」、「竟陵派」、「公安派」，已經是每況愈下的式微局面。文學這東西，說來也怪，老是循着一條路走下去，不求新，不圖變，必然會走到不可延續，也無法延續的死胡同裏。尤其是詩歌，最能呼應其所處時代，而發出回聲反響，不論詩人如何不食人間煙火，詩運與國運，文運與世運，總有着不以人們意志為轉移的內在聯繫。說得直白一點，國強詩盛，時衰文敝，這是誰也無法違背的客觀規律。時下出現的「梨花體」、「羊羔體」、「咆哮體」詩歌，與層出不窮的三聚氰氨、瘦肉精、染色饅頭一樣，都是近些年來太物質、太金錢、太低俗的社會風氣的產物。所以，當崇禎帝被李

自成軍團團圍住，坐困愁城時，沒出路的明代詩歌，要比最後上弔的這位皇帝，死得更早。這也是錢謙益要從唐、宋詩歌的規章法度（即《明史》所說的「矩矱」一詞）中，開拓出一條新路的原因。

作為明末遺民，他從心底裏不會認同清朝這個新的王朝，然而它生氣勃勃地橫亙在他面前，令他躲不開也避不掉。明末清初的錢謙益，所開闢出來的這個新時尚、新風格、新氣勢、新思路的詩歌體系，既沒有努爾哈赤的蠻夷色彩，也沒有明末詩壇的僵屍氣味，於是一人倡之，萬人隨之，詩人追從，詩壇認可，竟然形成大清王朝的一代風流。

領風氣之先，就了不起；創時代潮流，那就更了不起。沒有大才華、大氣度、大眼界、大成就，在文學界、詩歌界要想開天闢地，只是痴人說夢而已。錢謙益的偉大，就在於他即使相當不怎麼樣，仍在文學史上留有一席之地。

清朝凌鳳翔在錢謙益《初學集》序中談到其詩歌之影響深遠，之風靡所及，極盡讚美之能事：「牧齋宗伯起而振之，而詩家翕然宗之，天下靡然從風，一歸於正。其學之淹博，氣之雄厚，誠足以囊括諸家，包羅萬有；其詩清而綺，和而壯，感歎而不促狹，論事廣肆而不誹排，洵大雅元音，詩人之冠冕也！」凌鳳翔是康熙時人，稍後於錢謙益的出版家或編輯家，政治傾向顯然與錢謙益、屈大均等明末遺民心氣相通，這也是當時漢族知識分子對於異族統治下的反抗心態的共鳴。他甚至把錢謙益抬高到「昌大宏肆，奇怪險絕，變幻不可測者，洵煌煌乎一代大著作手」的程度，雖然心儀過度，難免渲染，但事實上，作為文章國手的錢謙益，確也當之無愧。

不僅他這樣高看，與錢謙益同時代的那些響噹噹的名家，也無不折服其詩，尊崇其文。如陳子龍，譽他為「漢苑文章首」；如顧炎武，推其為一代「宗主」；如黃宗羲，認為他是王弇州（世貞）後文壇「最

負盛名之人」、「主文章壇坫者五十年」。至少在清朝乾隆時禁絕其著作前，他的詩篇、他的文字，一經脫手，不脛而走，天下翻刻，海內傳行，此前此後的中國文壇上，還少有這樣公認的令人信服的領袖人物。

當然，這是要撇開他朝秦暮楚、首鼠兩端的人格，置而不論以後，方能得出的結論。

順、康年間，也有人抬捧錢謙益為「當代文章伯」者。舊習，禮部主管稱宗伯或大宗伯。因錢謙益在明朝做過的最大的官為禮部尚書，在清朝做過的最大的官為禮部侍郎，因而提及他必「伯」，必「宗伯」。如果他到此為止，做一個有名無實的「伯」，做一個拿乾薪而不幹事的「伯」，那該多好啊！不蹚政治渾水，不涉官場是非，不用鞠躬敬禮，一心詩歌文章，也許他會是一個空前絕後的完人。然而，牧齋先生之熱衷官場，甚於熱衷文壇，「我本愛官人」，是他的心聲。

現實卻跟這個文學智商很高、政治智商並不高的人，開了一個不大不小的玩笑：文場上讓他極其成功，官場上讓他絕對碰壁。他的科舉應試，如探囊取物，求則必得。1610 年（萬曆三十八年）錢謙益中進士，殿試一甲三名，即探花，授翰林院編修。他的仕途功名，則障礙重重，寸步難行。先是父喪守制三年，除服後，賦閒將近十年。直到天啟年間典試浙江，放了一任學差，其間還牽涉到科場舞弊案，差點要命，幸好查清與他無礙。遂轉右春坊中允，為東宮屬官，以少詹事官銜編纂《實錄》。

在封建社會中，史官的差使也是很不錯的飯碗，但錢謙益卻認為這是個坐冷板凳的閒職，很不開心。

出名快，成名早，成了他自負、自大、自戀、自矜的包袱；下筆千言、扛鼎文壇，是他不甘寂寞、一再折騰的本錢。天啟年間的錢謙益，可想而知，既無奈鬱悶又心急如焚。其實，做一個單純的文人，

最快活自在了。如果有情趣，畫兩筆山水，練一手書法，那是多麼風雅的行為啊！如果有力氣，唱兩口二黃，打四圈麻將，也是蠻瀟灑的勾當嘛！為官和作文，是兩條軌道上的火車，各走各的，萬不可腳踩兩條船。當代文壇上，我的那些本來還算出色的同行，自從走上領導崗位，說來也怪，馬上進入文學更年期。靈感退化，語言無味，再也寫不出什麼像樣的東西。

其實，在中國甚至在這個世界上，文人的最佳狀態，說到底就是做文人。做不成大文人，可以做中文人；做不成中文人，可以做小文人；至不濟，做孔乙己，也比遺臭萬年、被釘在歷史的恥辱柱上強。但錢謙益羨慕為官者體面、光彩，眼饞有權者氣派、威風，立志要在仕途上有所出息，做夢也想在名利上有所企圖。話說回來，文人為官，非不可為，偶一為之，當無不可。若做不到淺嘗輒止、見好就收，而是食髓知味、不能自拔，想在官場上呼風喚雨，取得為文人所得不到的一切，迷途而不知返，那就步入歧路，非完蛋不可了。

錢謙益，就是這樣太在乎官、太在乎位、太在乎名、太在乎利，而成為失足者、失節者、失敗者的「三失」人物。

天啟年間，寂寞無援的他，真是到了「冠蓋滿京華，斯人獨憔悴」的地步。當時，以顧憲成為首的東林黨人，正處於強勢出擊的階段，左右朝政，影響時局，操縱人心，掌握輿論。顧憲成為無錫人，錢謙益為常熟人，錢謙益兒時曾隨父拜晤過這位風雲人物，有這點因緣，加之他需要奧援，需要靠山，與東林人士走得越來越近，是再自然不過的事。

東林黨是繼西漢之「黨錮之禍」、魏晉之「清流誤國」、中唐之「二王八司馬事件」和「牛李黨爭」、北宋「熙寧黨爭」以後，又一起知識分子在政治上的聚合。中國文人一旦抱團，伸張正義，主持公道，是其好的一面；如若爭權奪利，排斥異己，則是其壞的一面。而

且，文人團契的惡習必門戶、必排他。結果，統治者怕危及政權，老百姓怕輿論鉗制，非黨人怕徹底沒戲，旁觀者怕出頭無日，必群起而攻之，成事者少，壞事者多。東林黨以及隨後的復社之敗，就敗在樹敵過多上。

不過，時為東林主將的高攀龍、左光斗、楊漣等，對於錢謙益這位聲聞天下的才子，卻張開懷抱歡迎，恨不得立刻將其網羅於旗下。一般來說，政治上合作，基礎是觀點相同、立場一致，這才能同聲共氣、黨同伐異。實際上，東林擁抱錢謙益，在意的是他的明星效應、招牌價值，看到的是當下；錢謙益投入東林懷抱，注重的是這個集團的人氣，以及社會人脈，很大程度是為了將來。錢謙益與東林的聯手，既有彼此借重的需要，也是互相利用的結果。

明熹宗朱由校繼位的天啟元年（公元 1621 年），正是東林黨人與閹黨決戰的關鍵時刻。現在看起來，錢謙益雖為東林一員，並沒有很賣力氣地投入這場殊死戰，這可以根據閹奸魏宗賢授意炮製的《東林點將錄》判斷出來。閹黨馬屁精以《水滸傳》碣石的天罡地煞排名，將東林人士編入黑名單，湊齊一百零八人予以整肅。排第一位的為「開山元帥托塔天王南京戶部尚書李三才」，排第二位的為「天魁星及時雨大學士葉向高」。錢謙益雖然名列其中，不過是天罡星三十六員的壓軸，為「天巧星浪子左春坊左諭德」，名次相當靠後。這說明閹黨未視錢謙益為東林骨幹分子，後來閹黨對其處分，也較之高攀龍、楊漣、左光斗、顧大章、魏大中等繫獄酷刑而死，係屬從輕發落，只是削籍歸里，回鄉為民，不曾要他的命。

據《東林始末》：「崇禎二年春正月，定逆案，上召廷臣於文華殿，先是，御史毛九華劾禮部尚書溫體仁有媚璫詩刊本。上問體仁，體仁謂出自錢謙益手。」明思宗朱由檢並未再追究下去，因為連他自己被抬進宮來接位當皇帝，也是提心弔膽怕魏忠賢下毒手，最初幾

天，粒米滴水，不敢沾牙，只靠皇嫂在他進宮前塞給他的幾張烙餅充飢。可想而知，魏忠賢為九千歲，生祠遍地，不可一世時，屈從於淫威的文人寫兩首拍馬詩，也是可以理解的。當然，溫體仁媚璫，絕有可能，但若以為錢謙益不媚璫，那倒也未必。一個在歧路上越走越遠的文人，有什麼不會做、有什麼做不出的呢？

1627年（天啟七年）八月，朱由校駕崩，朱由檢即位。他登極後的第一件大事，就是肅清魏忠賢及其閹黨，也就等於對東林人士徹底平反。在家鄉賦閒的錢謙益，沒想到他的東林身份行情突然見漲，真是做夢也笑出聲來。撥亂反正，意味着重新起用，即將有戲，而且有重頭戲。因為原來那些真正鐵桿的東林人士，都被魏忠賢收拾得死的死，亡的亡，至此，他作為幸存者，以其聲望、資歷，以其學問、才華，成為理所當然的東林領袖，應該是毫無疑問的。估計在那些秋風蟹熟的日子裏，冷落已久的常熟錢府，又門庭若市起來。長幼咸集，群賢畢至，恭喜這位大師重現輝煌。

早在《九月二十六日恭聞登極恩詔有述》詩中，他寫的「旋取朝衣來典庫，還如舞袖去登場」兩句，就表現出其政治敏感，他覺得時來運轉了，應該準備等着出場了。次年，1628年（崇禎元年）七月，果然一紙令下，他被任命為禮部侍郎兼侍讀學士，「重向西風揮老淚，餘生保以答殊恩」。錢謙益隨即風雨兼程，應詔北上。

文人為官，千古以來，只有一個陶淵明不肯為五斗米折腰，捲鋪蓋打道回府。剩下的那些沉迷於官場者，無一不是只嫌官小不怕官大，在位的求高升到點的怕下台，有權者趕緊用能撈者快下手。在這條歧路上走得越來越順溜的錢謙益，胃口大了的同時，野心也跟着膨脹。原因有二，一是錢謙益天性之張揚、之驕矜；一是東林餘輩之期許、之擁蘯。到達京都之後，大家給他起哄架秧子，他也跟着自抬身價，並不滿足禮部侍郎、朝廷命官、侍講學士、帝王顧問的安排，而

是向政治領域的更高峰挺進，投入閣輔爭奪戰中。

東林黨人的最困難時期，他不但努力撇清自己，還與內監方面維持着良好的關係，所以他才得以在《東林點將錄》中排名靠後，免受牢獄之災。如今他卻憑着「東林」這塊金字招牌，伸手要更大的官。這充分表明其在文學政路上是一個不折不扣的滑頭。

一般來說，小的滑頭，容易得手，因為無傷大雅，大家也就一笑置之。大的滑頭，就難以成功，因為在這個世界上，真正的傻子極少極少，誰的眼睛裏都揉不進沙子，耍滑頭也許短期奏效，長久終露馬腳。小滑頭，雞零狗碎，落個實惠，人們是可以無所謂的。大滑頭，前黑後白，上下顛倒，昨是今非，左右錯位，恐怕就不易被人原諒了。錢謙益之所以活着時貽人笑柄，死去後為世不齒，就由於他在明、清鼎革之際，先做鬥士，後為降臣，盡忠不成，反倒偷生求官。當然，這是後話了。

錢謙益對清算魏忠賢的莊烈帝朱由檢估計過高，以為他是天縱英才的明主，其實這個弱勢皇帝是受不了強勢宰輔的。而錢謙益乃信眾雲集的東林領袖、從者遍野的文壇泰斗，令忌憚萬曆、天啟年來左右朝廷的東林黨人的朱由檢，不能不擔心自己也會被牽着鼻子走。而這位陛下生性多疑，看到他志在必得地要做首輔，形色囂張，不遺餘力地排斥勁敵，不由得大為慍怒。那年才17歲的朱由檢，正是處於青春期的年輕人，通常有着逆反心理，遂改變了周延儒、溫體仁、錢謙益同入閣輔的構想。會推尚未開始，那邊廂錢謙益不知道自己已經出局，還在張羅「枚卜」法，而不採取「欽定」法，想使周延儒、溫體仁這兩個順竿爬、低姿態的馬屁精不大可能勝出。很顯然，皇帝身邊的大小太監，錢謙益早有關照，貓膩小動作之類自不可免。

錢謙益說不上是多麼好的人，但也說不上是多麼壞的人。他的缺德也好，他的作假也好，是無論如何賽不過壞到家的周延儒與其馬仔

溫體仁的。他至多想將這兩個對手踢出內閣，而他倆卻是要將他置之死地。這兩個絕對的政治惡棍，早有陰謀，新賬老賬一鍋端，將錢謙益的黑材料全放在朱由檢的御案前。

凡善於文字者，往往不擅長於政治；富有學問者，往往不精通於權術；長於著作者，往往不嫻熟於世路；工於筆墨者，往往口訥於語言。一見龍顏大怒，錢謙益結結巴巴，囁嚅其詞，一流的文學家敗在了三流的政治家手下，這就是走在歧路上的錢謙益，眼看得手，卻不慎失手的最大失敗。

《東林始末》記敘其事：「十一月庚申，會推閣員……溫體仁訐謙益天啟初主試浙江，賄中錢千秋。上召廷臣及體仁、謙益於文華殿，質辯良久。上曰：『禮仁所參神奸結黨，誰也？』曰：『謙益黨與甚眾，臣不敢盡言；即枚卜之典，俱自謙益主持。』吏部給事中章允儒曰：『體仁資淺望輕，如糾謙益，欲自先於枚卜也。』體仁曰：『前猶冷局，今枚卜相事大，不得不為皇上慎用人耳。』允儒曰：『朋黨之說，小人以陷君子，先朝可鑒。』上叱之。下錦衣衛獄，削籍。禮部以錢千秋試卷呈，上責謙益，引罪而出。旋回籍，除名為民。下千秋於刑部。」隨後，「周延儒曰：『自來會推，會議皆故事，僅一、二人主持，餘無所言，即言出而禍隨之矣。』上大稱善，遂停枚卜，卒用延儒。延儒力援體仁，明年亦入政府。初，延儒以召對稱旨。至是枚卜，謙益必欲得之，而慮以延儒同推，勢必用延儒，遂力扼止之。不知上意果在延儒，不推適滋上疑耳。於是黨同之疑，中於上者深；體仁發難而延儒助之，謙益不知也。忽蒙召對，謙益自為枚卜定於此日，及入見，方知有體仁疏，體仁與謙益廷辯，體仁言如湧泉，而謙益出不意，頗屈」。

錢謙益的仕進情結，並不因此稍息，干謁奔走，一如既往。可他哪裏知道（也許知道當作不知道），文路固然狹窄，官路可更險惡。

政治的絞肉機定律，其無情之處，就在於你若不想成為齏粉，必得先將對手絞成肉泥才行。溫體仁儘管如願以償地進入內閣，但遠在江南的錢謙益仍是他的眼中釘，他擔心錢某一旦東山再起，會對自己不利，於是，唆使常熟城裏一無賴漢挾嫌誣告錢謙益五十八條罪狀。

溫體仁隨即派出快馬緹騎，將錢謙益火速押解至京投入大獄。一時情勢危殆。萬般無奈之下，錢謙益不得不走內官門路，求救於司禮監太監（最接近皇帝、最擁有權勢的首席宦官）曹化淳，東廠太監（最黑暗的特務機構）王之心，及錦衣衛（最殺人不眨眼的中央警衛部隊）掌印指揮吳廣明。作為一個東林領袖，走內璫路線，那是最犯眾忌的事情。然而他本來一非東林鐵桿，二非十分在乎廉恥的人，自然無所謂清流濁流、壁壘分明的界限。連死去的太監廟裏的碑文，這位文學大師都肯下筆，況且到此性命交關時刻，腦袋比風節更重要，遂不管三七二十一，拜求這些實力派太監，救他一命了。

「崇禎十年春正月，常熟章從儒訐奏前禮部右侍郎錢謙益、科臣瞿式耜。疏上，溫體仁修部逮之，下刑部獄，幾殆。謙益嘗作故太監王安祠記；曹化淳出王安門，憤其冤，發從儒陰謀，立枷死；謙益等尋得釋。」這幫內官的辦案手段，真夠毒辣，根本不讓章從儒說話，「立枷死」，大有殺人滅口之嫌。於是，本想將錢謙益塞進政治絞肉機的溫體仁，想不到自己馬上要變成肉糜。

朱由檢終於看出這個唯知逢迎討好、陽為曲謹陰為鬼蜮的寵臣，竟是騙了他多年的壞蛋，於是免了溫體仁的官。錢謙益在北京並沒有馬上走，而是又等了一程，以為皇帝會回心轉意，重新起復他這位老臣。其實，別說這位皇帝對他心存疑慮，就是一個普通老百姓，也不會不心裏打鼓：你這個錢謙益，何德何能？居然將皇帝的左右、親信都撬動起來，組成強大的營救陣勢，足見其能量之大、人脈之廣。朱由檢想想，有點後怕，這種人怎麼能夠起用呢？焉知將來會不會尾大

不掉，又成麻煩？

　　於是，死了心的錢謙益，終於打道回府。

　　崇禎十七年三月十九日，李自成的大順軍攻佔北京，朱由檢自縊於煤山，明亡。這以後的錢謙益，就不是一般的「有才無行」，而是相當的恬不知恥了。

　　1644 年五月十五日，明福王朱由崧即位於南京，年號為弘光。馬士英、阮大鋮擁立有功，主持朝政。距南京咫尺之遙的錢謙益，本來就心浮氣躁，現在看到趨炎附勢之徒、阿諛奉承之輩，團團轉住這南明小朝廷，他又按捺不住，躍躍欲試。這位一輩子求官謀位的文學大師，本着機不可失、失不再來的緊迫感，攜妻趕赴南京。據《南明野史》：「謙益之起也，以家妓為妻者柳如是自隨，冠插雉羽，戎服騎入國門，如昭君出塞狀，都人咸笑之。謙益以彌縫大鋮得進用，乃出其妾柳氏為阮奉酒，阮贈一珠冠，值千金。謙益命柳姬謝，且移席近阮，聞者絕倒。」

　　卑污到如此程度，等到 1645 年五月（清順治二年、南明弘光二年），多鐸、洪承疇率軍逼近南京，馬士英、阮大鋮與小王朝逃亡，錢謙益寫下了他一生中最為臭名昭著的《降清文》，也就不以為奇了。「大事已去，殺運方興，為保全百姓之計，不如舉郡以降。誰非忠臣，誰非孝子，識天命之有歸，知大事之已去；投誠歸命，保全億萬生靈，此仁人志士之所為，為大丈夫可以自決矣！」當我們今天讀他字字珠璣的詩句時，想起這篇投降文字，便產生一種好比嚼了一隻蒼蠅的感覺，真是噁心欲吐。

　　當時，江南一帶流傳這樣一首諷刺詩：「錢公出處好胸襟，山斗才名天下聞。國破從新朝北闕，官高依舊老東林。」清朝錢泳在《履園叢話》也說：「虞山錢受翁，才名滿天下，所欠唯一死，罵名至千載。」於是，這位大文學家、大藏書家、公認的「清代第一詩人」，

卻因其在大節上的失德、官場上的投機，所形成的品行上的玷污，而成為一個在文學歧路上最為失敗的典型。

名士張岱

中國之強弱，以宋朝為分界線，趙宋王朝的理學禁錮、禮教桎
梏、人性壓抑、思想束縛，種種意識形態的整肅，將中國人的
生氣、活力、創造性、想像力、開放心態、寬容胸懷，統統鉗制得往
木乃伊的方向發展；將漢、唐以來那種萬物皆備於我的主人公姿態，
敢於擁抱整個世界的大志氣、大雄心，敢於追求精神和物質上的大豐
富、大滿足，敢於昂首天下囂張宇內的大氣魄、大手筆，統統壓進死
氣沉沉的棺材板中。所以宋朝以後，中國文人真正稱得上瀟灑者，便
很稀見了。

於是乎，像張岱這樣一位名士，中國文學史上一位真正的瀟灑人
物，便值得刮目相看了。

公元 1644 年，對中國人來說，是不知該朝誰磕頭才好的動亂年
月。在北京城，首善之區，這一年三月十九日，天下着小雪，朱由檢

弔死煤山；四月三十，玉蘭花開得正歡，李自成撤出北京；十月初一，初冬陰霾的天氣裏，福臨登基。大約在半年多的時間內，死了一個皇帝，跑了一個皇帝，來了一個皇帝。生活在胡同裏的老百姓，對這走馬燈似的政局，眼睛都嫌不夠用了。

磕頭並非中國人的嗜好，而是數千年封建統治的結果。國人這種必須要用磕頭的方式，向登上龍床的陛下表示子民的效忠，才感到活得踏實的毛病，也是多少年無數經驗總結出來的「智慧」結晶。因為老百姓有自己的算盤，國不可一日無主，如果無主，勢必人人皆主，而人人皆主，對老百姓所帶來的災難，要比沒有主更嚴重。因此，有一個哪怕不是東西的主戳在紫禁城，也比人人皆主強。所以，京城百姓，在這半年多時間裏，不管三位皇帝，誰先來誰後到，誰是東西誰不是東西，都乖乖地山呼萬歲，磕頭連連。

文人有點麻煩，麻煩在於他們是這個社會裏有文化的一群人。因為有文化，就有思想；因為有思想，就有看法；因為有看法，就有選擇。那麼，他必然自問：第一，磕不磕？第二，向誰磕？所以，在這改朝換代的日子裏，文人們比無知百姓多了一層煩惱，頭是要磕的，可怎麼磕，卻成了問題。

即使一家雜貨鋪，半年之中，接連換了三位東家，店裏的伙計能無動於衷嗎？雖然說，誰來都是老闆；雖然說，不管誰來你也是伙計。但是，老東家朱由檢，新東家福臨，半路上插一腿的過渡東家李自成，對當伙計的來說，就帶來了問題，一是感情上的取捨，一是認知上的異同。可想而知，對匆匆而去匆匆而來的三位皇帝，胡同裏的老百姓，只消磕頭就行了；而文人，有的磕得下這個頭；有的磕不下這個頭；還有的，也不說磕，也不說不磕，給你一個脊背，介乎磕和不磕之間。所以說，這一年的北京，做老闆難，做伙計又何嘗不難呢？到了該籠火生爐子的季節，文人面對着磕不磕頭的這張試卷，再

不做出答案，恐怕日子就不好過了。

政權就是老闆，文人就是伙計，任何社會都是這樣。雖然大家羞於承認這一點，但大家也不否認「皮之不存，毛將焉附」這個道理。事實就是如此，說白了，文人不過是各人用各人的方法和手段，直接或間接地從統治階級那裏討生活罷了。包括那些口頭革命派，包括那些清流名士派，也包括那些不拿人民幣而拿美元和歐元的西化鼓吹派，說到底，都是給人打工的伙計。老闆開腔了，現在我是掌櫃的，你要服我的管、聽我的話。如此，你就可以留下來；否則，對不起，我就炒你的魷魚。如果真是一家雜貨鋪的老闆，這樣的狠話，也許不必放在心上，此處不留爺，自有留爺處。可大清江山，獨此一家，別無分號，你到哪裏去？明末清初，有多少文人，想徹底逃脫必須交卷的命運，也就僅有一個朱舜水浮海去了日本，免除磕頭的煩惱，絕大多數文人無一例外要面對這道難題。

學成文武藝，貨與帝王家，這句話不知典出何處，但卻是中國舊時知識分子奉為圭臬的箴言。這就像孫悟空腦袋上的緊箍咒一樣，使得封建社會裏的中國人，在啟蒙識字那天開始，就將自己將來給誰打工，為誰效力，看誰臉色，朝誰磕頭，都基本定向。而且也像「俺老孫」一樣，永遠跳不出如來佛的手掌心，一輩子在怪圈中打轉。

文人在宋以前，還能保留一點自我；在宋以後，基本上就沒有了自我。當然，也有的人不那麼心甘，想有一點自己，那麼被戴帽子、被打屁股、被砍腦袋，便是注定的命運。

可憐啊，當時的文人。他們就只好一分為三：第一種人，磕頭的順服者；第二種人，不磕頭的抵抗者；第三種人，讓他磕，不得不磕，能不磕，絕對不磕的既不順服也不抵抗者。

大明王朝第一個剃髮磕頭的武人，為吳三桂，而大明王朝第一個剃髮磕頭的文人是誰呢？最有名的是錢謙益。這位領袖文壇的扛鼎

人物，這位有頭有臉的大明官員，是在吳三桂剃頭後一年，順治二年五月十五日清軍過江進入南京城時，將自己頭上的白髮剪掉，以示順服。順治三年，他來到北京，立授禮部侍郎管秘書院事，充明史館副總裁，着實的滋潤。他這一帶頭，如吳梅村、如龔鼎孳，前有車，後有轍，也一一剃了髮，排在後面向新朝磕頭。這樣，凡有奶便是娘的人，凡光棍不吃眼前虧的人，凡在前朝不得煙兒抽的人，都走錢謙益這條路。這第一種人，大約佔了文人的大多數。

不過，還是有不聰明的文人，偏要做不買賬的「第二種人」。一般情況下，不買賬說起來容易，實行起來卻難。因為得罪老闆，至多將你開革，得罪皇帝那是要砍你腦袋的。但即便如此，如張煌言、如陳子龍、如夏完淳，這班不怕死的硬骨頭，刀橫在脖子上也絕不下跪；膝蓋不彎，當然也就磕不了頭。他們不但不剃髮留辮，不但不磕頭效忠，還要糾集人馬，舉刀執矛，進行反清復明的抵抗運動，堅決抗爭，決不投降。這「第二種人」，在文人總數中只佔極小比例，但卻是應該得到格外敬重的，要沒有這些脊樑骨支撐着，中國文人豈不全是軟殼雞蛋了嗎？

接下來，就是介乎磕和不磕之間的「第三種人」了，如黃宗羲、如顧炎武、如王夫之，索性隱姓埋名，銷聲匿跡。一方面，自食其力，種田餬口；一方面，苦心研讀，潛心著述。統治者的網羅再密，也有鞭長莫及的死角，於是也就不用朝誰磕頭。在這個隊列中間，排在第一名者，非張岱莫屬。首先，他年事高於黃、顧、王等人；其次，他文名不亞於錢、吳、龔等人；第三，也是最重要的，他的風流倜儻、他的奇情壯采，使他成為大江南北無人不知的大名士。

在《陶庵夢憶》的序言中，他這樣寫道：「今已矣，三十年來，杜門謝客，客亦漸辭老人去。間策杖入市，人有不識其姓氏者，老人輒自喜。」由此可知張岱名盛時，不但山陰裝不下這位名士，甚至杭

城，甚至江南，也都仰其聲名，羨其華腴，慕其文采，效其瀟灑而從者如雲的。那時，資訊極不發達，消息相當閉塞，這位大名士卻有如此眾多的粉絲捧場，可見其聲名顯赫。他在《閏中秋》一文中說到他的一次聚會：「崇禎七年閏中秋，仿虎丘故事，會各友於蕺山亭。每友攜斗酒、五簋、十蔬果、紅氈一床，席地鱗次坐。緣山七十餘床，……在席七百餘人，能歌者百餘人，同聲唱《澄湖萬頃》，聲如潮湧，山為雷動。」從這次嘉年華來看，這位大名士之大手筆、之號召力、之出風頭，是可想而知的。

做名士是風光的，可到了老闆更迭、皇帝輪換之際，名士腦袋大，更是明顯的目標。黃宗羲屢戰屢敗，入四明山結寨自固去了；顧炎武舉事不成，到鄉野間覓室苦讀去了；王夫之知事不可為，隱遁湘西潛心著述去了。而這位江左名士，走又走不了，躲又躲不成，他只有採取這種與新朝既不合作也不反抗，與當局既不妥協也不頂牛的「龜縮政策」。實在無法背過臉去，必須面對這個自己絕不心誠悅服的皇帝，怎麼辦？或假作磕頭狀，儘量敷衍；或磕下頭去，卻不認賬。這樣，「第一種人」覺得他不省時務，不知大勢所趨；「第二種人」覺得他同流合污，缺乏革命氣節，他自己也很痛苦。所以他比「第一種人」要活得艱難，因為不能不顧及自己的臉面，不能太無恥；他比「第二種人」要活得艱險，因為不能不顧及自己的頭顱，別撞到槍口上。於是，閃躲、避讓，免遭沒頂之災；遊離、迴旋，終成漏網之魚。三十多年下來，活得是多麼不易。然而他居然活下來了，那就更不易；而他是一位眾所周知的名士，則是尤其的不易。

話說回來，也不是隨便一個阿貓阿狗、張龍趙虎之流，就可以稱得起名士的。《世說新語‧任誕》載王恭的一句名言：「名士不必須奇才，但使常得無事，痛飲酒，熟讀《離騷》，便可稱名士。」也許魏晉時的名士，只需有點酒量，背得出幾句《離騷》即可。經過南

北朝，經過唐、宋、元、明，名士就不是隨便拎一個腦袋，可以充數的了。

真正的瀟灑，是文化、精神、學問、道德之長期積累的結果，是智慧、意趣、品位、見識之諸多素質的綜合，是學養、教養、素養、修養之潛移默化的積澱。

張岱在《又與毅儒八弟》信中說：「前見吾弟選《明詩存》，有一字不似鍾譚者，必棄置不取；今幾社諸君子盛稱王李，痛罵鍾譚，而吾弟選法又與前一變，有一字似鍾譚者必棄置不取。鍾譚之詩集，仍此詩集，吾弟手眼，仍此手眼，而乃轉若飛蓬，捷如影響，何胸無定識，目無定見，口無定評，乃至斯極耶？蓋吾弟喜鍾譚時，有鍾譚之好處，盡有鍾譚之不好處，彼蓋玉常帶璞，原不該盡視為連城；吾弟恨鍾譚時，有鍾譚之不好處，仍有鍾譚之好處，彼蓋瑕不掩瑜，更不可盡棄為瓦礫。吾弟勿以幾社君子之言，橫據心中，虛心平氣，細細論之，則其妍醜自見，奈何以他人好尚為好尚哉！」這封信說明一個道理：一個活在他人影子下面、一個失去自我的文人，也是瀟灑不起來的。

這就是在精神上不羈於凡俗的名士風度；這就是在文學上不追隨風尚的獨立人格；這就是「胸中自有百萬兵」的篤定和自信；這就是在烏天黑地，伸手不見五指的混沌蒙昧中，不至於找不着北的清醒和鎮定。只是可惜，時不我予，具有如此大家風範的張岱，也唯有於淹塞中埋沒終生。

公元 1644 年，按天干地支排，為甲申年，中華大地慘遭一劫，先是李闖王進城稱帝，後是順治帝正式登基，遂徹底改變了社會秩序。這年，張岱行將半百，步入他一生的轉折點。「甲申以後，悠悠忽忽，既不能覓死，又不能聊生，白髮婆娑，猶視息人世。」從鮮花着錦、烈火烹油的鼎盛巔峰，跌入冰天雪地、四視皆空的萬丈深坑，

居然沒上弔，憑一絲弱息而能生存下去，令人不能不為從未吃過苦頭，此時卻吃了大苦頭的張岱慶幸。

知識分子最怕的，也是最難規避的事情，莫過於降生到這個世界上，睜眼一看，時間不對，空間也不對，再退回娘胎也不可能，只有淹蹇一生的命運等待着他，那才是既恨又憾的悲哀啊！而他在 30 歲至 40 歲的最佳年齡段，受到過明中葉以後反理學、叛禮教的運動洗禮，正是在思想上有所升華，在文學上大有作為的年紀；城頭頻換大王旗，三個皇帝走馬燈似的轉場，這位算得上明末清初最有才智的中國人，掉進兵荒馬亂的動盪之中，顧命都來不及，焉談文章？老天爺不開眼，你又徒喚奈何？

本來，晚明的這次「思想解放」，是一次連啟蒙都說不上的「運動」，它與差不多同時的歐洲文藝復興簡直不可同日而語。然而，這種意識形態，恰恰是在明代嘉、隆、萬朝，經濟漸次發達，商業日益繁榮的基礎上形成的，也曾煞有過生氣的。《金瓶梅》的問世，市井文學的興起，商品消費的繁榮，市場經濟的擴大，絕非偶然事件，而是時代在進步之中的必然。張居正的改革，雖然失敗，但他的政策措施確實使王朝增加了積累。這正是一次推進處於萌芽狀態下的資本主義，走向發展的難得機遇。可是，第一，王朝太過腐敗，什麼事情也做不了；第二，文人太過墮落，只想到自己快活，而坐失與世界同步發展的良機；隨後，更為不幸的是，來自關外的、在文化上更落後的統治者，實行了完全倒退的政策，中國也就只有沉淪一途可走了。

不過，我們還是看到，即使這樣一個早產而且夭折的「思想解放運動」，在反對傳統的禮教束縛上，在反對程朱「存天理，滅人欲」的理學桎梏上，在被李贄所嘲「陽為道學，陰為富貴，被服儒雅，行若狗彘」的非孔反儒上，在標榜慾望、提倡人性、主張本真、反對矯情、追求個性上，一系列文化批判、思想裂變，對當時的人們而言，

震動還是很大的。積極的一面莫過於，在張岱身上所表現出來的離經叛道的精神、不隨俯仰的獨立人格、拒絕臣服的自我主義和傲世嫉俗的內心世界。而消極的一面，也就是放浪形骸，縱情於感官之快；淫靡放蕩，沉湎於聲色之好。這也是張岱在新的老闆當政之後，不得不狼狽應對的緣故。性格決定命運，由於精神上的清高，做不了「第一種人」；由於物質上的誘惑，也做不成「第二種人」；遂只有成為「第三種人」，眾人眼中的另類。

張岱在明末清初的文壇上，不但是一個無所不擅的「全天候」文人，還是一個身體力行，將明中葉那種「人情以放蕩為快，世風以侈靡相尚」（張瀚《松窗夢語》語）的風氣，推向極致的人物。名士之名，一是能作（口語中的那個「作」），一是能鬧。不作不鬧，如何能名？張岱就是這樣一位敢大浮華、敢大快活、敢大撒把、敢大癲狂的「敗家子」。看他《自為墓誌銘》所寫，「少為紈絝子弟，極愛繁華，好精舍，好美婢，好孌童，好鮮衣，好駿馬，好華燈，好煙火，好梨園，好鼓吹，好古董，好花鳥，兼以茶淫橘虐，書蠹詩魔」；看他《陶庵夢憶》序文所寫，「大江南北，凡黃冠、劍客、緇衣、伶工，畢聚其廬。且遭時太平，海內晏安，老人家龍阜，有園亭池沼之勝，木奴、秫粳，歲入緡以千計，以故鬥雞、臂鷹、六博、蹴鞠、彈琴、劈阮諸技，老人亦靡不為」。

其實，張岱還忘記自己有一大好：好美食。第一，他出生於美食世家。「余大父與武林涵所包先生，貞父黃先生為飲食社，講求正味。」第二，他認為，食物的本味才是感官享受的最高境界。第三，「割歸於正，味取其鮮，一切矯揉泡炙之製不存焉」。（張岱《老饕集序》）每個人都長一張嘴，但並非每個人都懂得吃。填飽肚子，叫吃本能；品出美味，叫吃文化。這就是張岱與進得北京天天吃餃子，便覺過年一般的大順軍農民兄弟的本質上的差異所在。

這位大名士，放浪至此，也許只能用「不可救藥」一詞，可以恭維他的了。他應該永遠生活在明朝，那裏才是他的精神家園。然而，他又不能死殉，因為他說他怕殺頭時疼，只好活下來做清朝的人。但活着，他始終留戀昨日的浪漫，始終懷念舊朝的風流，始終不肯臣服，始終不向新朝磕頭。

張岱之不磕頭，固然因之於他的反潮流精神，但也是他自由的天性使然。一個人精神世界的種種一切，是由這個人上溯三代的 DNA 所決定的，不會因時、因事、因人、因意識而改變，這也真是沒有辦法的宿命論。那個李自成手下的大將劉宗敏，大順軍的第二把手，也是甲申年進的北京。來自草根階層的他，進了德勝門後，第一件事，是滿北京城找了個遍，要睡吳三桂的愛妾陳圓圓；第二件事，將搜刮來的黃金，鑄成大餅子用騾馬運回家，因為對這位流氓無產者而言，這就是他朝思暮想的最高境界。從世代簪纓的豪門望族中走出來的張岱，就未必像這位農家子弟那樣。劉宗敏企羨的那些，張岱半拉眼睛都瞧不上；而張岱在意的一切，那位起義農民估計也根本無法理解。

從張岱更早的先輩開始，無不為通儒飽學，著作等身，家學之淵源，根基之縈實，自非等閒。就看他們這書香門第的高台階上，出出進進的人物，如徐渭、黃汝亨、陳繼儒、陶望齡、王思任、陳章侯、祁彪佳兄弟等人，哪一個不是文章高手？哪一個不是思想先鋒？這些時賢先進，對張岱產生的影響，是不可低估的。文化這東西，不是饅頭，多吃即胖；學問這東西，也不是老酒，多喝即醉。那是一種緩慢的積累過程，一個漸進的成熟階段。在這樣一個耳濡目染、潛移默化的環境中成長，才分極高的張岱，自然要魚龍變化，而冠絕一時。

尤其是這富貴世家，自其祖父那一代開始，即擁有私家戲班，自蓄聲伎小奚，家境之豪富，門閥之通顯，不同一般。因此，張岱在文學、在藝術、在歷史，乃至在琴棋書畫、笙簫管笛、吹拉彈唱、吃

喝玩樂等各個領域，無不精通熟諳，無不得心應手。當他早年過着精舍駿馬、鮮衣美食、鬥雞臂鷹、彈琴咏詩的貴公子生活時，凡人間所有的快活，他都由衷地去追求、去享受；凡世下所有的美麗，他都急切地去把握、去擁有。這樣一位得過大自在的人，即使跌倒，即使趴下，也不會屈下膝來，像奴才似的朝新朝磕頭。

明朝中後期，是中國文人最為放肆、最為自我，也是最為追求本真、最為離經叛道的年代。李夢陽有言：「天地間唯聲色，人安能不溺之？」袁宏道則弘揚此說：「目極世間之色，耳極世間之聲，身極世間之鮮，口極世間之談，一快活也。堂前列鼎，堂後度曲，賓客滿座，男女交舄，燭氣熏天，珠翠委地，金錢不足，繼以田土，二快活也。篋中藏萬卷書，書皆珍異；宅畔置一館，館中真正同心友十餘人，人中立一識見極高，如司馬遷、羅貫中、關漢卿者為主，分曹部署，各成一書，遠文唐宋酸儒之陋，近完一代未竟之篇，三快活也。千金買一舟，舟中置鼓吹一部，妓妾數人，遊閒數人，浮家泛宅，不知老之將至，四快活也。然人生受用至此，不及中年，家資田地蕩盡矣；然後一身野狼狽，朝不謀夕，托鉢歌妓之院，分餐孤老之盤，往來鄉親，恬不知恥，五快活也。」

張岱的一生，就是這種「五快活」的最地道的踐行者，他性之所至的那些散文作品，也可讀得出那溢出紙外的名士風流，和躍出筆墨的文人瀟灑。

浪漫的春天，屬歌唱的詩人；嚴寒的冬日，適合做學問的學者。而明末清初的張岱，恰巧經歷了冰火兩重天的考驗，也造就了他在為文和治史的兩大領域中，獲得斐然的成就。

張岱之文，似粗疏而意境精緻，似膚淺而思想深刻，似不經意間而見其心胸擘畫，似率性揮灑而惜墨如金。晚明文人小品文極多，多着重個人感受，張岱作文只是在摹寫客觀的人、事、物、景，偶涉自

己，也是閒中落筆，超然物我。呈現給讀者的，是一個豐富多彩的世界。以他《湖心亭看雪》一文為例：「霧淞沆碭，天與雲與山與水，上下一白。湖上影子，唯長堤一痕、湖心亭一點、與余舟一芥、舟上人兩三粒而已。」就其中一連串的「一」，活生生跳入眼簾，烘托出美不勝收的西湖。這些本來極無味，也極無趣的數字，卻起到點石成金的效果。讀他的書，其隨便的筆墨，其任意的文字，其雋短簡約的詞語，其明麗精俏的行文，其興之所至的感想，其情致益然的興趣，處處可見，極耐玩味。

他的兩部小品文集，一曰《陶庵夢憶》，一曰《西湖夢尋》，書名中的這兩個「夢」字，看得出來是他失去所有一切以後的反思。斯其時也，先生老矣，一瓢米，一把豆，必親自勞作，方得果腹；一畦菜，一圃苗，必跋涉田間，方得收穫，淪落困頓，無以為生，布衣蔬食，常至不繼。也就只有這殘存在記憶裏的夢，是他僅有的慰藉了。

從他的《三世藏書》一文，約略知道他在這動亂年月裏，是怎樣走上人生末路的。「余自垂髫聚書四十年，不下三萬卷。乙酉避兵入剡，略攜數簏隨行，而所存者為方兵所據，日裂以炊煙，並舁至江干，籍甲內擋箭彈，四十年所積，亦一日盡失。此吾家書運，亦復誰尤？」然後就是他在《自為墓誌銘》中所寫的景況：「年過五十，國破家亡，避跡山居。所存者，破床碎几，折鼎病琴，與殘書數帙，缺硯一方而已。」

不過，他沒有頹喪，也沒有噤縮。清朝溫睿臨撰《南疆逸史》，曾讚美其晚年著史立說的成就：

　　山陰張岱，字宗子，左諭德元忭曾孫也。長於史學。丙戌後，屏居臥龍山之仙室，短檐頹壁，終日兀坐。輯有明一代紀傳，既成，名曰《石匱藏書》。豐潤谷應泰督學浙江，

聞其名，禮聘之，不往。以五百金購其書，慨然曰：「是固當公之，谷君知文獻者，得其人矣！」岱衣冠揖讓，猶見前輩風範。年八十八卒。

這部 220 卷紀傳體明史，張岱五易其稿，九正其訛。清朝毛奇齡曰：「先生慷慨亮節，必不欲入仕，而寧窮年厄厄，以究竟此一編者，發皇暢茂，致有今日。此固有明之祖宗臣庶，靈爽在天，所幾經保而護之，式而憑之者也。」至於谷應泰的《明史紀事本末》，是不是就是張岱的《石匱藏書》？說法不一。紀昀的《四庫全書總目提要》、陸以湉的《冷廬雜識》，均持此說。姑置知識產權的爭議不論，張岱以垂暮之年、以衰邁之力、以飢餒之逼、以孤難之境，給他夢中的故國立傳，說明這位大名士的真愛所在、衷情所繫，這才是讓我們肅然起敬的。

這也許就是中國人最難得的一種精神了。精神在，志彌堅，享米壽，節不墜，名士末路，余馨長存，足矣！

金聖歎破規矩

金聖歎（1608—1661）

明末清初文學家、文學批評家，蘇州吳縣人。他的主要成就在於文學批評，對《水滸傳》《西廂記》《左傳》等書都有評點。

在中國讀過一點古典白話小說者，無不知道金聖歎。

金聖歎，第一快人也，第二狂人也。他的死，細細考究起來，恐怕也就死在他的「快」和「狂」上。

狂，常常是遭嫉致禍的根本。而金聖歎，還由於他個人性格上那種追求快人快語、「不亦快哉」的「快」，加速了他的死亡。

金聖歎真「狂」，之所以「狂」，是因為他真有才氣。不但他自己這樣看自己，反對他的人也這樣看；有人也許偏不這樣認為，可不得不承認社會輿論「盛讚其才」的事實。有才氣的人，無論過去現在，往往恃才情而不通世情。金聖歎在別人眼裏，便是一個落落寡合、目中無人的「怪物」。

金聖歎之死，說起來十分的莫名其妙，魯迅先生說得好：「就事論事，倒是冤枉的。」當時，連反對他的人，也覺得「不以其罪」枉殺為憾。但為什麼大家非要他死不可？說了歸齊，就是他太不買這

個社會秩序的賬，因為金才子的行為舉止，完全不合乎規範操作的要求。

稍稍狂一點，或許能被容忍；狂大發了，誰也不放在眼裏，就要捱收拾了。

金人瑞，字聖歎，本名采，字若采，江南吳縣（今江蘇蘇州）人。明諸生，入清後絕意仕進，偶應科舉，不過玩票而已。他是以評點見長的中國特色的文學評論家，所謂「評點」，就是在正文下用小於正文的字，發表看法；在正文旁用紅色的小圓圈，表示對這一段或這一句的讚賞。前一做法曰「評」，後一做法曰「點」。意猶未盡，則在正文的前後，再對自己的觀點，加以闡揚。金聖歎不是最早使用這種評論方法的文人，但他卻是將這種評點，上升到具有學術權威的有功之臣，而且，他本人又是一位集大成的評點專家，一生好衡文論書，常發宏論，將《水滸傳》《西廂記》與《離騷》《莊子》《史記》《杜工部詩》並列為「天下六才子書」。他也以評點《水滸傳》《西廂記》著稱於世。

我以為，他的死，這一條最重要，但似乎哪位審判官都不願明説的罪狀，就是他把《水滸》抬到與《莊》《騷》等量齊觀的才子書地位，悖背了已被社會認定了的「孔孟之道」，推翻了數千年已成封建社會命根子的儒學正宗。《四書》《五經》，經史子集，竟比不上講強盜的演義小説，豈有此理？在有皇上的時代，一位不官不民的文人，擅自發佈作品排行榜，亂作評斷，顯然被認為是信口雌黃、妄自尊大。這就太犯規了，可謂罪之一。

若以今天的觀點看，他這股文學上的勇鋭之氣、非同凡響的識見，是值得讚許的。但在那個社會裏，從他嘴裏説出來的這番真知卓識，就要引起大家物議了，因為中國人習慣於人微言輕，只有上頭的精神才是金科玉律，只有皇上的聖旨才是金口玉言，唯上唯官，不管

對錯，遑論真假，都是虔信不疑的。但你金聖歎算哪方神仙，敢大言不慚地做出這種判斷？這就太犯忌了，可謂罪之二。

不是說《水滸傳》不能過高評價，而是這句話出自草野之人金聖歎之口，不行。若是在這「寶塔式」的秩序架構中，一個比金聖歎聲名更顯赫的廟堂人士講出來，大家就會當作至理名言了。當然，官方未必贊同這部提倡造反的書，所以也就沒人講。金聖歎作此驚人之語，不但是與當局找彆扭，也觸犯了那些有資格發言而不發言的級別高、資歷深、一言九鼎的人士。這就太狂妄了，可謂罪之三。

在等級制尤其家長制的社會裏，誰率先走在前面，誰緊跟尾隨在後面；誰先開口講話，誰後發表意見；誰先畫圈，誰先拍板；誰先舉杯，誰先下筷，那鐵的秩序是不容破壞的。連梁山泊眾弟兄，別看平時大碗喝酒，大塊吃肉，一到忠義堂，還是要排出座次的，「黑旋風」李逵再粗魯，也不會大模大樣坐在「及時雨」宋江的交椅上。為了確定盧俊義和宋江的一二把手的位置，消滅了祝家莊數百口人，這算什麼混賬邏輯？因為，任何僭越行為，例如你越過應該在你上面的那個人，不但上面那個人不答應，下面的人也不允許，破壞遊戲規則那是誰都不會原諒的。

於是，自以為可以不受這種遊戲規則約束的金聖歎，活了 54 歲，就把腦袋玩掉了。

沒有辦法，誰讓金聖歎是個大才子呢？才子的最大通病，就是按捺不住要表現自己。不該講的話，按捺不住要講出來；不該寫的文，按捺不住要寫出來；最後連他這個人，也是在不該跳的情況下，按捺不住要跳將出來。這種情不自禁的表現慾，如孔雀的尾羽、獵豹的斑紋，倒成了招災惹禍的根苗。

看吧，他們總是要跳出來的，果然也就真跳出來了，那就請君入甕！金聖歎一冒頭，就讓人逮個正着，隨即大倒其霉，還沒等他醒過

味來，「咔嚓」一聲，人頭已經落地了。

細琢磨，也奇怪，金聖歎是反清人士，清朝的順治皇帝死了，與他何干？這個金聖歎跑去哭哪門子廟呢？

魯迅先生在《談金聖歎》一文中說：「談起清朝的『文字獄』，也有人拉上金聖歎，其實是很不合適的。他的『哭廟』，用近事來比例，和前年《新月》上的引據三民主義以自辯，並無不同，但不特撈不到教授而且至於殺頭，則是因為他早被官紳們認為壞貨了的緣故。」很大程度上，倒是他自己跳出來找死的。

清朝的皇帝，凡駕崩，傳文各地後，官吏士紳循例要到當地萬壽宮或廟宇等處哭奠，稱哭廟，以示效忠和弔唁之意。而清朝各地道觀中，都有供奉皇帝萬歲牌的生祠，叫作萬壽宮。據此判斷，金聖歎去哭順治皇帝的這座廟宇，大概是現在蘇州市城區最繁華地段的玄妙觀。

從金聖歎寫過的《晝寢女道士》《中秋夜戲贈女道士》《戲作留贈女冠》幾首算不得香豔的詩看，當時的金聖歎，未必稱得上性解放主義者，但也是個狂放不羈的風月中人。此人除好飲酒外，對女人大概也有興趣，除良家婦女外，廣泛涉獵女道士、女尼。比他早半個世紀的李卓吾收女弟子，已很被自以為正經的人大加疵議。金聖歎跑到道觀裏，堂而皇之地在女道士房裏睡午覺，可見江南士紳們視他為壞貨，也是有理有據的。像他這種性放縱的行為，即使當今頗有新潮風氣的青年作家，也是瞠乎其後的。後者至多敢偷偷摸摸找「三陪」小姐，還得佯稱是為了體驗一下生活。

在中國，凡才子都自命風流，好像洋才子也一樣。看普希金、看喬治桑，那份浪漫，真令我們羨慕，中國至今沒有超過《紅樓夢》水平的愛情小說，最根本的原因，是中國作家有幾個擁有過轟轟烈烈的愛情呢？外國作家的風流故事，一串一串的，而中國作家中僅有的一

點男女苟且之事，則相形見絀了。這是由於在規行矩步的封建社會裏，男女情愛，稍稍出格一點，都會被視作要墮入阿鼻地獄的罪行。所以，反對金聖歎的人就拚命在這一點上著文詆毀他，說什麼「蘇州人述其邪淫之事尤多」，還說他「嘗奸有服之婦人」，「誘美少年為生徒」。即使果真如此，又如何呢？

不過，從這些詩，知道他能在女道士房間裏的床上休息，可見來往密切，因此他到玄妙觀哭廟去，是不是有點弗洛伊德因素，想在漂亮的女道士面前露一手，也未可知的。文人一抓住能在異性面前表演的機會，無論老者少者，在性激素的催情作用下，便禁不住要搔首弄姿、引人注目了。這也是古今通病。

金聖歎大可不去的，既然鼎革以後，辮子留起，可心中仍矢忠於那個弔死煤山的崇禎，連名字都改了，叫金人瑞，標榜自己為「明末遺民」，那麼，又有什麼理由去為新朝的順治皇帝號喪哭奠？但他在家裏怎麼也坐不住。踱了幾個圈後，到底還是馬褂長袍，國喪冠戴，素色小轎，面帶哀容，沿着現在蘇州的觀前街，去趕這份熱鬧。

蘇州是個小城，直到今天也不大，三步兩步，他就趕到現場。

這位老兄，除了 50 歲男人的那顆蕩漾不起多大漪漣的春心外，還有一種難得知己的慷慨在胸膛裏湧動。我想他會這樣來尋找心理平衡的：要是別的什麼皇帝，我這遺民也許就沒有這份積極性了。但愛新覺羅・福臨，卻是非哭不可的，因為這位聖上曾經對幾位翰林院大學士說過，金聖歎的著述，非尋常文字，你們要好好看看，不能一概而論。於是，由於這份知遇之恩，他必須去對大行皇帝痛痛快快地哭一鼻子不可。

如果他沉住氣，不去，諒不至於弄到殺頭的地步。雖然，他的狂妄讓人覺得有收拾他一下的必要，但也不會要他的命。結果他哪裏知道，這一去，自投羅網，走上了不歸路。

　　明亡以後，新的統治者也沒有把他放在眼裏，一級作家太多，他這二三級作家，自然不顯眼了。但他自視甚高，風流倜儻，議論風生，因此也一直不怎麼買新朝的賬。雖然他把《水滸傳》抬到天高的地步，可在朝廷和正經搞學問的大儒們看來，它終究是野狐禪之類。他在當時，既不如黃宗羲、顧炎武、王夫之那樣擁有「學界泰斗」的名氣，也不如周廷瓏、屈大均等輩拒絕清廷召聘，堅貞不屈，令人景仰。金先生失落之餘，只好閉門家居，以著書立說自務，偶有興致，醉唱歌哭，聊作癲狂，看他《不亦快哉》的自述，日子過得應該可以說是愜意的，但精神上不快活卻也是事實。

　　有一次，他去南京應會試，以《如此則動心否乎》為題作文，寫到最後：「空山窮谷之中，黃金萬兩，有美一人，試問夫子動心否乎？曰：動動動……」他一口氣連寫了 39 個「動」字，表演了一通大大的玩世不恭。我想任何一位考官，批閱到這份卷子時，不氣得鬍子飛起來才怪。用這種遊戲文字侮弄當道的做法，說明他對新政權的抵觸情緒何等激烈；拿今天的時髦話語來說，拒絕投降的意志，是多麼堅決。

　　但中國的文人們，從來是說歸說，做歸做，並不總那麼言行一致、心口如一的。當面拒絕投降、背後輸誠納款，表面光明磊落、內裏蠅營狗苟，直到今天，依然如此。金聖歎剛剛寫完「不曾誤受秦封號，且喜終為晉逸民」的詩句，表明與新朝劃清界限；墨跡未乾，聽到順治帝誇他文章如何如何佳妙之後，馬上忘了矢志不渝的誓言，立刻磕頭燒香，山呼萬歲，深感皇恩浩蕩。

　　其實，順治誇他文章，也不過是傳聞而已，是否屬實，兩可之間。但文人一聽到對自己文章的好評，從來見風就是雨的。他很當真地在《春感八首》裏，做了好多美夢，把一個自稱「遺民」的人對新朝感激涕零的面目，刻畫得絲絲入扣，那卑微的心理狀態，也真是可

憐兮兮得很。

> 順治庚子正月，邵子蘭雪從都門歸，口述皇上見某批才
> 子書，論詞臣，「此是古文高手，莫以時文眼看他」等語，家
> 兄長文具為某道。某感而淚下，因北向叩首敬賦。

文人比《水滸傳》裏的好漢，更容易接受招安，統治者只要將
肉骨頭晃晃，他們馬上就會搖尾巴的。知識分子的氣節，在動亂年代
裏、在板蕩歲月中，往往是最經不起嚴峻考驗的。變節失身，賣國求
榮，俯首稱臣，搖尾乞憐，一部《二十四史》中，比比皆是。就看明
末清初，比金聖歎名氣大得多的文人，如錢謙益、吳偉業、周亮工、
侯方域、龔鼎孳之儔，很快地變換旗幟，剃髮蓄辮，胡服左衽，迅速
地與昨天還要誓死抵抗的異族統治者，或同流，或合污，或苟延殘
喘，相比之下，金聖歎只是去哭哭廟，就算不得什麼了。

這時，金聖歎到了玄妙觀門口，撣一撣馬蹄袖，理一理方巾帽，
從轎上下來，有一種掩抑不住暗自得意的神氣。與所有與會者不同的
是，獨他是受到過這位大行皇帝賞識的作家。當他環顧左右一臉驕矜
的時候，很顯然，他的自我感覺簡直好得不能再好。那臉上的表情分
明道出了他心裏想說的話：敢問在座諸公，哪一位能這樣承蒙聖眷，
獲此殊榮呢？

老實說，在玄妙觀裏哭廟的眾人間，真是無一人站出來，回應這
位才子的挑戰。

金聖歎評點的《水滸傳》，魯迅先生是不大以為然的，「他抬起小
說傳奇來，和《左傳》《杜詩》並列，實不過是拾了袁宏道輩的唾餘」。
其實，袁宏道也是承接着李卓吾的「唾餘」，比金聖歎早半個世紀的
李卓吾，也是個狂人，且比他狂得更狠些。袁宏道說：「若無卓老揭

出一段精神，則作者與讀者千古俱成夢境。」

　　不知道外國文學中，是否也有中國這種與作品同時並進的文學批評？我曾經猜測過，評點是中國漢字大量印刷前，依賴抄書匠一筆一畫的勞作時的餘興節目。猶如西方中世紀教堂地下室裏，在羊皮書上抄寫《聖經》《福音書》的教士，用鵝毛筆對每一章節前第一個拉丁字母，所作的花飾一樣，是同樣性質的自我表現。邊抄邊議，本是職業謄寫者的消遣，但到了文人手裏，評點便具備了文學色彩，由於以金聖歎為代表的評點派，不但將不登大雅之堂的通俗文學作品，推崇到與官方正統讀物平起平坐的地步，而且，作為文學批評方式的一種，中國式的評點在文學史上的地位也被確立下來。

　　魯迅一談起金聖歎，搖頭之餘，總忘不了舉一個例子，就是許褚赤體上陣，中了好幾箭後的評語：「誰叫你赤膊。」其實這句給先生留下深刻印象的話，並非金聖歎所言，而係評點《三國演義》的毛宗崗父子借名假託的。可見，金聖歎在評點領域中，是位扛鼎人物，連魯迅先生也被搞糊塗，誤以為是他說的。

　　金評《水滸傳》，不少酸腐，頗多牽強，可他的真知卓識，也令人茅塞頓開，使讀者重新認識《水滸》的佳妙之處。看得出，他讚賞梁山好漢，說到底，內心深處是主張他們造反的，因為他同樣對朝廷不滿。而文人不滿，能有什麼作為？至多是字裏行間，發發牢騷，關起門來，腹誹而已。知識分子雖然很容易不滿，也愛不滿，但絕不敢太不滿的，尤其不可能像石碣村「阮氏三兄弟」那樣殺人越貨、嘯眾起義、落草江湖地表示不滿。所以，知識分子靈魂中那根不敢造反的弦，始終在起作用。這樣，贊成造反，可不敢肆意地宣揚造反；反對貪官，絕不能反對皇帝。最終金聖歎只有腰斬《水滸》，招安一途了。

　　他只能這樣評、這樣改，這就是金聖歎評《水滸傳》時的心理矛盾。雖然他的良知使得這支評點之筆，不能為貪官污吏組成的朝廷唱

頌歌，因此，他不敢直言不諱地道出「罪歸朝廷，功歸強盜」，但卻能大聲疾呼：「蓋不寫高俅便寫一百八人，則亂自下生出；不寫一百八人，先寫高俅，則是亂自上作也。」這在那個死水般的封建社會裏，說出「官逼民反」的癥結所在，也算得是振聾發聵了。高俅，何許人也？皇帝身邊之親信也，親信既然成為動亂之源，那麼皇帝在扮演一個什麼角色呢？就衝這一點給老百姓的啟示，金聖歎也就不會被統治者所容忍了。

一部中國文學史上，要沒有這些被主流排斥、具反叛精神的文人，不那麼循規蹈矩，搞一點亂、唱一點反調，存心和大人先生、官長老爺、權威人士、丘八將軍們過不去，而落得掉腦袋、進法場、滿門抄斬、充軍烏蘇里台，那文學史也不免太死氣沉沉了。

自殺的李贄（1527—1602）和他殺的金人瑞（1608—1661）似乎是一部上下集電視連續劇裏輪流擔綱的主角。雖然在文學史上的地位不同，但在把生命搭在了自己的狂上，卻有相同之處。我們讀文學史，會看到狂人多，熱鬧也多，文采也盛。雖然傻狂，也真是讓人受不了，儘管如此，文人的狂狷，對文學的進展，還是有一定推動作用的。若是作家成為一個個等因奉此的員司、照貓畫虎的文書、點頭哈腰的衙役、失去陽具的閹豎，唯長官意志，做帝王玩物；寫奉命文學，當御用文人，那文學沒準兒就停滯不前、黯無聲息，倒恐怕是更大的悲哀了。

現在，還能看到金聖歎的墨寶，是 1648 年寫就的：「消磨傲骨惟長揖，洗髮雄心在半酣」，筆力雄渾，形體肥厚，具有一點東坡風骨。在此前一年，抗清英雄陳子龍、夏完淳殉難，這都是發生在江南一帶他身邊的南明悲劇，使他復國之望完全破滅。尤其「十五從軍，十七授命，生為才人，死為鬼雄」的夏完淳之死，更令他心灰意冷。所以，按照他手跡中的消極情緒來推斷，他不會有心情去尋釁鬧

事的。

中國的知識分子，受到先天的軟弱性所制，從來不是很富挑戰精神的。金聖歎在明朝就有懷才不遇之憾，新朝又不倚重他，儘管他對當局不滿之極，也只是待在家裏，一壺老酒，一碗濃茶，關起門來罵皇帝罷了。所以他跑去玄妙觀，發表演說，支持諸生的逐官運動，確實有很大的偶然性。

據清朝王應奎的《柳南隨筆》載：「大行皇帝（按指順治）遺詔至蘇，巡撫以下，大臨府治。諸生從而訐吳縣令不法事，巡撫朱國治方暱令，於是諸生被繫者五人。翌日諸生群哭於文廟，復逮繫至十三人，俱劾大不敬，而聖歎與焉。當是時，海寇入犯江南，衣冠陷賊者，坐反叛，興大獄。廷議遣大臣即訊並治諸生，及獄具，聖歎與十七人俱傅會逆案坐斬，家產籍沒入官。」

當時蘇州的縣令任惟初，史稱「酷吏」，加之「不法」，顯然是一個不得人心的混賬官僚，諸生們上揭帖，要求將其逐出蘇州。諸生，相當於大學生；揭帖者，也就是後來的大字報或小字報。看來，這是那時的學潮了。誰知巡撫朱國治偏護這個下屬，頭一天抓起五個鬧事者，殺雞給猴看。這下子，惹起公憤，第二天正好哭廟，諸生百餘人集中在此，群情沸騰，準備大鬧。

金聖歎是位按捺不住的快人，在這樣的場合下，他跳出來仗義執言，是再正常不過的了。第一，他從來不會站在維護官府的立場上，因為非御用文人總有一種反主流的天然傾向。第二，他有打出順治這張王牌的資格，胸有成竹，以為國喪期間，誰也不敢把皇帝看中的他怎樣。第三，作為文士，對於諸生們的正義要求，不可能置若罔聞。反對貪官污吏，他不會不認同，這就是所謂的使命感和責任感了。

至於那些女道士的存在，會不會使他的丹田附近生出一股陽亢之氣，使得他不放過這個出風頭的機會？也不是沒有可能。他要是稍為

沉着些，不那麼迅即反應，也許太平無事，哭奠以後，回家喝老酒不誤。但他經不起諸生們的慫恿：金大師，你要不出來講話，誰講話？你要不主持公道，誰主持公道？你要不替我們青年學生做主，誰給我們做主！金聖歎錯就錯在他的「快」上，不但不三思而後行，一思也不思，腦袋一熱，向萬歲牌磕了個頭，便發出伸張正義的聲音：

「我抗議 ——」

你抗議，管個屁用！官員們會把你金聖歎當回事！

歷來學潮的組織者，常以人多勢眾、把事情搞大，來脅迫統治者接受條件的做法，並不是很靈的。當權者會怕你們這些手無寸鐵的文弱書生、螳臂擋車的血肉之軀？這往往促使他們下狠心加以瘋狂地鎮壓。這位巡撫才不在乎金聖歎，一聲令下，給我統統抓起來！在他心目裏，這個挑頭的壞貨，早就打算收拾的了，既然跳將出來，也五花大綁地押走了。

金清美的《豁意軒聞錄》，寫了這位才子的結局：「（金聖歎）棄市之日作家書，託獄卒寄妻子，臨刑大呼曰：『殺頭至痛也，滅族至慘也！聖歎無意得此，嗚呼哀哉，然而快哉！』遂引頸受戮。獄卒以信呈官。官疑其必有謗語，啟緘視之，上書曰：『字付大兒看，鹽菜與黃豆同吃，大有胡桃滋味，此法一傳，我無遺憾矣。』官大笑曰：『金先生死且侮人。』」

看來，這位狂人，這位快人，玩世不恭，一直到死，也不改分毫。

也有一說，金聖歎往刑場的路上，大呼：「斷頭，至痛也。籍家，至慘也。而聖歎以不意得之，大奇！」於是一笑受刑，這幾句話，倒也很具有他評點《水滸傳》的潑辣灑脫的風格。

吳偉業懺悔

吳偉業（1609—1672）

字駿公，晚號梅村，又號鹿樵生，明末清初詩人，江蘇太倉人。官至國子監祭酒。擅長七言歌行，終自成新吟，形成「梅村體」。被奉為「江左三大家」之一。

每年秋後，總有一位不請自來的客人，在我家後院的角落裏，煢然存活。那雖沒有什麼氣力，但相當專注的啁鳴，常常堅持到冬天的來臨。每當我在呼嘯的寒風裏，貼着玻璃窗，傾聽這隻蛐蛐的聲音時，生命力的堅韌總使我有所觸動，不禁想到明末清初詩人吳偉業的名句：「為當年、沉吟不斷，草間偷活。」

詩人的這名句很酸楚、很淒涼，每吟，心必為之動，尤其對有過「草間偷活」體驗的我來說，更甚。可以想知，在「江左三大才子」之中，吳偉業應該是活得最「苦」的一位。我說的這個「苦」，並不是他自稱的「無一刻不歷艱難，無一境不嘗辛苦」的「苦」；而是他在無時無刻對於靈魂那自審自讞的懺悔之「苦」。

能進行痛苦的自責，是一種高尚的情感。凡是能夠進行懺悔的人，那心靈的澄淨，實在是難能可貴。中國人，通常不怎麼懺悔；中

國文人，則尤其缺乏懺悔精神。在西方文化史上，遠一點的有聖奧古斯丁的《懺悔錄》，近一點的有盧梭的《懺悔錄》；而在數千年的中國文學歷程中，幾乎找不到一本類似的著作。中國文人甚至不如中國皇帝，他們在混不下去的時候，還不得不下罪己詔。吳偉業的恩主崇禎，疆土日蹙，內亂頻生，日子很不好過，也曾涕泗滂沱地幹過這椿事。但是，有些中國人，錯了也不認賬，不但不認錯，還賴賬，還推諉，還狡辯，還倒打一耙；更有甚者，竟認為他錯得正確，這已經是這個民族的痼疾。

因為人之對人，只有在把別人也當人的情況下，才有平等可言。唯其平等，才有對對方的尊重；唯其尊重，才在傷害了對方以後，痛恨自己的不是，才會生出懺悔之情。魯迅先生在《狂人日記》裏寫過：「我翻開歷史一看，這歷史沒有年代，歪歪斜斜地每葉上都寫着『仁義道德』幾個字。我橫豎睡不着，仔細看了半夜，才從字縫裏看出字來，滿本都寫着兩個字是『吃人』。」在這樣一個「吃人」的社會裏，你能指望那個「吃」你的人，會對你生出什麼懺悔之心嗎？你已經成為他咬嚙咀嚼的食物，他有必要朝你說「對不起」或者 I'm sorry 嗎？

西人把 sorry 掛在嘴邊，並不意味着他當真地從心底裏，有這份 sorry 之心。但中國人就連這一點點表示，說與 sorry 相似之義的「對不起」，出現頻率也是相當之低的。有的人，尤其是有點身份、有點地位、有點權勢的人物，哪怕是千真萬確的錯了，也是鴨子死了嘴巴硬，不肯向被害者承認自己的不是。而最匪夷所思的是，哪怕絕大部分是錯的，他也能咬住那極小的一點對，理直氣壯地說他正確，無比正確，正確到不能再正確，讓大家向他喊「烏拉」！

其實，封建社會中的文人，江山易色，不得不胡服左衽；朝代更迭，不得不剃髮蓄辮。為苟安計，不得不與故主拜拜；為活下來，不

得不為新朝效力，常常處於改換門庭的兩難境地。一部《二十四史》，每一史的結尾部分，都少不了貳臣傳之類的章節。但沒有一個失節者，能如吳偉業這樣痛悔，「我本淮王舊雞犬，不隨仙去落人間」，因此，「草間苟活，沉吟不斷」的他，深知自己「浮生所欠只一死」。

他是一直懺悔到死，甚至死，也在努力贖愆，還精神和感情的債，還道義和良知的債，還故國和故主的債。他有一首《賀新郎·病中有感》，道出心聲：「萬事催華髮，論龔生、天年竟夭，高名難沒。吾病將難醫藥治，耿耿胸中熱血。待灑向、西風殘月。剖卻心肝今置地，問華佗解我腸千結。追往恨，倍淒咽。　故人慷慨多奇節。為當年、沉吟不斷，草間偷活。艾炙眉頭瓜噴鼻，今日須難決絕。早患苦、重來千疊。脫屣妻孥非易事，竟一錢不值、何須說！人世事，幾完缺？」儘管相隔數個世紀，字裏行間，仍能讓人體會到那種愁腸千結的苦痛。

吳偉業出身書香門第，自小聰穎早慧，好學不倦，後拜在名師張溥門下，文章大進，筆墨嫻熟。1631 年（崇禎三年），他到南京應鄉試，中舉，名列十二。次年進京，參加會試，得第一。接着殿試，皇帝欽點為一甲二名進士，即「榜眼」。接下來，授翰林院編修。隨後，崇禎出面，賜假回里，洞房花燭，真是如其宗師所褒譽的，「大登科後小登科」，「天下好事皆歸子」了。他也很得意，得意難免忘形，他評價自己為：「陸機詞賦，早年獨步江東；蘇軾文章，一日喧傳天下。」他是極具才華、極富學問，同時又極擅科舉應試的全才。考中狀元者，未必做得文豪；做得文豪，很難考得狀元。吳敬梓、金聖歎、曹雪芹、蒲松齡，恰恰都是科場上的名落孫山者。二律背反，勢難兩全，八股文作多了，性情文字難免生澀凝滯，腦袋裏裝滿了論、表、詔、誥、判、策之類應試制藝，詩詞歌賦的絕妙靈感，也就找不到立足生根之地。這也是今天那些削尖腦袋熱衷做官的作家，再也別

指望他寫出好作品的原因。以今譬古，能憑真本事贏得科舉，又憑真才華成為大師者，肯定少之又少，只有吳偉業，是這樣一個佼佼者。

那幾年間，他可是一顆冉冉升起的明星，為世人矚目。他的連捷高中，他的奉旨完婚，他的翰林高就，他的講學東宮，也使得滿朝文武驚詫、藝苑杏林豔羨。

舊時中國的士，十年寒窗，囊螢刺股，連做夢也忘不了的雙重心結，一是高第入仕，衣緋着紫；二是文章翹楚，領袖群倫。於是在當時江左的文壇，錢謙益、吳偉業、龔鼎孳並列為「三才子」。不過，若就純文學的意義而言，吳偉業和錢謙益，至少是不相上下的。紀昀在《四庫全書總目提要》裏，對吳偉業評價很高，說他的詩「格律本乎四傑，而情韻為深；敍述類乎香山，而風華為勝」。清朝趙翼在《甌北詩話》中，進一步原諒了他：「梅村當國亡時已退閒林下，其仕於我朝也因薦而起，既不同於降表僉名，而自恨濡忍不死，局天蹐地之意，沒身不忘，則心與足跡尚皆可諒。」要是從道德角度衡量，那麼，鼎革之際的表現，吳偉業勝於錢謙益，更勝於龔鼎孳，是毫無疑義的。

但具體到每個人，狀況又不盡類似。錢謙益是一個政治化的文人，深陷政治漩渦；龔鼎孳是一個市儈氣的文人，熱衷投機轉蓬；吳偉業則是一個更純粹些的文人，生性怯懦，又體弱多病，努力想躲開政治，可是政治偏偏不放過他。這倒也不光是他個人的悲劇，而是中國文人幾乎躲不掉的共同厄運。皇帝老子要是跟你過不去的話，肯定是一竹竿打翻一船人，你在這條船上，想不成落湯雞也難。時代要跟你彆扭的話，如托爾斯泰所言，在鹽水裏煮三次，在鹼水裏煮三次，弄得你人不人，鬼不鬼，也不是沒有可能。不過，錢謙益自尋是非，龔鼎孳自討沒趣，吳偉業在劫難逃，明白這點差別，也就理解他為什麼「草間偷活，沉吟不斷」了。

　　吳偉業的故事講到這裏，對他一生起到了重要影響的兩個人，就該出場了。

　　一位是他的老師張溥，一位是他的親家陳之遴；前者使他捲入了明崇禎朝的黨爭，後者使他接受了清順治朝的徵召。這雖是兩起相隔多年、毫不搭界的事件，但就吳偉業個人而言，一是二十多歲時介入黨爭，二是四十多歲時的仕清三年，都是性格決定命運的必然結果。

　　張溥為文學家，我記得中學語文課本中，就選有他的《五人墓碑記》，那是一篇相當慷慨激昂的散文。但他更願意附庸政治，要當一個政治活動家。崇禎初年，清除閹黨，昭雪東林，言路放寬，政策鬆動，給了知識分子一點自由，張溥便利用這個機會成立復社，議論朝政，針砭時弊，雌黃人物，評斷是非，儼然有點反對黨的味道。一般來說，文人玩不得政治，即使像張溥這樣還玩出一點氣候者，最後也以栽跟頭而告終。

　　張溥把復社的全部希望寄託在這位弟子身上，而吳偉業也被老師的熱忱所推動，一是年輕，二是憂國憂民，三是士大夫要為天下先的精神，使他很快進入狀態，站在了朝廷中派系鬥爭的第一線。說實在的，他遠不是鬥士，而且也做不來鬥士，可是成功太快，頭腦膨脹，難免虛火上升。少年氣盛的他，一瞬間竟以為自己果然是鬥士了。上書陳詞，面折廷爭，甚至藉着崇禎召對的機會，「進端本澄源之論」，將政敵狠狠告了一狀。據說，他那番聲情並茂的廷上陳述，大有文明戲中言論小生的慷慨激昂勁頭，令小他一歲的崇禎帝，聽得入神，不禁為之動容。

　　知識分子以求自由為己任，自由來了以後，往往得寸進尺，要求獲得更大程度的自由。可皇帝不是慈善家，這隻手給你自由的時候，另外一隻手也就準備着收回自由。更何況崇禎是個三翻四覆、夕改朝更的人呢？接着吳偉業從復社被猜疑、張溥被檢控、黃道周被貶謫、

楊廷麟被外放等昭示的山雨欲來之勢，預感到九朝門內、天子腳下，不是他待的地方。本不是鬥士的他，乾脆當逃兵，撤啦！

於是，他到南京雞籠山，就國子監司業的那份閒差，雖是冷板凳，但離開了京城的險惡漩渦，至少晚上能睡個安生覺。

從他事後一首《送何省齋》五言古詩所寫：「夜半話掛冠，明日扁舟繫。問余當時年，三十甫過二。採藥尋名山，筋力正強濟。濯足滄浪遊，白雲養身世。長放萬里心，拔腳風塵際。」似乎還有炫耀其覺悟不晚之意，其實，「拔腳」即北京話的「撒丫子」，撒開「風塵」中的戰友，單獨開溜，好像並不是光彩的事。

我一直在猜想，放他走，應該是崇禎的決策。在收拾了好幾個復社同黨後，崇禎居然沒有對他採取措施，而且另闢出路，使其擺脫困境。我總感覺，這種獨獨賜予的關照，很可能是因為 1610 年出生的崇禎，對 1609 年出生的吳偉業，存在着一種同齡人的惺惺相惜的情感。

他二十多歲，連捷高中，為明崇禎四年一甲二名進士，立為世人矚目。這也是剛登基不久的崇禎，對他十分賞識，並加以回護的原因。平心而論，崇禎不是太好的皇帝，但對他可謂恩重如山。崇禎四年會試，發生一場科場糾紛，主持考政的周延儒被政敵攻訐，說他左袒吳偉業，還未放榜，就高中首元。沸沸揚揚，不可收拾。幸好年輕的皇帝親自出面，御筆在吳偉業的試卷上批了「正大博雅」四字，定了調子；寫後，再給他打氣，又補上「足式詭靡」四字。這一句「天語褒揚」，令反對派再也不敢說一個字。隨後，又賜這個新科榜眼，「馳節還里門」，合巹完婚。

這無上榮光，吳偉業就是在遺囑《與子璟疏》中，也念念不忘：「不意年逾二十，遂掇大魁，福過其分，實切悚慄。時有攻宜興（即周延儒）座主，借吾作射的者，故榜下即多危疑，賴烈皇帝保全。並

給假歸娶先室程氏」。接下來，寵遇連連。

崇禎九年，崇禎簡命他為湖廣鄉試主考，那時他僅28歲，可見其受信任的程度。十年，更高看一眼，命他為東宮講讀，這是要在將來派大用場的儒學之士，才能坐上的位置。十一年，皇太子出閣，就讀於文華殿，崇禎帝臨場視學，親自垂問《尚書》大義。吳偉業講畢，獲賜「龍團月片，甘瓜脆李」。後來，吳偉業從北京調到南京。崇禎十三年，他所景仰的大名士黃道周被杖繫獄，他即派監中生員涂某前往營救。此人到京後上書崇禎，有不敬語，惹下大禍。他在《與子璟疏》中也提到此事：「塗上書觸聖怒，嚴旨責問主使，吾知其必及，既與者七人，而吾得免。」在這起案件中，被追究者皆受處置，但崇禎對他額外開恩，竟將其輕輕放過。

這所有的一切恩遇，是他仕清以後，最不能原諒自己的原因。在中國人心目中，忘恩負義為惡中之惡，最被人不齒。而封建社會裏的帝王之恩，被稱之為「天恩」，連「天恩」都敢背叛，哪還有什麼人味呢？據民國蔣芷儕《都門識小錄》：「昔吳梅村宮詹，嘗於席上觀伶人演《爛柯山》（即《買臣休妻》），某伶於科白時，大聲對梅村曰：『姓朱的有甚虧負於你？』梅村為之面赤。」可見時人對他的背主仕清，是尤其憎惡的。崇禎雖行事峻急，罰重恩薄，對他卻是優渥有加，關愛備至。這一問，真是問到了他的心痛處。

明亡，崇禎在煤山弔死，消息傳到江南，吳偉業也是打算以身殉主的，但一念之差苟活下來，在南明弘光政權期間為少詹事，但因馬士黃、阮大鋮一群王八蛋當道，他自動告退。入清後，近十年一直避難隱居，不仕新朝，以氣節為天下士子宗，繼其師張溥為復社黨魁。

後來人常常不理解，人稱吳太史的這樣一位文學大師、睿智學者，身受前朝之恩，為什麼不能像顧炎武、黃宗羲那樣埋名隱居，堅拒不就？為什麼不能像陳子龍、夏完淳那樣寧死不降，捨身成仁？最

不濟，也可以學王夫之，作《惜髮賦》，存明代衣冠，逃到湘西大山裏潛心讀書。

說說是容易的，要做到可就相當的難了。

直到當了「右派」，我才懂得，中國人當中，強者太少，而弱者太多。你可以這樣高標準地要求吳偉業，但他願意跪下來求生，而不想站着取死，那你也只好抱憾。

研究吳偉業的日本學者安積信，就十分為這位大師惋惜：「第梅村受知於莊烈帝，南宮首策，蓮燭賜婚，不十年累遷至宮詹學士，負海內重名久矣。當都城失守，帝殉社稷時，不能與陳臥子、黃蘊生諸賢致命遂志，又不能與顧亭林、紀伯紫諸子自放山林之間，委蛇伏遊，遂事二朝，則不若尚書（王阮亭）之峻整、隨園之清高遠矣。向使梅村能取義成仁，或隱身岩穴間，其節概文章，皆足以為後學標準，而天下所推為一代冠冕者，亦將不在阮亭而在梅村，豈不尤可惜哉？」（見清朝方濬師所著《蕉軒隨錄》）

安積信先生不了解中國人向來崇奉「好死不如賴活着」的哲學，與他們日本動不動切腹自殺的武士道精神是毫無共同點的。

於是，便出現清朝劉獻庭《廣陽雜記》中所記述的場面：「順治間，吳梅村被召，三吳士大夫集虎丘會餞。忽有少年投一函，啟之，得絕句云：『千人石上坐千人，一半清朝一半明；寄語婁東吳學士，兩朝天子一朝臣。』舉座為之默然。」

「明亡後，清廷召誘天下之士，同徵周廷瓏、姚思孝等皆堅執不赴。又有李灝以絕食自戕相抗，梅村一時腸軟，忍志赴召。」清人入關後，武力征服的同時也進行文化征服，在中國歷史上，所有想成大事而文化不高的異族統治者，無不籠絡和倚重漢族知識分子，以鞏固和加強其政權。清政權用徵召的辦法網羅文士，從多爾袞、多鐸起，到福臨親政後，是一以貫之的政策。

斯時,「江左三才子」中的錢謙益、龔鼎孳早就成了「兩截人」,吳偉業焉能例外?「兩截人」是當時的流行話,係指原為明朝的官,剃髮蓄辮後,又來做清朝的官的一班人。

有人認為劉獻庭所記軼聞,為杜撰之詞,其實謬矣,儘管虎丘會餞時,吳偉業尚未赴召,但他的被召和他的必然要應召,已成定局。因為他既不堅示拒絕,又不盡力隱匿,而且還作秀,不是明擺着在等清廷來徵召嗎?因此,某個人打油一首,給這位在大會上出足風頭的吳學士開個玩笑,有什麼不可能的呢?「寄語」二字,多少帶有一點勸誡之意:閣下,已經是「一半清朝一半明」了,你還執意要去做「兩朝天子一朝臣」嗎?

第一,清廷對這樣一個大文人、漢族知識分子的代表人物,早晚要控制在自己手中,不會放任不管,任其自由的。第二,那些已經為清廷效力的前朝官吏,也要拉他下水,豈能容他成為名節孤貞之士,而萬世流芳?雖然,他可以找到一百個理由,為自己的變節推卸責任,但是,遲至順治九年、順治十年,清當局才將焦距對準他,我認為,很大程度是他個人拚命造勢的結果。

明亡十年,吳偉業足跡遍江南,說明他並未閒着,也是生怕世人將他忘卻。

當年,在崇禎朝的黨爭中,吳偉業雖然有點虎頭蛇尾,「拔腳風塵際」,但政壇之爭,說到底是權力之爭。張溥讓他上了這一課,積極的方面使他懂得了政治的險惡,消極的方面也讓這個年輕人感受到權力的誘惑。在握有權杖的盛宴上,那一杯文學的美酒,又算得了什麼?這也是他在大清王朝鼎革之後,終於不願老死牖下的原因。何況身邊有一個密友兼親家陳之遴,這種「兩截人」的樣板在,「怎樣活不是活?」這也是所有弱者在選擇下下策時,給自己的合理解釋。

上次崇禎六年的「虎丘大會」,不到 30 歲的吳偉業,是以「聯捷

會元、鼎甲」和翰林院編修的身份出現的，不過是風流儒雅的青年才俊，充其量是眾望所歸的「明日之星」。而這次順治十年的「虎丘之會」就不同了，四十多歲的吳偉業，已是一位眾星捧月的精神領袖、一位舉足輕重的文壇重鎮。這次「和合之局」，實際為錢謙益所發起、所策劃，其目的是為了凝聚漢族知識分子，精誠團結，不讓統治者從中漁利。在統治者眼皮子底下聚眾集會，應該說與體弱多病的他那怯事畏難的習性是相悖的，但吳偉業卻挺身而出擔綱主演，我覺得其中不無他個人的利益考量在內，因為他終於等到一次向當局顯示其實力的機會，他認為是值得一試的。

果然，他成為與會數千文士共推的宗主，清廷馬上下徵召令，命他剋日進京。

結果，令他大失所望的是，他付出變節的代價，付出叛主背恩的代價，付出數十年聲名的代價，得到的卻是冷遇、是猜疑，是區區不足道的一名編纂和小小學官而已。早知如此，不若降。

但他終於決定不當志士，而要當順民了。這是一個艱難的選擇，這一步很難邁出，因為他那篇膾炙人口的長詩《圓圓曲》，「慟哭六軍俱縞素，衝冠一怒為紅顏」，對降清的吳三桂持批判態度，現在卻輪到他蹈其覆轍，豈不是自己摑自己的耳光？因姻親陳之遴和大學士陳名夏之薦，吳偉業受徵入京，官秘書院侍講，轉國子監祭酒。其中一個很主要的原因，陳名夏是個非同小可的人物，時為多爾袞手下最得意的紅人，而被尊為皇父的攝政王多爾袞比皇帝更皇帝。這樣的政治背景，要說他絲毫不動心，也不可能。可改弦易轍、效忠新朝後，好景不長，那靠山多爾袞就死了。多爾袞被順治清算以後，陳名夏被劾處死。吳偉業一看形勢不好，順治十三年，藉奔母喪辭官不出。嗣後，居家至死，享年 64 歲。

為大清王朝服務了三年，吳偉業後悔了一輩子。

　　吳偉業死前説他「心力俱枯」，除病魔纏身外，一是他所説的「吾一生遭際，萬事憂危，無一刻不歷艱難，無一境不嘗辛苦」的「苦」；二是他仕清三年，那失節的痛苦，那背恩的譴咎，那至死也不能自諒的「悔」。這內外壓力，恐怕是更重要的死因。「忍死偷生廿載餘，而今罪孽怎消除？受恩欠債應填補，總比鴻毛也不如！」（《臨終詩四首》之一）

　　可他也不想想，一位歸順得太晚的文人，還能指望坐穩江山的順治，為你開歡迎會麼？在京三年，風雲譎變，如鳥驚弓，大案迭興，唯恐牽連，舊病復發，沉痾難瘉，親友遠離，處境淒涼，日子過得誠如其言，「無一刻不歷艱難，無一境不嘗辛苦」。他什麼也沒有得到的同時，他這個人、這個人的一生、這個人的未來，都成了零。這場賭博，真是輸得夠慘。先為大明遺民，顛沛流離，命途多舛；後為大清官員，提心弔膽，度日如年；再回來為民，頭頂上仍是懸着「達摩克利斯劍」，不定什麼時候會掉下來。「每東南有一獄，長慮收者在門，及詩禍史禍，惴惴莫保。」（《與子璟疏》）這種處於高壓統治下的生存狀態，當然也不是吳偉業的個人體驗，中國人在有皇帝的年代裏，誰不是誠惶誠恐，惕息為生？

　　免於恐懼的自由，是人類生存的最低訴求，但實際上，戰爭、飢餓、天災、瘟疫、暴政、極權、恐怖活動、宗教壓迫……從來也不曾在這個星球上停止過。而對知識分子來講，真刀真槍固然可怕，精神壓迫更是恐懼。不殺你，刀在脖子上來回磨蹭；不打你，鞭在眼睛前一個勁兒晃悠。接下來，仍不殺，仍不打，只是讓你一塊肉一塊肉地自己切割自己，再於創口上抹上鹽……這都是歷代統治者及其爪牙，於不動聲色中死整知識分子的高招。所以，在惶悚中掙扎，在悔恨中熬煎，在無所依傍的孤獨中飲泣的吳偉業，不死何待？

　　臨終前，他女兒已逝，兒子尚幼，他將身後事託付給弟子，其中

兩項囑咐，既表明他對故國的懺悔，也流露出他對新朝的怨恨，不過都不着痕跡罷了。據《清史稿》，吳偉業「臨歿顧言，吾一生遭際，萬事憂危。死後殮以僧裝，葬我鄧尉靈岩之側，墳前立一圓石，題曰『詩人吳梅村之墓』，勿起祠堂，勿乞銘。聞其言者皆悲之」。

對一個無助的文人在無論做什麼也無濟於事的狀況下，還盡其所能地做出一點點有限而有限、可憐而可憐的反抗，你不能不表示深深的敬意。

我們曾經有過類似的勇氣嗎？

吳偉業用他的死，給自己的懺悔畫上了句號。這是他對自己、對世界、對歷史所體現出的責任感。

李二曲的堅守

┌┈┈┈┈ **李二曲**（1627－1705）┈┈┈┈┈┈┈┈┈┈

名顒，字中孚，號二曲。明末清初哲學家，陝西周至人。家
貧，借書苦學，遍讀經史諸子。曾講學江南，後主講關中書
院。清廷屢以博學鴻詞徵召，他以絕食堅拒得免。
└┈┈┈┈┈┈┈┈┈┈┈┈┈┈┈┈┈┈┈┈┈┈┈┈┈┈┈┈┈┈┈┈┈┈┈┈

公元 1703 年（康熙四十二年）冬十月，康熙西巡。
十一月十五日渡黃河，經潼關、臨潼，當日抵達西安。侍衛
和近臣都勸這位旅途勞頓的皇帝稍事休息，無論如何，到底是年紀奔
六之人，應該將養龍體。但一路走來，這位陛下聖猷獨斷，豈容臣工
多嘴？他決定次日，也就是十六日清早，要到沙場閱兵。聖旨一下，
滿城大亂。當地的撫督臬按、檢巡府監、將帥校尉，以及參閱兵佐，
整整一宿，誰也不敢合眼，忙亂得腳打後腦勺。幸好，中國人對付皇
帝的最妙之術，曰「齊不齊，一把泥」。只要大面上說得過去，就會
給皇帝留下軍容整齊、騎射嫻熟的印象。特別是下了一條死命令，俺
們老陝別的本錢沒有，會吼秦腔不？會吼信天遊不？那本官拜託眾
位，放開嗓子吼「萬歲」，這是最能討好陛下的手段。

果然，那一天在演兵場上，騎馬戎裝的康熙，顧盼四望，目光所

及,「萬歲萬歲萬萬歲」的吼聲,地動山搖,幾乎令渭水為之倒流,差點讓終南為之餘震,叫康熙好一個得意。再次日,也就是十七日,心情怪不錯的陛下又下了令,恩免陝西、甘肅兩巡撫所屬地方當年錢糧,消息傳開,當然讓黃土地的老鄉們喜不自勝。三天以後,也就是二十日,又下令陝西綠旗兵把總以上官各加一級,八旗兵將軍以下、驍騎校以上各加一級。這一連串派糖活動,說明老爺子很高興,也說明陝西方面上上下下着實下了功夫、賣了力氣。

雖然還不到臘月,離過年還遠,壓歲錢倒先給了。看來,在中國這塊土地上,如何哄騙得皇帝老子開心,如何糊弄得萬歲爺龍顏大悅,是各級官員首先要學會的功課。閱兵那天,康熙看到「萬歲」不離口,嗓子都喊啞的眾軍士,頗為感動,親口對撫軍博霽宣示:「朕歷巡江南、浙江、盛京、烏喇等處,未能有及西安兵丁者。爾處官兵俱嫻禮節,重和睦,尚廉恥,且人材壯健,騎射精練,深可嘉尚,慎勿令其變易。」

在一旁侍候的巡撫鄂海,雖是一位庸吏,拍馬術還是相當精通的,聽到聖上這番獎諭以後,自然也掩嘴偷着樂。不過,鄂海還是捏着一把汗。因為,雙管齊下,文武齊抓,習慣於兩手皆硬,是當今聖上的行事方式。武的,他已經檢閱過了;文的,也少不了要審視一番。果不其然,聖上的眼神落在鄂海身上,顯得有話要說。當時嚇得他一激靈,腦門子沁出一層冷汗。清朝官員,對皇帝一張口就是奴才,而八旗出身的滿洲官員,則尤其是奴才相十足。一到此刻,只有垂手侍立,雙肩脅緊,豎着耳朵,一口一聲地「嗻」,恭聽聖訓了。

因為康熙一過潼關,就發出手諭,要召見周至縣一位名叫李顒的「處士」。現在,陛下查問鄂海的,正是這項安排。

李顒是誰?誰是李顒?對今天的讀者來說,可是一道真正的難題了。清朝陳康祺《郎潛紀聞初筆‧卷八》「北學南學關學」條目中這

樣說：「國初，孫徵君講學蘇門，號為北學。餘姚黃梨洲先生宗羲，教授其鄉，數往來明越間，開墊講肄，為南學。關中之士，則群奉西安李二曲先生容（顒），為人倫模楷，世稱關學。」三百多年過去之後，這位關學領袖，即使你到西安最繁華的鼓樓大街，挨着個地向當地人打聽，我估計，十之八九不大會有人知道這個名字。向文聯、作協的諸位賢達打聽，十之七八也未必能說得上子午卯西。

有一年，我在西安請教一位文學界同行：如今在周至縣，可還能找到李二曲老先生的什麼遺跡嗎？他看了看我，眼白多於眼黑。反問道，那該是與魏長生、劉省三同輩的唱秦腔的老藝人吧？他這一說，倒使我一時語噎，不知如何應對。對於陝西籍，甚或西北籍人士，酷嗜這門地方戲，到了偏執的程度，我最早是從魯迅先生的日記中領教過的。民國初年，先生到北京任教育部僉事，赴西安考察，其中觀摩易俗社的秦腔表演，那種非看不可的熱忱，讓先生很有點吃不消。於是接下來，因無話好說，只好聽這位文學界朋友，談當地那些名流，誰和誰結婚，誰和誰離婚，誰和誰結婚又離婚，誰和誰離婚又結婚之類的花邊新聞。

結婚離婚已經如此之方便和輕易，說明後解構時代確實已經來臨，但我仍然覺得將這樣一位在明清易代期間廣知博贍、著作等身，文章道德世所共仰的大儒；一位與統治中國已經近六十年之久的清朝政府始終保持距離的文人；一位既未應明代科舉，也未進清朝考場，全憑自學成才，苦學鑽研，從《六經》諸史、百家諸子，到佛經道藏、天文地理，無不爛熟於胸的學者，人稱「關中三李」的代表人物李顒 —— 中國人堅貞不屈的品格榜樣，忘了個乾乾淨淨，是有點說不過去的。

李顒之所以被弘揚，被高山仰止到楷模、先賢的地步，是因為公元 1664 年的明清鼎革，對當時的每個中國人來講，都有切膚之疼。

中國歷史上的改朝換代，何止數十百次，從來沒有像清人進關這一次，傷筋動骨，摧肝裂膽，幾乎無人能逃過這場生死劫。且不說「揚州十日」、「嘉定三屠」，就是腦袋頂上的幾根毛，也是決定性命的抉擇。你要明朝的頭髮，就不能要腦袋；你要保全這顆腦袋，就得剃得光秃秃只留一根豬尾巴似的辮子。在屠刀和剪刀面前，文人之降服變節者、軟骨搖尾者、賣友求榮者、陷害密告者、無恥佞從者、投機取巧者、拍馬鑽營者、苟且偷生者，多得讓人窒息，多得成為災難。因此，一不應清廷科舉，二不為清廷官吏，三不與清廷合作，四不和清廷來往，始終以遺民身份自居的李顒便格外為人景仰。人心是秤，公道自在，有清三百多年間，海內不知二曲先生李顒者甚少。

大清王朝的皇帝，尤其是那位聖祖，可不是吃乾飯的，對這位「關學」領袖，印象不但深刻，而且歷久彌新。「處士李顒，人好讀書，深明理學，屢徵不出，朕甚佳之。」最後兩句聖諭，語焉不詳，究竟褒呢，還是貶？讓在場的陝西省官員摸不清聖上的心思。他們深信，「處士」一詞出自聖諭，那玄機和奧秘就夠周至縣的李二曲吃一壺的了。一般情況下，未經科舉，未獲功名的讀書人，自稱或人稱「處士」，是很正常的。而李顒，近八十歲的白頭老翁、行將就木的前朝老朽，呼為「處士」，就如同對鶴髮雞皮、風燭殘年的老婦，叫她小姐一樣，聽來不免牙磣。按說，有了一大把子年紀、尚未釋褐的老先生，便是不折不扣的「布衣」了。但康熙不稱他為「布衣」，而稱之為「處士」，這就是統治者「率土之濱，莫非王臣」的必然想法，你必須要成為大清王朝的良民。

別看鄂海一腦袋糊塗漿子，但在意識形態領域方面，那高度防範之心、滴水不漏之意，倒與聖衷不謀而合。他掰着手指數了數，順治爺坐江山 17 年，康熙爺坐江山，至此公元 1703 年，也有 42 年，加在一起，大清王朝將近一個甲子。中國人 50 年為一代，父生子，子生

孫，李顒居然仍未改弦更張，而是繼續當他的不入轂門的「處士」，繼續做他的精神上的前朝「遺民」，所以，這次西巡，皇上才生出召見這個花崗岩腦袋的想法吧？他替聖上想，對於這個始終保持既不反抗也不贊成的人生姿態，始終保持既不唱對台戲也不隨指揮棒跳舞的言行宗旨，始終保持獨善其身、我行我素的文人品格的李顒，雖然一不生事、二不鬧事、三不犯事，但數十年打造出來的萬宇一統、四海歸心的大好局面中，有這麼一個説不上是一心一意的死角，豈不讓聖上有那種不夠百分之百的遺憾嘛！

鄂海還真是揣摸透了康熙的心思，陛下現在希望得到的，是政治上的絕對一統，是黎庶的完全歸順，是知識分子的心誠悦服，是大清天下的萬古長青。四十多年前，他剛執政，也許不具有這樣的自信，如今江山越坐越牢，覺得「率土之濱，莫非王臣」的局面，是應該得到實現了。不過，聖人早説過的：「水至清則無魚，人至察則無徒。」統治者追求完美，對多樣、多彩、多面的社會來説，這種原教旨式的潔癖，倒有可能成為升斗小民的磨難。老百姓最怕統治者放着好日子不過，非要節外生枝。陛下呀陛下，您大人大量，有必要非跟這個並不搗亂的老學究過不去嗎？

早在聖上決定西巡之前，巡撫鄂海就得到京城軍機處的某位章京的關照，説萬歲爺此次到西京有一個召見李顒的日程。鄂海接此消息，跌足長歎，直埋怨是誰出的這個鬼點子，讓大家年都過不好。這個李顒李二曲，豈是一個隨便聽擺佈的文人？他不惹你就謝天謝地了，你要惹他，不是沒病找病嘛！可文治武功，是歷代清朝皇帝最為期許的一個境界。這次西巡，要體現出聖上甄勉士林的恩澤，莫過於召見當地最具代表性的文化界頭面人物了。在陝西省甚或在西北地區，除了李二曲這樣有年紀、有學問、有影響力的大儒，再無適當人選。鄂海也就只好硬着頭皮，派了一位幹員，攜了一份厚禮，趨訪李

顒，希望這位老學究給地方官一個面子。誰知卻碰了個大釘子。這位關學領袖，「宴息土室」，「雖骨肉至親，亦不得見」，已經二十多年足不出戶了。

生於公元 1627 年（明天啟七年），逝於公元 1705 年的李顒，享年 78 歲。康熙西巡，是他死前兩年，也就是 1703 年（康熙四十二年）的事情。老人家哪裏想到，臨死臨死，又被推到政治鬥爭的風口浪尖上。27 年前，公元 1678 年（康熙十七年）博學鴻詞科，他就躺在門板上，被從周至縣抬到西安，驗明正身，他確實因病重不能應皇帝的恩典，而不參與全國會試。難道 27 年後，他老人家又得被抬到西安去見這位萬歲爺嗎？

現在，擺在李顒面前的，是兩道選擇題：一是公然抗旨，拒絕參拜，惹惱皇上，引火燒身；二是抬赴省城，誠惶誠恐，山呼「萬歲」，叩首跪拜。但是他知道，他家人知道，陝西省的父老鄉親也知道，第一個選擇他不敢做。在中國有皇帝的年代裏，得罪了皇帝意味着什麼，大家心知肚明。第二個選擇，他做不到。清朝王士禎《池北偶談·卷九·李顒》中說：「近周至李顒兩經徵聘，不出，有古人之風。顒以理學倡導關中。」六十多年來涇渭自分的他，忽然屁顛屁顛地跑到西安行在朝康熙磕頭，他還能繼續做他的大宗師嗎？鄉黨們的唾沫星子，就能將他淹死。

李顒心裏有點七上八下，是可想而知的；不過當今皇上心裏也有點七上八下，就不免弔詭。因為康熙不能不考慮，君無戲言，話放出去了，第一，老「處士」不來，你陛下如何處置？是殺他，是關他？第二，老「處士」還真的來了，給了你面子，你能賞他一個什麼？他六十多年都不買你的賬，他會稀罕你的恩典嗎？如果他來了，還夾七夾八說一些不三不四的話，你陛下又如何處置？是亂棍打出行轅，還是斬監候收押？雖然雷霆雨露，皆是君恩，怎麼處理也都是皇帝有

理，可是，大清立國六十多年，為懲治一個你已經容忍了六十多年的對立面而大動干戈，值不值得？

這實質是中國歷來的統治者（尤以清朝的前幾位皇帝為劇），幾乎難以幸免的「意識形態恐懼症」的反應，而中國人的倒霉史、不幸史、掉腦袋史、不掉腦袋但像錢名士那樣頂着一頂「名教罪人」帽子的不自由史，無不繫於統治者的這一念之間。

李顒與孫奇逢、黃宗羲並為「清初三大儒」，又與眉縣李柏、富平李因篤，共稱為「關中三李」，學問極高、品望極著，《清史稿》稱他：「布衣安貧，以理學倡導關中，關中士子多宗之。」難怪康熙如此高看，到西安了竟屈尊要來會他一會。其實說白了，康熙所戒懼的，也是百姓所讚賞的，一是他始終保持着雖不得不妥協但絕不阿附，不得不苟全但從不合污的清流身份；二是他始終保持着寧可清貧、不失節操，甘於淡泊、不求聞達的遺民心態。

對古代統治者來講，文人中的大多數，他們是不會太放在心上的，「秀才造反，三年不成」，他們早就把耍筆桿者的軟骨頭和膿包蛋，看得死死的了。無論哪個朝代的知識分子，不管明朝的還是清朝的，不管宋朝的還是元朝的，按其生存態度而言，絕大多數是奉行「活着主義」的。在他們心目中，「活着」乃人生第一要素。活得好，當然好；活得不好，也要活下去。再好的死，不如再賴的活。活着，既是最高綱領，也是最低門檻。這類聰明和比較聰明的文人，通常不會抱殘守缺，通常不會拿雞蛋往石頭上砸，通常不會在一棵樹上弔死自己，面對明、清鼎革而發生的突然變化，這些「活着主義」者，相當程度地不自在了一陣。當最初的躁動不安期過去，隨後的徘徊觀望期也過去了，他們很快也就接受新主子坐穩了江山這個無法迴避的現實，遂有了改換門庭、重覓出路、調頭轉向、再尋新機的抉擇。一個個或認輸，或低頭，或膺服，或投誠，急着向新朝效忠。對這類文

人，康熙看得透透的，只消誘之以利祿，威之以強權，不愁他們不誠惶誠恐地跪拜在丹墀之下。

但文人之中，並非皆是隨風轉舵、卑躬屈膝、信奉「活着主義」的機會主義者。他們將品格的完整、言行的一致、信仰的忠貞、操守的純潔，視為至高無上的道德境界，他們認為信念、理想、主義、真理，是與生命等值的精神支撐。既然如此，皇上說什麼，威權說什麼，主流說什麼，甚至老天爺說什麼，他們是不為所動的。

所以像李顒這樣既不抵制也不反抗，既不合作更不順從的文人，在關中產生的巨大影響力，在全國產生的強大感召力，終究是康熙的一塊心病。

早在公元 1678 年（康熙十七年），年輕氣盛的康熙，時方 24 歲，曾經想借助「博學鴻詞科」的徵辟運動，使這位關學的領袖人物就範，那已是 27 年前的事情了。

在這一年前的 1677 年（康熙十六年）所發生的兩件事，可能正是促使康熙心血來潮的起因。一是這年的十一月，康熙發出「博學鴻詞科」諭旨的前兩個月，聰明得不能再聰明、滑頭得不能再滑頭、糟糕得不能再糟糕的高士奇入值南書房，為內閣中書，這個中國人中玩文學、玩政治的八段高手，與此舉的推動當有重大干係。作為同屬頂尖文人的高士奇，對那些不曾失節更未叛賣、學望深遠舉足輕重、品格完整民望所歸、一言一行模範天下的同行，自然有一種無顏故國的慚恧，他大概很願意「拉大家一起下水」。二是這年的十二月，康熙發出「博學鴻詞科」諭旨的前一個月，經學家張爾岐去世。這本是一件平常的事情，但張爾岐與李顒過從甚密，加之為其作詩輓之的顧炎武，又同時是這兩位在經學方面、理學方面領銜者的共同朋友，雖然輓詩並無犯忌之處：「歷山東望正淒然，忽報先生赴九泉。寄去一書懸劍後，貽來什襲絕韋前。衡門月冷巢鳬室，墓道風枯宿草田。從此

山東問《三禮》，康成家法竟誰傳。」但這種非體制、非主流文壇的地下活動，絕對是統治者所不樂見的。清朝陳康祺《郎潛紀聞初筆・卷八》「李二曲」條目誇張寫出了當時的情狀：「一日，白昆山顧炎武、元和惠周惕至，（李顒）倒屣迎之，談宴極歡。一時門外瞻望顏色，伺候車騎者，駢肩累跡。幾如荀、陳會坐，李、郭同舟，東漢風流，再見今日也。」康熙本來是個「意識形態恐懼症」者，他的情治系統會不把這班與他不搭界、無交接、自成系統、意氣相投的文人活動，如實稟報嗎？

所以，轉過年來，大正月裏，康熙發出「博學鴻詞科」的諭旨：

> 自古一代之興，必有博學鴻儒，振走文運，闡發經史，潤色詞章，以備顧問著作之選。朕萬幾餘暇，遊心文翰，思得博學之士，用資典學。我朝定鼎以來，崇儒重道，培養人才，四海之廣，豈無奇才碩彥，學問淵通，文藻瑰麗，追蹤前哲者。凡有學行兼優、文詞卓越之人，不論已仕未仕，在京三品以上及科道官員，在外督撫、布按，各舉所知，朕將親試錄用。其餘內外各官，果有真知灼見，在內開送吏部，在外開報督撫，代為題薦，務秉公延訪，期得真才，以副朕求賢右文之意。

據清朝佚名著《嘯啾漫記》：「康熙十七年戊午，聖祖特開制科，以天下之文詞卓越，才藻瑰麗者，召試擢用，備顧問著作之選，名曰博學鴻詞科。敕內外大臣，各薦舉來京。於是臣工百僚，爭以網羅魁奇閎達之士為勝。宰輔科道題薦八十三人，各衙門揭送吏部七十二人，督撫外薦三十一人，都一百八十六人。」「雖趨捨各殊，然皆才高學博，著述斐然可觀，近代能文之士，未能或之先也。當徵試時，

有司迫諸遺民就道，不容假借。脅以威勢，強舁至京，如驅牛馬然，使弗克自主。而美其名曰，聖天子求賢之盛典也，其然豈其然乎？」

名曰「廣攬天才才彥」，實為文化整肅運動，用一網打盡的辦法，將當時頂尖的中國文人，長官點名，朝臣指認，地方舉薦，府道選送，類似鋤草機的刈割，你從也得從，不從也得從，統統強迫納入大清王朝的主流體制之中。或入翰林，或為史官，或予閒職，或允致仕，那些曾經是對立面的、曾經是反清復明的、曾經以遺民身份不與清廷合作的、曾經誓不剃髮誓不胡服左衽的文人，如今端着人家的碗，豈有還不服人家管的道理？

但也有一部分人，就是以死相脅也拒不應試，周至縣的李二曲就謝絕了這次徵辟：

> 李顒被徵，自稱廢疾，長臥不起。陝撫怒，檄周至縣令迫之。遂舁其床至西安，撫臣親至榻前慫恿，顒遂絕粒，水漿不入口者六日，而撫臣猶欲強之，顒拔刀自刺，陝中官屬大驚，乃免。

俗話説，躲得了初一，躲不了十五，你逃過康熙十七年的「博學鴻詞科」，你逃不過康熙四十二年的西巡召見。大家一致相信，文人被皇帝惦記着，與被賊惦記着，倒霉的概率是差不多的，早晚會是一場災難。這位關中的學術棟樑，當時大概已進入生命倒計時，竟有人忽悠着該為他準備祭文了。

那時，李顒已經舉家遷至富平，這一天，這個小縣城裏驛道上來自省城的車騎絡繹不絕，縣衙裏傳遞消息的差役往來穿梭。那些按察司、布政司、督學、巡撫、提學等有關官員，上窺天子顏色，看是晴光霽月還是彤雲密佈，以此來決定他們的下一步行動。至於李顒去或

是不去，他們早就做了準備，去有去的待遇，不去有不去的處置。關中的冬天很冷，滴水成冰，官員們在李顒的土室門外，等候消息，凍得腳疼。行伍出身的撫軍博霽說，索性一根繩子拴了這老漢走！做官做得很油的鄂海說，聖上只說恭請，可沒交代押解，先別魯莽行事，待我再問一聲。

終於，土室裏傳出話來：二曲先生因病不能赴省城，不過他將打發他的兒子代表他去參見聖上。

他當然不能去，去了還是那六十多年一以貫之的李顒嗎？看來，這位老先生雖然愚直，但並不迂執，想出來這樣一個轉圜的措施，好叫那位康熙皇帝及其眾多臣屬有一個台階下。這邊廂，高官們面面相覷，不敢作主。他不去，他派他的兒子去，能算是他去嗎？他的兒子代表他，是否就能說明並不等於他去呢？好在富平離西安不遠，快馬跑趴下數匹，馬鞭抽斷了數根，最後傳來最高指示：「今上知先生抱恙，遂有『高年有疾，不必相強』溫旨，隨賜書『操志高潔』匾額及御製詩章，並索先生著作。」

康熙是何等天縱聰明的君主，當他過潼關發出召見手諭時，如果所欲見者不是李顒，而是別的什麼膿包蛋、鼻涕蟲，對方早就涎着一張肉臉在西安等待着了。既然他不來，派了高官去敦請也不來，他大概是至死不會改變主意的了。如今答應派他的兒子來，若不就坡下驢的話，那只有訴諸強制手段了。康熙肯定算了一下賬，是強迫他來得到的多呢，還是這樣優容寬待、大度豁達、由他自便得到的多呢？於是，短暫的喧鬧復歸於平靜，那間土室的柴門復又掩上，只有暮色蒼茫中的寒鴉，給關中大地添了一點生氣。

中國人之中，正是由於有李顒這樣力求品格完整的人士，當他決定要做什麼事情的時候，往往全力以赴，雖摩頂放踵，也在所不計；當他認定不做什麼事情，或者，不能做什麼事情的時候，雖斧鉞刀鋸

架在脖子上，也不為所動。所以，數千年來，在這塊土地上，文化傳
統之薪火相繼，禮義廉恥之不絕如縷，恐怕也是與這些人堅持理想、
不變初衷、始終如一分不開的。

清　第七章

人氣大師王士禎

------ 王士禎（1634—1711）------

或曰王士禎，號阮亭、貽上，又號漁洋山人，清朝詩人、文學家，山東新城（今山東桓台）人。他早年詩作清麗澄淡，中年以後轉為蒼勁。擅長各體，尤工七絕，論詩創「神韵說」。亦精於金石書畫。

清朝順康年間，江湖公認的文壇大腕王士禎，堪稱完人。

在中國歷史上，有這樣一條鐵律：一個被帝王寵信有加的文人，必然會被老百姓鄙棄摒絕；反過來，一個被廣大民眾接受認可的文人，必然會被當局視作異類或者是將要鏟除的異己分子。王士禎所以能成為完人，就在於他既能吃住統治者，還能吃住被統治者，甚至包括被統治者中的反統治者也照吃不誤，這等正反通吃的功夫，可謂絕活。康熙是何等精明人物，都被他玩得滴溜溜轉，最後，哪怕惹惱了陛下，也能全身而退。一直到康熙的孫子乾隆在位，已經死去多年的他繼續得到恩典，正名賜謚，優渥垂青。這等超級吃功，你能不欽佩、你能不羨慕嗎？

自明末清初的錢謙益過世以後，王士禎就坐上了錢謙益曾經坐過

的文壇領袖的位置，這大概是在公元 1664 年（康熙三年）的事情。王士禎剛屆而立之年，四首《秋柳》詩，拿了大獎，立馬當上大清王朝的文聯主席，或作協主席，頓時牛得一塌糊塗。有人提出「國朝之有士禎，亦如宋有蘇軾、元有虞集、明有高啟」，肉麻地吹捧他為大清文學的代表、鼎革時代的象徵。這當然屬於過譽之詞了。他是了不起，但也不曾了不起到登峰造極的程度。有什麼辦法呢？中國自有文學評論這個行當以來，從古至今，執吹鼓手為業的這班英雄好漢，一直以抬轎子為己任。雖說這是胎裏帶來的毛病，但卻是人家的啖飯之道。只得這樣，他姑妄言之，你姑妄聽之。

王士禎的文學成就，在清朝算是高的，拿到他朝去，遑論與宋之蘇軾比，存有天淵之別，就連與明之高啟比，也不能望其項背。開個玩笑，若高啟穿越到清朝，並假以天年的話，恐怕就輪不到王士禎大出風頭了。但那些只見樹木，不見森林的文學評論家，非要抬舉某位作家，非要鼓吹某部作品，嗜痂成癖，你又其奈他何。說到底，不同時代的文學水平，很難用一把尺子度出長短，作家和作品也不可能有一個剛性標準，以量出高低。某個時代，大師層出不窮，聯袂而來，傑作石破天驚，如潮湧現；某個時代，文人零星寥落，意興闌珊，作品浮光掠影，平庸一般。譬如，在文化繁榮方面，清朝不如明朝，差異肯定是存在着的。

因此，近人錢鍾書的《談藝錄》，對王士禎有八字評價：「一鱗半爪，不是真龍」，直指其弊，一針見血。不過，要是錢先生早說四百多年的話，可能會招來極大的不愉快。因為王士禎周圍，始終有一個無形的然而相當活躍的人氣集團，在烘雲托月般擁簇着他，最重要的是上有當朝皇帝罩着，遂形成一股舉足輕重的力量。不僅僅是在輿論方面，足以施加影響；恐怕在行政方面，也有不可小覷的左右能力。所以，在他盛時，不但沒有反對派，連偶爾反對的聲音也聽不到。他

的姻親趙執信著《談龍錄》，認為「詩之中，須有人在」，對他漂白
文學持異議，也是到了王士禎的衰暮之年才敢發聲。當大家向他立正
敬禮，眾口一聲，就是好，就是好時，趙執信唯有閉嘴，不敢口置
一詞。

現在來看，王士禎的走紅，是清朝初期那元氣大傷、總體趨弱的
文學環境下的產物，這有點像晉人阮籍登廣武，觀楚、漢戰處，歎曰
「時無英雄，遂使豎子成名」那樣。斯其時也，名聲較響的大人物，
都是明末遺民，經過鼎革的戰亂，經過「文字獄」的熬煉，雖然一部
分人被鎮壓了，一部分人緘默了，一部分人鑽進考據和小學的故紙堆
了，但瘦死的駱駝比馬大，那些出生於明朝，成名於清朝的新生代，
面對錢謙益、黃宗羲、顧炎武、王夫之、孫奇逢、李顒、談遷、張
岱、萬斯同、閻若璩等龐然大物，難免自慚形穢。說得俗點，抱團取
暖，自抬身價，便矬子裏拔大個，把同輩之佼佼者王士禎推到枱面上
來罷了。

不過，無論如何，在清朝歷史上，王士禎還是很重要的一頁，
第一，他的詩寫得還算精彩；第二，他的詩理論符合當局的意識形態
政策。第二點要比第一點更能奠定他在順、康年間的文學地位。政治
第一，意識形態上的潔癖，清朝統治者是一點也不含糊的。王士禎
的「神韻說」，某種意義上的「文學漂白論」，對康熙來說，可謂適
得其心，討得龍顏大悅，是完全可以肯定的，否則他不會這樣走運。
當然，王士禎此說，並非獨創，用來闡發此說的最具招牌性質的兩句
話，一是唐朝司空圖的「不著一字，盡得風流」；一是宋朝嚴羽的「羚
羊掛角，無跡可求」，說明其來有自。版權雖不屬於王士禎，但他能
夠融會之、升華之、系統之、實踐之，於是，「漂白文學」的「神韻
說」應時出現，最重要的意義，是給那些不再視自己為明人，而是清
人的文人們，提供了一個得以安身立命的精神空間。

這樣，以錢謙益為代表的明末遺民一代，隨着他們退出文學舞台，國愁淡化了，家恨稀釋了，王士禎在康熙的推動下，成了順、康年間的廣大教化主。

王士禎之「神韵説」，所以能成為賣點，一方面是詩至明末，「因陳積習，膚廓纖仄」（紀昀語），偏弊株守，了無生意，已鑽進牛角尖，黯無前景，大家在無路可走的時候，自然期盼一個新局面的出現；一方面是「神韵説」的「漂白」作用，那空透明渺、沖和淡遠、風致清新、不落實處的境界，比較投合統治者的胃口。在中國，沒有一個皇帝願意人們給他添亂，因此，王士禎的「神韵説」，諱言現實，不碰前朝，無關族群，旨在空靈，自然獲得當局青睞，遂獨樹一幟，率模天下。自都門而外省，士子無不競相效尤；由蒙童至皓首，寫詩無不追求空靈。儕輩同僚，以與其交往為榮；晚生後學，以得其指點而紅。詩界唱和，以得其佳作添彩；風景名勝，以得其題詞增光。文章出手，詩歌傳誦，常常產生轟動效應；足跡所至，留連忘返，總是傾倒萬千蒼生。晚清史學家李元度感歎道：「公以詩鳴海內五十餘年，士大夫識與不識，皆尊之為泰山北斗。」著《揚州畫舫錄》的李斗也説：「公以文學詩歌為當代稱，總持風雅數十年。」

當時到北京來的騷人墨客，能得到一謁漁洋先生的機會，才算不虛此行。但人們經常碰壁，後來經人指點，才知捷徑就在慈仁寺，只消到了那裏，便可一睹尊顏。這就是清朝陳康祺《郎潛紀聞》所寫：「相傳王文簡（士禎）晚年，名益高，海內訪先生者，率不相值，惟於慈仁寺書攤訪之，則無不見。」明朝的慈仁寺、清朝的琉璃廠、當下的潘家園，都是北京城裏有名的舊書市場。若想面見這位大師，就得在慈仁寺先去候着。在《古夫于亭雜錄》中，同樣的故事，王士禎又重複了一遍：「昔在京師，士人有數謁予而不獲一見者，以告昆山徐尚書健庵（乾學），徐笑謂之曰：『此易耳，但每月三、五，於慈仁

寺市書攤候之，必相見矣。』如其言，果然。廟市賃僧廊地鬻故書小
肆，皆曰攤也。又書賈欲昂其直，必曰此書經新城王先生鑒賞者……
士大夫言之，輒為絕倒。」

有些親歷的事情，最好自己說，比較有現場感；但有些親歷的事
情，最好別人講，更具客觀性。智者千慮，必有一失，老先生未能把
握住這種微妙的分寸感，對自己的造名術，不無得意地信手寫來，自
詡自矜之情，溢於言表，反而產生負面效果。不過，慈仁寺攤的小故
事，也足以說明王士禎享譽長達半個世紀的事實。在中國文人的倒霉
史上，獲得如此褒讚，確屬罕見。不妨比較一下近世文學史上的袞袞
諸公，便知分曉。魯迅如何？曾經多牛，可近來連中學教科書也要將
他的作品減少。

但王士禎這位大佬，除了謝幕時稍受一點挫折，嚴格算起來，
起碼有七十多年，安然無恙，其詩、其文、其畫、其書法，居然沒有
成為明日黃花，居然沒有被人完全忘卻。按照「五四」以來的文人盛
衰史，按照新時期以來的作家興滅史，通常規律，差一點的五年換一
茬，好一點的十年一個輪迴，再熬下去，繼續掙扎者有之，苟延殘喘
者有之，當然頂風臭四十里者也有之，能夠如新城先生這樣老而優
悠、老而風光，不背後被人戳手指頭，那就少之又少了。

雖然順、康之際，離今天並不太遠，但歷史這東西，只記看得
見的行為舉止，不記看不見的心路歷程，因而其中許多曖昧，遂成一
片真空。對於這位執順、康文壇牛耳的大佬，現在已說不清他的這種
「漂白洗淨」、追求唯美、眼空一切、背對現實的詩歌理論與文學實
踐，是恰好為統治階級所看中，還是這位活了 78 歲的長壽老人主動
逢迎，或有意配合。當然，也不無可能是王士禎在「文字獄」的恐怖
氣氛下，看到莊氏「《明史》案」、戴名世「《南山集》案」的血跡斑
斑，而着意經營的一條安全係數相當高的文學道路，以苟安自得；說

不定在康熙對文人實施大規模鎮壓,然而並不可能,也不打算予以全部屠滅的情況下,當局不得不放開的一條允許文學生存但不允許文學造反的活路,於是,與「漂白文學」一拍即合。

也許,以上的臆測並不存在,弄不好有「厚誣」之嫌。那麼,最合適的推斷,是王士禎的美學觀點,比較吻合統治者的「綏靖懷柔」政策:第一,無害;第二,既然無害,必然有益;第三,無害而且有益,用來裝門面,何樂不為?第四,要顯得海晏河清、國泰民安,還有比文學更具力度的宣傳形式嗎?因此之故:一個,半推半就;一個,欲拒還迎。一個,高調要唱;一個,好處要給。於是他,官越做越大,名越來越響,位越來越重,文章詩歌「漂白」得越來越好,終成為文學史上「雙保險」的一個奇跡。

王士禎是山東新城人,從他的高祖起,新城王氏便是簪纓世族,而且一直為書香門第。據說這位高祖曾制子孫必遵的庭訓:「所存者必皆道義之心,所行者必皆道義之事,所友者必皆讀書之人,所言者必皆讀書之言。」要求看似簡單,做到卻頗不易,可見家教之嚴。而清朝鈕琇的《觚剩》,則記載了新城王氏家族的內部制度,更顯更家風之正:

> 新城王氏自參議公而後,累世顯秩。家法甚嚴,凡遇吉凶之事,與歲時伏臘祀廟祭墓,各服其應得之服,然後行禮。子弟各入泮宮,其婦始易銀笄練裙,否則終身荊布而已。膺爵者纓紱輝華,伏牖者襤褕傴塞,貴賤相形,慚惶交至。以是父誡其子,妻勉其夫,人人勤學以自奮於功名。故新城之文藻貽芳,衣冠接武,號為宇內名家。

這樣不負名門望族的期待,所形成的巨大壓力,有時也會成為

巨大動力，稟賦優異、好學上進的王士禎，其表現出類拔萃，超越群倫，是預期中事。順治七年（1650），16歲的他應童子試，然後歷經縣、府、道試，屢戰屢捷。順治十二年，應會試（類似全國統考）中式，但他沒有接着參加殿試。殿試乃皇帝的面試，為士子登科最關鍵、最重要的台階，從此可登堂入室，成天子門生，這是任何考生都不會放棄的。但他戛然止步，退出競爭，據說是因主考者排斥新城王氏，故爾暫避鋒芒。這自是一種遁辭。實際上是他面臨人生道路的大轉折，煞費躊躇，一時間做不了決斷的結果。這位明日之星，是繼續做精神上不忘故國的明朝人，還是服膺新主做實實在在的清朝人？國仇家恨，他未必甘心棄舊迎新，胡服左衽；但天下已定，反清復明又純係痴人說夢。這道選擇題擺在他面前，他有點舉棋不定。最後他決定了，在明朝時期只是一個孩提的他，有必要在意這種民族氣節嗎？就連文學前輩錢謙益也剃髮蓄辮，在明史局為大清王朝服務，而「浮生所欠只一死」的吳梅村也興沖沖地到北京，在國子監任一名學官。那麼，他還有什麼顧忌，不去參加順治十五年的殿試，以求發達呢？

結果來到京城應試，榜中二甲第36名進士，循例應該進入中央政府的職能部門，但很快卻被外放為揚州府推官（相當於正科級的司法局長），他有點沮喪。

王士禎的一生，文名大於官聲。15歲時就寫有詩集《落箋堂初稿》，得到那時文壇盟主錢謙益的首肯。23歲時秋遊濟南，在大明湖畔舉辦過一次筆會，參加者不少，唱和者更多，因為他作的《秋柳》四首，語驚四座，詩傳八方。在《菜根堂詩集序》中，他說到這組詩的緣起時，小吹了一點牛：「順治丁酉秋，予客濟南，時正秋賦，諸名士雲集名湖，一日會飲水面亭，亭下楊柳十餘株，披拂水際，綽約近人，葉始微黃，乍染秋色，若有搖落之態。予悵然有感，賦詩四章，一時和者數十人。又三年，予至廣陵，則四詩流傳已久，大江南

北和者甚眾，於是《秋柳》詩為藝苑口實矣。」

四首中的一首是這樣寫的：

> 秋來何處最銷魂？殘照西風白下門。
>
> 他日差池春燕影，只今憔悴晚煙痕。
>
> 愁生陌上黃驄曲，夢遠江南烏夜村。
>
> 莫聽臨風三弄笛，玉關哀怨總難論。

這首詩寫得蓄矇朧，你很難說他有多大歡悅，但也忖度不出他有多大憂愁。高興嗎？顯然不；痛苦嗎？也未必。妙就妙在他似乎說了什麼，其實他什麼也沒有說，然而，字裏行間，你還是覺得他想表達什麼的，可是，究竟是什麼呢？他也不會明確告訴你，你還是自己去琢磨吧！如果你一定要探討什麼叫「神韻」的話，這種遊移不定模糊閃忽的境界，也許正是答案之所在了。應該說，王士禎這組早期作品，還沒有完全「漂白」，因而也未完全具有他「神韻說」的風格。正是其中還能讀出一點「故國之思」、「盛衰之感」，所以顧炎武、冒襄這樣的鐵桿明末遺民，也隨之唱和，而讓他名震海內，比得一個什麼大獎更為光彩。

於是，王士禎沿大運河奔赴揚州，儘管他不是很樂意來到揚州當一名「粗官」（武官），但卻對這座人文薈萃的東南重鎮，所能提供給他的人脈資源，感到極大的興趣。第六感告訴他，這簡直是開挖不盡的富礦，你可不要錯失良機啊！因此，他迅速地判斷形勢，適應環境，改變策略，轉移重心，這就是他非同一般的高明和精明了。雖然他「神韻說」的詩歌創作，「漂白」得毫無政治，但沒有政治本身其實也是一種政治。這位標榜不講政治的文人，卻做出極具政治性質的決定，從到揚州的第一天開始，要打造出一個屬於他的文學天下。所

以，他從 1660 年（順治十七年）到揚州任推事起，到 1665 年（康熙四年）被調回京返禮部任職，這五年時間內，全方位地，多層次地，與各界人士進行密集的交遊、往還、酬唱、宴飲，為自己打通人脈、積攢人氣。他以揚州為中心，以長江為紐帶，輻射蘇、浙、皖三省，凡斯文冠蓋、學者鴻儒、前朝遺老、當時俊秀、華族貴冑、陋巷窮儒、門生子弟、倡優樂工，無不在其高頻率的、面對面的接觸之中。甚至那些北上京師的江南名流、那些京城南下的外放高官，因為都要乘船經大運河，而必在揚州碼頭暫歇，貽上先生也要一一酬應，交通聲氣。第一，他沒有架子；第二，他真的慷慨；第三，學問雖大，但求教之心迫切；第四，他的文學「漂白觀」不具政治色彩，無所窒礙，倒也為他打開各黨各派的門，提供了方便。於是，大家無不為其磊落的丰采、風雅的談吐而傾倒，為其博贍的學問、靈韵的詩篇而折服。一而十，十而百，口碑不脛而走，主人雅，客來勤，圈子越來越大，五年揚州，打下他一生受用不盡的人脈基礎。

在李斗的《揚州畫舫錄》中，記載着時人對他的評說。吳偉業曰：「貽上在廣陵，晝了公事，夜接詞人。」冒襄曰：「漁洋文章結納遍天下，客之訪平山堂、唐昌觀者，日以接踵，漁洋詩酒流連，曲盡款洽。客相對永日，亦終不忍干以私。嘗有一莫逆臨別，公曰：『愧官貧無以為長者壽，署有十鶴，敬贈其二，誌素交也。』」徐釚曰：「虹橋在平山堂法海寺側，貽上司理揚州，日與諸名士遊讌，於是，過廣陵者多問虹橋矣。」宋犖說：「阮亭謁選得揚州推官，遊刃行之。與諸士遊讌無虛日，如白、蘇之官杭，風流欲絕。」

1664 年（康熙三年），揚州任滿的他，得到總督、巡撫、河督的聯名保舉，入京供職。

文學圈，也是江湖。既然是江湖，並非總是風平浪靜，也有驚濤拍岸、暗流洶湧、險象叢生。如王士禎者，有真功夫，有大學問，

有理論依據，有創作實踐，加之信眾的鼎力支持，加之盟友的紮實奧援，這兩個「加之」，十分關鍵。只有如此前擁後呼，才能在江湖中得到「不管風吹浪打，勝似閒庭信步」的從容。

從揚州開始，圍繞着他的人氣集團逐漸形成。調回北京，從任禮部主事、戶部郎中起，他的這個鼓吹、哄抬的後援團，更為壯觀，在製造輿論、拉高行情方面很起作用。張舜徽分析：「士禎享名之盛，身後尤彰於生前，亦半由後學表章之力。」其實也不盡然。就看當時，比他大 20 歲的宋琬，要請他「定其詩筆」；比他大 15 歲的施閏章，求他核定其詩集，還要「登堂再拜」。有幾個文人是傻子，再說鬍子一大把，豈是白活的，正是看到王士禎的如日中天的聲勢，看到他背後有當今聖上的影子，才不得不對他降貴紆尊，曲意逢迎。而比他大一歲的徐乾學，雖為顧炎武之甥，但卻是一個與其舅絕對背道而馳的勢利小人，那就更為馬屁了。「往歲郃陽王黃湄、江都汪季，邀澤州陳說岩、新城王阮亭及余五人，集於城南祝氏之園亭，為文酒之會。余與諸公共稱新城之詩為國朝正宗，度越有唐。」顯然，這位康熙權相明珠的親信、明珠之子納蘭性德的門師，提前獲得內部消息，知道王士禎即將大發達，這才搶先加冕他為「一代宗師」。

果然，人要走運，鬼神難擋，天上掉的餡兒餅，不偏不倚地砸到了他的頭上。據王士禎的《召對錄》《漁陽山人自撰年譜》，那故事還頗具一點今古奇觀的味道：「康熙丙辰（十五年），某再補戶部郎中，居京師。一日，杜肇餘臻閣學謂予曰：『昨隨諸相奏事，上忽問，今各衙門官讀書博學善詩文者，孰為最？』首揆高陽李公（霨）對曰：『以臣所知，戶部郎中王士禎其人也。』上頷之，曰：『朕亦知之。』」「明年丁巳（十六年）六月，大暑，輟講一日。召桐城張讀學（英）入，上問如前。張公對：『郎中王某詩，為一時共推，臣等亦皆就正之。』上舉士禎名至再三，又問：『王某詩可傳後世否？』張對曰：『一時之

論，以為可傳。』上又頷之。七月初一日，上又問高陽李公、臨朐馮公（溥），再以士禎對，上頷之。又明年戊午（十七年）正月二十二日，遂蒙召對懋勤殿。次日特旨授翰林院侍讀。」從此，入值南書房。

要是知道康熙那幾年裏，由於強撤「三藩」，激使吳三桂反叛，雙方戰爭處於膠着狀態，勝負前景不明，因而覺得江山不穩，由於害怕人心敗亂，更害怕有人給他搗蛋，這個精明的政治家，需要一個文化戰線上的領軍人物為他穩住陣腳，我們也就不用詫異王士禎為什麼會鴻運當頭了。從康熙所說「朕亦知之」忖度，這個以「神韻」說，以「漂白」文學為創作主旨的王士禎，早就是陛下心目中的不二人選。所以，王士禎進入南書房的第一件事，就是選他「漂」得再「白」不過的三百首詩，送呈御覽。康熙閱後，大喜，因為正合孤意，賜名曰《御覽集》，並寫下評語：「作詩甚佳。」如果放在十年「文革」期間，這大概就是「樣板詩」了。

從此，康熙恩典不絕：十七年，賜御書「存誠」、「格物」二匾；三十九年，賜御書「帶經堂」匾額；四十一年，再賜御書「信古齋」匾額。「二十五年中三蒙御筆題賜堂額，榮寵逾涯。」與此同時，他也由少詹事、兵部侍郎、都察院左都御史，一路升遷到刑部尚書，達到他人生得意的巔峰。然而，大清王朝的詩運，一路下坡，再無起色，直到晚清龔自珍出現前，無一震撼中國的詩人，也無一感動中國的詩篇，王士禎「漂白文學」的「神韻說」，當不能辭其咎矣！

儘管人在江湖，身不由己，但從文學史的角度看，三十年，五十年，一百年，作為文人的這個群體，一無骨鯁之性，二無陽剛之氣，三無黃鐘大呂之聲，四無批判現實主義之鋒芒，一個個，油光水滑，甜嘴蜜舌，滋潤而且快活，坦然而且自得，長而久之，久而長之，猶如蒸餾水中養魚，早晚會因缺氧，而肚皮朝天的。

不狂，還是洪昇嗎

----- **洪昇**（1645—1704）-----

字昉思，號稗畦，又號稗村、南屏樵者，清朝戲曲作家、詩
人，錢塘（今浙江杭州）人。生於世代官宦之家，科舉不第，
白衣終生。代表作《長生殿》歷經十年寫成，引起社會轟動。

文人，是非多，也真是沒有辦法。

其實從古至今，文人都是單幹戶、個體戶。以常理而論，你
幹你的，我幹我的，你我之間，或你我與他之間，不會發生也不應發
生任何關係。雖然數千年來，某個文人與某個文人，某些文人與某些
文人，會產生政治上的附庸關係、經濟上的依靠關係，從而也就有了
文學上的僕從關係，而一旦彼此之間構成老爺和隨從的關係，倒不大
容易有是非了。你是皇帝，我是你的御用文人，我敢跟你有是非嗎？
是非的產生，必須在那些我寫什麼無須你首肯，你寫什麼無須我認可
的文人們之間產生，彼此不買賬，互相較着勁兒，咬個沒完沒了。因
此，無妨説，是非乃文人的本性。而中國文人，尤其的「是非」，不
但是非不斷，不但是非成性，而且因是非以至於恩恩怨怨，一輩子兩
輩子，也不肯化解。

公元 1689 年（清康熙二十八年）十月間所發生的「《長生殿》案」，就是一場因文人的是非而引發的一起「文字獄案」。

歷來，都把這筆賬算在清朝統治者的頭上，其實，是有點冤哉枉也的。因為，大清王朝統治的 268 年間，確實發生過將近二百起「文字獄」，尤其在康、雍、乾所謂「盛世」的百多年間，大概平均每過半年，就要收拾文人一次。有把柄要收拾，沒把柄也要收拾，清朝皇帝對文人，其鎮壓之不遺餘力，其整肅之殺氣騰騰，其處置之不稍寬待，其刑獄之殘忍慘毒，在中國歷史上，堪稱自秦始皇「焚書坑儒」以來，最為高壓、最為恐怖的。不知有多少知識分子，因文字之累，或家破人亡，或株連三族。每案少則數十人，多則數百人，因而坐牢殺頭，充軍發配，妻女童孺淪為八旗貴族之婢僕，丁壯男子遠戍黑龍江、烏蘇里江為披甲人奴。所以這次「《長生殿》案」，說是「文字獄案」當無不可，無論如何，如此聲嚴色厲，以致一干人等嚇得魂不附體的、求爺告奶的，不一而足。案子壓在刑部等候發落期間，這班人犯着實度日如年好一陣子。大清王朝大興「文字獄」，其目的就是要讓文人夾着尾巴做人，這個殺雞儆猴，不「殺雞」同樣也能「儆猴」的效果，正是康熙所想達到的。

本案當事人洪昇，正是春風得意之際，卻遭到太學除名的打擊，被遣返回鄉。這樣一位大才子、大詩人、大戲曲家，蹭蹬一世，最後失足落水而亡。我曾經認為，康熙脫不了干係，但繼而一想：第一，此案沒有一個文人被關進班房，也沒有一個文人掉了腦袋，實為個例；第二，雖因國喪演出《長生殿傳奇》而致禍，但並未因而禁演，相反，戲班卻由此得了便宜，獲得更高的票房；第三，最可樂者，當事人洪昇雖然被開除學籍，不能再求功名，可他並沒有被文壇拋棄，也沒有被媒體封殺。他一方面在體制外寫作，再也不受官府鳥氣；一方面受體制內認可，康熙點過頭、鼓過掌，還有誰敢不買賬？他回到

錢塘，從此過着優哉遊哉的日子，享着眾星捧月的風光。

　　大概任何時代，這種按下葫蘆起來瓢的反彈現象，都是很讓統治者傷腦筋的。越批越紅的中國人，是屢見不鮮的。官府不喜歡，百姓卻很待見；你說他臭，我說他香，你說他香，我說他臭，偏要逆反當局，實在讓主管部門無可奈何。如果沒有這場文人是非，惹出這起「文字獄」，洪昇混好了，頂多補上一個知縣。恐怕康熙派駐在江南的特務頭子、江寧織造曹寅，也不會把他放在眼裏。如今他雖一介布衣，賈寶玉的爺爺卻不得不禮敬三分。

　　關於這起清初的文人是非，坊間傳有多種版本。

　　在陳康祺《郎潛紀聞初筆》裏，是這樣說的：

　　　錢塘洪太學昉思昇，著《長生殿傳奇》初成，授內聚班演之。聖祖覽之稱善，賜優人白金二十兩。於是諸親王及閣部大臣，凡有宴會，必演此劇，而纏頭之賞殆不貲。內聚班優人請開宴為洪君壽，而即演是劇以侑觴，名流之在都下者，悉為羅致，而不給某給諫。給諫奏謂，皇太后忌辰設宴樂，為大不敬，請按律治罪。上覽其奏，命下刑部獄，凡士大夫及諸生除名者幾五十人。益都趙贊善伸符，海寧查太學夏重，其最著者。後查改名慎行登第，趙竟廢置終其身。

　　在王應奎的《柳南隨筆》裏，説法大同小異：

　　　康熙丁卯、戊辰間，京師梨園子弟以內聚班為第一。時錢塘洪太學昉思升著《長生殿傳奇》初成，授內聚班演之。聖祖覽之稱善，賜優人白金二十兩，且向諸親王稱之。於是諸親王及閣部大臣，凡有宴會，必演此劇而纏頭之賞，其數

悉如御賜，先後所獲殆不貲。內聚班伶人因告於洪曰：「賴君新制，吾輩獲賞賜多矣！請開筵為君壽，而即演是劇以侑觴。凡君所交遊，當延之俱來。」乃擇日治具，大會於生公園，名流之在都下者，悉為羅致，而不及吾邑趙星瞻徵介。時趙館給諫王某所，乃言於王，促之入奏，謂是日係皇太后忌辰，設宴張樂，為大不敬，請按律治罪。上覽其奏，命下刑部獄，凡士大夫及諸生，除名者幾五十人，益都趙贊善伸符執信、海寧查太學夏重嗣璉其最著者也。後查改名慎行登第，而趙竟廢置終其身。

而查《康熙起居注》，關於此案，有如下的記載：

二十八年十月初十日癸酉。辰時，上御乾清門聽政，部院各衙門官員面奏畢。大學士伊桑阿等以摺本請旨：「吏部題復，給事中黃六鴻所參贊善趙執信、候補知府翁世庸等，值皇后之喪未滿百日，即在候選縣丞洪昇寓所，與書辦同席觀劇飲酒，大玷官箴，俱應革職。」上曰：「趙執信着革職。」

《康熙起居注》是具權威性的官方文書（按起因不是太后忌辰，而是皇后之喪，與前兩則引文有異），告發者黃六鴻，即上引兩文中所謂的「某給諫」，當無疑義。那麼，他為什麼像瘋狗一樣，狂咬趙執信和洪昇，而且咬住了就不撒嘴呢？從王培荀的《鄉園憶舊錄》，可知這場文人是非的由來：

趙秋谷先生（即趙執信）以演《長生殿》罷官，劇本雖洪昉思撰，而秋谷改定處特妙。劾之者為禮科給事中黃某，

即著《福惠全書》者。前官山東郯城令有聲，相傳黃入都以土物及詩集餽秋谷，秋谷回帖云：「土物拜登，大集敬避。」因是銜之刺骨，蓋修報也。里居時，當見其奏疏，牽引多人，且有書辦混雜。末云：「臣在禮言禮，於諸人宿無嫌怨。」其中多有名士。都人有口號云：「國服雖除未免喪，如何便入戲文場；自家原有三分錯，莫把彈章怨老黃。」「秋谷才華迥絕儔，少年科第盡風流；可憐一曲《長生殿》，斷送功名到白頭。」

　　現在看起來，這場文人的是非，主角乃趙執信和黃六鴻，洪昇純係池魚之災，算是陪着吃掛落的倒霉蛋。怪只怪這個趙執信，一自大，二因自大而輕狂，三因輕狂而高標自許，目空一切，因而得罪了黃六鴻這個小人，那他只有吃不了兜着走啦！趙執信（1662—1744），字伸符，號秋谷，青州府益都縣人。7歲能文，14歲為秀才，17歲中舉，18歲殿試二甲進士，23歲山西鄉考正試官，25歲升右春坊贊善兼翰林院檢討，春坊者何？乃太子府官，那是未來新朝的棟樑，誰敢不禮敬？誰敢不巴結？啊！趙秋谷此時不到30歲，舉業仕途，文名詩運，無不心想事成，這一份堂皇的履歷，由不得他不狂。何況他青春年少，倜儻不群，一時間，文壇視為「希望之星」，官場看作「後起之秀」，當然不把一個土得掉渣的外省縣令，一個名不見經傳的三流文人放在眼裏。

　　黃叔琳的《趙執信墓表》說他得意之時：「朝貴皆願納交，而先生性傲岸，恥有所依附，落落如也。故才益著，望益高，忌者亦益多。」名士如朱彝尊、陳維崧、毛奇齡等人「尤相引重，訂為忘年交」（《清史稿》）。試想一想，連這班前朝遺老，都放軟身段折節與交，那烘雲托月的作用，忽悠得趙先生不知自己吃幾碗乾飯。突然間，一

筐柿餅、一簍紅棗，也許還有膠縣白菜、章丘大葱之類，出現在贊善府的門口，這就很讓趙執信捏鼻子了，再加上一冊自費出版的《黃六鴻詩文集》，以及恭請大師指正等，立刻一腦門官司給喝退出去。這就是陳恭伊在《觀海集序》所說的了：「士之詩文贄者，合則投分訂交，不合則略視數行，揮手謝去，是以大得狂名於長安。」

在這個世界上，凡文人之狂，可分兩種，一是無本事的狂，一是有本事的狂。無本事的狂，為狂之大多數，泛濫成災；有本事的狂，為狂之極少數，難得一見。無本事的狂，又稱傻狂、癲狂，由於具有裝瘋賣傻的戲劇性，往往因其觀賞價值能被社會接納。你就看當代文壇上那些醜類的表演，居然能哄住守着電視機的老太太、初中生，成其粉絲，便知端的。而有本事的「狂」，則表現為狂放、狂狷，這類在精神世界裏高蹈睿哲、通脫不羈的智士，由於常常領先真理一步，不但沒有戲劇性，相反倒會拆穿戲劇性，因而不被社會接納。趙執信的「狂」，實質屬後者，表象近乎前者，這也是太容易成功的人士，總記住上帝那張慈祥的呵護他的臉，而想不到上帝也會將冰冷的後背對着他，以致百密一疏，失於檢點。於是，才 27 歲的他，看了朋友的一場戲，便由一帆風順、鵬程萬里的幸運兒，頓成丟官卸職嘛也不是的落水狗。

吃了閉門羹的黃六鴻，當然視作奇恥大辱。小人如蛇，趙秋谷詩寫得不錯，但應對蛇蝎，卻書生意氣。打蛇要打七寸，打不死這條蛇，你就千萬別惹他。他居然收下土產，退回文集，這就是分明的蔑視和挑戰了。內聚班覺得賺了不少銀子，名優覺得掙了不少體面，那時候也無知識產權或版稅這一說，也無潛規則或票房抽頭這一說，於是說，洪太學，小的們頗承老爺這齣戲，成了內聚班的搖錢樹。這樣吧，七月初一，您老的生日，咱們在您府上來一台堂會，全用 A 組演員，來演您的《長生殿》。順便找東興樓或者豐澤園來辦幾桌席，

客儘管你請，菜儘管你點，只當小的們盡一份心意。洪昇說，此事甚佳，趙秋谷先生乃文壇祭酒，主賓席萬萬不能少了他。

其實，黃六鴻倒是希望能得到洪昇洪太學的邀請，怎麼說，這位年輕才子的新戲，他是捧過場、叫過好的。可他不了解，都下文人這個圈子，第一看名氣，第二看分量，你雖有名氣而不響，你雖有分量而不重，人家不將你放在眼裏，這也是文壇勢利的必然。因此等到這一天，怎麼也盼不來這張請束，他不禁有點鬱悶，更有點氣惱。

在中國，大概也不只是中國，所有的三流文人，從來不肯承認自己三流；而偏偏所有的三流評論家，最拿手的好戲就是把一流文人的桂冠，給三流文人加冕成「大師」。

黃六鴻，字思湖，福建侯官人，曾為郯城、東光知縣，擅筆墨，有政聲，遂調為京官，為工部給事中，應該要比三流文人略高一籌。因他所著述的《福惠全書》，集其為州縣一級首長如何施政的經驗體會，頗具實用價值。《清史稿・藝文志》還曾將這部書列入官箴類讀物，這部當時的「大清王朝幹部必讀」，所有為縣令者無不人手一冊。為此，他覺得自己是塊料，還是塊不錯的料，當然應該被邀，絕對應該出席，而居然被拒之門外，這真是豈有此理！更聽說當晚那個趙執信，坐在主桌上座，一方面，指手畫腳，高談闊論；一方面，扒海參，燴魚翅，吃得不亦樂乎，這都讓他血壓升高，氣得牙癢。王夫之說過：「君子之道，有必不為，無必為；小人之道，有必為，無必不為。」這個小人，有必為者，就是報復；無必不為者，就是要往死裏整這個趙執信。怒從心頭起，惡從膽邊生的黃六鴻，控之以皇后喪期未滿百日，開鑼演戲為大不敬罪，寫下這封檢舉信。其實這本是文人的是非，他無限上綱，往康熙剛死不久的佟皇后的喪儀上掛，就成了政治上的大是非。隔日，趙執信、洪昇因昨夜酒喝高了，尚在美夢之中，那黃六鴻以給諫（相當於紀檢委）的身份，已將摺子遞到刑部

衙門。

史家説，洪昇是朝廷中南派和北派黨爭，或滿族官僚與漢族官僚一次政治較量的犧牲品，這當然也有道理。但康熙要給知識分子一點顏色看看，也是他的一貫方針。不過，要沒有黃六鴻扮演這個始作俑者的角色，官不追，民不究，也就偃旗息鼓了事。別説黨爭不興，皇帝老子想找事端，也是挑不起來的。

中國文人基本上都是銀樣鑞槍頭，全是嘴把式，得意時膨脹，氣壯如牛；失意時收縮，癩皮臭蟲，能請神而送不了神，能惹事而不能了事。至此，也就只好伸長脖子，等着開刀問斬了。最終，大出意外，太陽從西邊出來，因文人是非而起的「《長生殿》案」，卻以削職罷官、革除學籍而宣告了結。如果這也算是「文字獄」的話，也許是大清王朝唯一的一次從輕發落，因此難能可貴。心懷叵測的黃六鴻，本想題奏上去，激起龍顏大怒，估計那些大吃特吃的與會者，尤其那個收下柿餅、大棗、白菜、大葱而不認賬的趙執信，腦袋不一定掉，皮肯定要剝去一層的。誰知康熙高高舉起，輕輕放下，某給諫卻從此「豬八戒照鏡子，裏外不是人」，很長時間足不出戶，怕人家背後戳脊樑骨。不久，黃六鴻到底找了個致仕的理由，灰頭土臉回到原籍去了。

無官一身輕的趙執信，從此山南海北，周遊四方，在詩的寫作路線上，追求現實，紓民眾心曲，反映生活，為社會吶喊。他與妻舅王士禎主張的「神韻説」唱反調，認為文人不能關在都城的小圈子裏，而應該走出象牙之塔，進入百姓鄉土的大範疇，沉積多年以後，詩詞寫得更有骨力，文章寫得更有內涵，自成清初一家。這大概可謂「失之東隅，收之桑榆」，算得上有一個差強人意的收穫。

至於那位吃掛落的洪昇，於公元 1691 年（康熙三十年）回到家鄉。江南父老對這位沒落才子，敞開懷抱，熱烈歡迎。據他的友人金

埴所著的《巾箱說》記載，這位劇作家仍是一個樂觀主義者。「往予杭州寄亭，去昉思居咫尺。每風動春朝，月明秋夜，未嘗不彼此相過。偕步於東園。游魚水曲，欲去還留；啼鳥花間，將行且竚。昉思輒向予誦『明朝未必春風在，更為梨花立少時』之句。且曰：『吾儕可弗及時行樂耶？』」

看來，這起轟動一時的案件，對他這個當事人來講，並無什麼罣礙。第一，書照樣出；第二，戲照樣演；第三，他照樣受到官方、半官方、民間人士的高規格接待；第四，最主要的，就是尤侗為其《長生殿傳奇》一書出版時所作序文中，所描寫的那不變的「狂」，也就是他這個文人的精氣神猶在：「狂態復發，解衣箕踞，縱飲如故。」

應該這樣說，洪昇不狂，還是洪昇嗎？要是黃六鴻知道這一點，就該撒泡尿把自己淹死。金埴在《巾箱說》中，提到洪昇最後的風光：

> 昉思之遊雲間、白門也，提帥張侯雲翼降階延入，開讌於九峰三泖間，選吳優數十人，搬演《長生殿》。軍士執殳者，亦許立觀堂下。……時督造曹公子清寅，亦即迎至於白門。曹公素有詩才，明聲律，乃集江南名士為高會。獨讓昉思居上座，置《長生殿》本於其席，又自置一本於席。每優人演出一折，公與昉思讎對其本，以合節奏，凡三晝夜始闋。兩公並極盡其興賞之豪華，以互相引重，且出上幣兼金贐行。長安傳為盛事，士林榮之。

雖然洪昇的結局，令人扼腕（他從南京返回杭州，路過烏鎮，不幸因醉酒失足落水而亡），但在這場極其隆重的盛大演出之後，得大風頭，得大滿足，得大解脫，得大歡喜，也死而無憾了。

大清王朝熱衷於搞「文字獄」，為史之最，不過這一次例外。

「《長生殿傳奇》案」中趙執信、洪昇、黃六鴻的角力，說到底，只是一場文人的是非而已。

康熙、雍正、乾隆的嘴臉

康熙（1654—1722）

清朝第四位皇帝。他在位 61 年，是中國歷史上在位時間最長的皇帝。他是中國統一的多民族國家的捍衛者，奠定了清朝興盛的根基。

雍正（1678—1735）

清朝第五位皇帝。他在位時期，實行了一系列鐵腕改革政策，並勤於政事，自詡「以勤先天下」、「朝乾夕惕」。

乾隆（1711—1799）

清朝第六位皇帝。在位 60 年間進一步完成了多民族國家的統一，令社會經濟文化有了進一步發展，但「文字獄」之風更加嚴酷。

1682 年（康熙二十一年），正月十九，康熙諭令，將吳三桂骸骨分發各省。

這種發洩仇恨的奇特做法，堪稱首創。如此高智商的皇帝，情急之下，做出這等沒水平的事情，只能證明他氣急敗壞到了無以復加的程度。說白了，即使將其骸骨磨成粉齏，對死了四年之久的吳三桂又有什麼意義呢？再說，將其骸骨分發各省，予以展示，更是匪夷所思。如此野蠻的報復手段，不但起不到儆誠作用，反而使人徒增反感。

康熙為什麼非這樣做不可？因為這位皇帝差一點栽在吳三桂手裏。

吳三桂為中國歷史上最大的漢奸之一，如果他真贏了的話，我相信也沒有幾個中國人會高興的。但是，康熙有相當一段時期，被這個吳三桂逼到牆腳，老百姓還是覺得很開心的。康熙當然知道漢人在看他的笑話，你養了一條狗，你又惹了這條狗，這條狗轉過屁股來咬你，活該！所以，他恨吳三桂！

他有兩個想不到：一是想不到局促在雲南一隅的吳三桂，揮師北上，來勢兇猛。廣西、四川、貴州、湖南、福建、廣東諸省響應，江西、陝西、甘肅等省波及，這使他不知如何是好。二是更想不到八旗子弟兵，尤其不成器。「觀望逗留，不思振旅遄進，竟爾營私適己希圖便安，或諉兵甲之不全，或託舟楫之未具，藉端引日，坐失時機者。甚而干預公事，挾制有司，貪冒貨賄，佔據利藪。更有多方漁色，購女鄰疆，顧戀私家，信使絡繹。尤可異者，玩寇殃民，攘奪焚掠，稍不如意，即指為叛逆。不知怎樣應對？」

《清通鑒》記他在「永興之戰」失利以後，「憂心忡忡，現於詞色」。

雖然康熙最後險勝了，但這是一道最簡單的算術題，傻子也能算清這筆賬。吳三桂死時已是 74 歲，這年康熙剛 25 歲，兩人相差近 50

歲，康熙有足夠的時間等待，等到吳三桂自然死亡後，肯定是「樹倒猢猻散」的局面。何必打八年仗，生靈塗炭，滿目瘡痍？然而年輕氣盛不可一世的他，等不及；自以為是天縱過人的他，不能等。康熙的道理非常簡單：朕 8 歲登基，14 歲親政，16 歲就不動聲色地拿下輔臣鰲拜，獨掌朝政大權；那麼，朕 20 歲了，還不撤除「三藩」，以去心腹之患，更待何時？

於是，此人信心滿滿，志在必得，因為先前有決策權的大臣，如鰲拜等，不是殺頭，就是打倒，再也無人諫勸此事之不可為；後來剩下的大臣，如明珠等，都是馬屁精之流，只會順桿兒爬。康熙遂在處置吳三桂、耿精忠、尚可喜三位漢族藩王的策略上，改變多爾袞、順治一直到鰲拜利用之、收買之、尊崇之的同時，逐步削減之的手段。

這班人未必喜歡這個為清王朝立下汗馬功勞的平西王，但是他們相信時間最後可以擺平一切。

然而，康熙高估了自己，他以為能把擁有至高權力，如四輔臣、如鰲拜等統統拿下，吳三桂豈在話下？可他沒有仔細思量，鰲拜之流固然在朝廷裏有黨羽，可都在陛下您的視線之內、掌控之中呀！而吳三桂卻遠在南疆，鞭長莫及，何況他又是有地盤、有軍隊的實力派。現在，您一紙諭令，要他和他的部屬撤出經營了十年之久的雲南、貴州，再去駐防山海關，再去拓荒墾邊，分明是激其生變。

別看如今對康熙的吹捧甚囂塵上，對盛世的渲染離奇過分，其實，他也不高明，至少在「撤藩」上走了一步臭棋。在中國歷代王朝中，在建國 30 年後，逼反功臣，引發內戰，而且一打就是八年，是只有康熙，才幹得出來的糗事。其狂妄、其愚蠢、其冒險，可想而知。

結果，這場仗打了八年，吳三桂差不多打下了長江以南的半壁江山，其間，雙方進行過六次殊死決戰，吳軍勝四，清軍勝二，吳三桂

是佔上風的。幾年的仗打下來,吳三桂的總兵力為清軍的兩倍,無論數量和質量上,康熙都不是他的對手。因此,如果不是吳三桂病死,戰爭未必很快結束。既然戰爭還要進行下去,那麼他被吳三桂打敗的可能是存在的。至少還要再打上若干年,才能定勝負,惟其如此,康熙的贏,贏得有些忐忑。

「幸荷上天眷祐,祖宗福庇,逆賊遂爾蕩平。倘復再延數年,將若之何?」這話是發自他內心的。

在中國歷史上,「撤藩」是一種最高統治者不得不做,然而最好不做的危險遊戲,因為涉及地方利益,被剝奪者通常要進行反抗,而剝奪者也就必然要進行「反」反抗,因此,雙方都沒有好果子吃,都得付出代價。公元前154年,漢景帝劉啟用晁錯計,削奪諸侯國部分土地,歸中央直接管理,吳王劉濞、楚王劉戊,與其他五位侯王,以「清君側」的名義起兵反抗中央政府,史稱「七國之亂」。劉啟派太尉周亞夫、大將軍竇嬰率大軍鎮壓,歷時三月,叛亂平定。公元1399年,明惠帝(即建文帝)朱允炆納齊泰、黃子澄削藩之策,是年七月,駐北京的燕王朱棣,以誅齊、黃為名,舉兵反。這一仗打了四年,朱棣攻入南京,惠帝自焚,叔叔奪了姪兒的江山。唯有公元961年與969年的宋太祖趙匡胤的兩次「杯酒釋兵權」,算是一次成本極低的「削藩」行動。

看來,這位少年天子,此時仍屬不學無術之流,並沒有從中國歷史中汲取教訓,了解怎樣使「尾大不掉」的各路諸侯,削權降格;使擁兵自重的地方軍閥,解除武裝;使功高震主的開國元勛,從此不再干政,而是一意孤行,非要逼吳三桂就範。結果,他自己也承認這場險勝,與失敗無異。「偽檄一傳,在在響應,八年之間,兵疲民困。」然而,掀起此次戰亂的這個主謀,並不責備自己,卻振振有詞地反問大家:

　　憶爾時唯有莫洛、米思翰、明珠、蘇拜、塞克特等言應遷移，其餘並未明言遷移吳三桂必致反叛。議事之人至今尚多，試問當日曾有言吳三桂必反者否？（見章開沅主編《清通鑒》）

　　聽聽，這等錯了不認賬，把責任都推給別人的口吻，多麼無賴，又多麼可笑啊！

　　1725 年（雍正三年）十二月辛巳，一個名叫汪景祺的人被「棄市」。

　　那時在北京，只要「棄市」，就是押往菜市口殺頭。雍正嗜殺，當然，康熙和乾隆也並不少殺，不過雍正更殘忍更可怕些，手段和花樣也更促狹更陰損些。這次殺汪景祺，大家原以為看一場熱鬧，隨後作鳥獸散，回家喝二兩，慶幸自己腦袋還在脖子上，也就罷了，誰知這次菜市口秋決，出了點麻煩，監刑官、劊子手對着這具身首分離的死屍，直吮牙花子，不知如何辦才是。因為一位刑部衙門的文案，指出這份將汪景祺斬立決的諭旨，上面還有雍正爺的朱批，寫着「立斬梟示」四個字。「立斬梟」遵旨照辦了，還有這個「示」字，什麼意思呢？臣僚們琢磨了半天，才明白陛下的意思，不光要砍下腦袋，還要把這顆腦袋懸掛在菜市口示眾。示者，公示也，也就是公開展覽。讓大家看看，跟皇帝老子作對會有什麼下場。

　　砍頭、戮屍燔骨，這是康、雍、乾時不乏見的場面，然而像雍正如此忮刻酷暴，將汪景祺的頭顱一直掛到他駕崩，也沒説一句拿下的話，在中國人受迫害的全部歷史上，還真是少見的暴虐。哪裏還有一點點當下人們鼓吹的「盛世」帝王的胸懷？整個看來，康、雍、乾三帝，一個賽一個不是東西。

汪景祺在年羹堯的西寧大營中，當過兩年幕僚，他的災難即由此而來。

這位汪景祺，號星堂，浙江錢塘人氏。康熙時舉人，小有文聲，但仕途蹭蹬，一直不那麼發達，萍蹤浪跡，落魄秦晉，並無定處。清朝的武官，粗鄙少文，地位較高的方面統帥，通常要禮聘一些文人為幕客。名氣大的，為客為賓，起參謀僚屬的作用；名氣小的，為職為員，司文書筆墨等事。年羹堯，康熙時進士，內閣學士，非等閒之輩。康熙年間，他西征噶爾丹、郭羅克、羅卜藏丹津諸役的赫赫戰功，總不能自己動手撰文吹噓，恰好，這位汪師爺，一心想上他這艘艨艟巨艦，於是，給年大將軍寫了一封信，極盡歌功頌德之能事：

> 蓋自有天地以來，制敵之奇，奏功之速，寧有盛於今日之大將軍者哉？僕向之所向慕，歸往於閣下者，台閣之文章，斗山之品望而已。……朝廷深賴賢佐，天下共仰純臣。朗若青天，皎如白日。夫是以宸翰寵賁，天子倚閣下等山岳之重也。今閣下英名如此其大，功業如此其隆，振旅將旋，凱歌競奏。當吾世而不一瞻仰宇宙之第一偉人，此身誠虛生於人世間耳。（《西征隨筆·上撫遠大將軍太保一等公川陝總督年公書》）

這樣，雍正二年，此公被年羹堯延請入幕，聘為文膽。

其間他所著《西征隨筆》，在查抄年羹堯杭州邸宅時，被侍郎福敏發現，呈上。喜歡作批示的雍正，在書上親筆寫上：「悖謬狂亂，至於此極，惜見此之晚，留以待他日，弗使此種得漏網也。」「此種」兩字之間，也許雍正漏寫了一個「雜」字，這個人太招他恨了。

我一直忖度，同案的錢名世，也是因年羹堯獲罪的，同樣，也是

因寫捧年大將軍的馬屁詩被參，但雍正並沒有將他送往菜市口秋決，而是御書「名教罪人」匾額，要他掛在自家大門口，每日叩拜懺悔，有點像當年戴上「右派」帽子，接受群眾監督那樣。雖然每天磕頭，但保住了腦袋。最滑稽的是，將錢名世遣返回鄉時，雍正讓朝廷所有官員都寫詩表態，認為他罪該萬死，幸而皇上寬大為懷，令其居家思過。這部大批判集，故宮博物院作為「文字獄」一案，曾經印行過的。

雍正恨汪景祺，勝於恨錢名世，道理很簡單，他們都拍年羹堯的馬屁，但錢名世止於寫諛詩而已，而汪景祺則參與機要，助紂為虐，這是雍正早在儲位的時候就種下的仇恨。康熙晚年選嫡，舉棋不定，年羹堯的一票，起於一言興邦、一言喪邦的關鍵時刻，雍正也對這位軍門示好巴結，聯絡拉攏。而汪景祺對於這位功高震主的軍事統帥，所能起到的左右作用，是非同小可的。這才使雍正始終戒之懼之，勢必狠狠報復而後快的。

這本《西征隨筆》，讓雍正逮了個正着。應該說，汪景祺不傻，他不是有小聰明而是有大聰明，不是有小野心而是有大野心，書中有《功臣不可為》一文，就是為年大總督寫的，其意所指，年羹堯是會心的。不但會心，很可能首鼠兩端過，雍正不會沒有知覺。

雍正的情治系統，其效率之高，野史演義多有記載，早把年大將軍與另一可能接班的對象允禵，在西寧的來往，密報上來。雍正三年四月，這位陛下最初發難，諭責年羹堯僭越之罪時，無心之言，洩露天機：「朕曾將御前侍衛揀發年羹堯處，以備軍前效力，並非供伊之隨從也。然伊竟將侍衛不用於公務，俱留左右使令。」這些侍衛，其實就是雍正安排在年羹堯身邊的「克格勃」，而汪師爺的一言一行，豈能逃脫這班皇家特工的眼睛。於是，這一年的十二月十一日，賜年羹堯自裁。一周後，雍正就將汪景祺這位年府首席文人，梟首示眾，那身軀和腦袋分別掛在菜市口的通衢大道上，任鴉啄蠅聚，風吹雨

淋。此案亦株連家小，「其妻發黑龍江給窮披甲人為奴，其期服之親兄弟，親姪俱革職，發寧古塔，其五服以內之族親現任、候選及候補者俱革職，令其原籍地方官管束，不得出境」。

這個雍正，近年來被奉為「盛世之主」，小說寫過，電視演過，但他對汪景祺刻薄歹毒，以致那屍骸骷髏在菜市口一掛十年，這位陛下的小人嘴臉，還不昭然若揭嗎？

公元 1735 年八月二十三日雍正逝世，乾隆繼位，這年他 24 歲，正是年富力強之際。不過，他的老子臨終囑託裏，特別交代：「大學士張廷玉器量純全，抒誠供職；鄂爾泰志秉忠貞，才優經濟。此二人者，朕可保其始終不渝，將來二臣着配享太廟，以昭恩禮。」這讓剛坐上龍椅的乾隆，心裏很不是滋味。

一朝天子一朝臣，任何一位新皇帝，對前朝老臣都不會太歡迎的。

鄂爾泰為滿洲鑲藍旗人，任過廣西巡撫、雲貴總督，雍正朝授保和殿大學士。1732 年（雍正十年），為首席軍機大臣，備受器重。雍正還為皇子時，曾拉攏他作為私黨，被斷然拒絕，沒料想雍正反而對他肅然起敬，為帝後對他立授重任。鄂爾泰力主西南諸省的少數民族地區，廢土司、設府縣、置流官、駐軍隊的「改土歸流」政策，此舉對於鞏固邊疆起到很大作用。

張廷玉，漢人，因授課皇子，得雍正賞識，擢禮部尚書。後兼翰林院掌院學士並調戶部任職，雍正對他十分信任，先後授文淵閣大學士、文華殿大學士、保和殿大學士，以表其輔佐之功。1730 年（雍正八年），設立軍機處，交張廷玉全權規劃，厘定制度，訂立章程，由於擘畫周詳，設計完密，深得帝心，被倚為股肱。據說，有一次張廷玉告病假，雍正坐臥不安。近侍趨問安祥，他說：「朕連日臂痛，汝

等知之否？」眾人驚訝不止，他說：「大學士張廷玉患病，非朕臂痛而何？」

鄂爾泰比乾隆長 34 歲，張廷玉比乾隆長 38 歲，這兩位等於父輩的前朝老臣，他能不能駕馭得住？年輕的皇帝有點鬱悶。乾隆是個強人，強人的特點是他要替別人作主，而決不接受別人替他作主。現在，父皇強加給他兩位老臣，而且幾乎找不出什麼破綻和瑕疵可以退貨。更何況，他的老子不但考慮到這兩位生前的安排，連死後也想周全了。遺囑裏說得清清楚楚，還要配享太廟，給予帝國的最高榮譽，弄得這位剛上台的皇帝，一是毫無作為，二是無法作為，三是不敢作為，只有接受既定事實，能不叫他惱火嗎？

雖然，歷史的經驗告訴他，他的祖父康熙登上大位後，處心積慮，搞掉了礙手礙腳的前朝老臣鰲拜；他的父親雍正登基以後，馬上就出重拳，將前朝老臣年羹堯打入十八層地獄。現在輪到他主政，他卻拿這兩位強塞給他的左膀右臂無可奈何。再說，皇帝要除掉大臣，並不需要理由，一般都是伺其出錯，革職查辦；或者，誣其叛逆造反，徹底鏟除。但薑還是老的辣，雍正顯然不願意大清王朝的江山，一下子落在這個年輕人肩上時，出現什麼交接班的問題。其實，這還真是雍正為他兒子著想：首先，剛坐江山，定然執政經驗不足；其次，千頭萬緒，難以把握輕重緩急；再其次，也許是知其子莫如其父，為父的深知兒子有做大事之決心和野心，但並無做大事之本領和功夫（他的一生也證實了這一點），所以，給他派定兩個輔導員，扶上馬，送一程。

當然，乾隆橫下一條心，硬要幹掉他倆，也許並非難事，「欲加之罪，何患無辭」？雍正似乎預知他兒子會有這想法，提前給這兩位老臣打了政治上的保票，「朕可保其始終不渝」，寫在遺言中並公之於世。這就是雍正的厲害了，如果小子你真要將鄂、張二人如同鰲拜、

年羹堯那樣除掉，也就等於向世人宣告，你老子說的話等於放屁。雍正想到這裏，心裏說：諒你這小子也沒這個膽子。於是合上眼睛，撒手西去。這樣，在太和殿的登基大典上，兩位老臣，一左一右，跪在他面前，低頭偷着樂，而乾隆卻好像心頭堵着兩塊石頭。

然而中國人窩裏鬥的劣根性，根深蒂固，積習難除。兩位老臣在雍正朝就互不相能，到乾隆朝更針鋒相對。各自劃分勢力範圍，大小官員逐一排隊。鄂爾泰樹大根深，其追隨者為封疆大吏、為地方督撫、為帶兵將帥、為滿族要員，因曾「節制滇南七載，一時智勇之士多出幕下」，執掌內閣以後，更獲雍正帝的眷注恩渥，授首席軍機大臣一職，權傾天下。於是在他周圍，形成一個以滿族大臣為中堅，包括一部分漢族大臣在內的政治集團，主要成員有莊親王允祿、軍機大臣海望、湖廣總督邁柱、河道總督高斌、工部尚書史貽直、巡撫鄂昌、總督張廣泗、學政胡中藻等，人稱「鄂黨」。

張廷玉長期經營，其擁護者為府院高層、為六部長官、為文化名流、為門生弟子。尤其張氏一門登仕者達十九人，其弟廷璐、廷璩，其子若靄、若澄、若淳均為朝中高官，可謂顯赫世家，頂戴滿門。張廷玉著文自詡，「近日桐人之受國恩登仕籍者，甲於天下」，「自先父端而下，三世入翰林者凡九人，同祖者二人，是廷玉一門受聖朝恩至深至厚」。如此廣通的關係網，如此深厚的軟實力，自然是朝中舉足輕重的政治組合，人稱「張黨」。

鄂爾泰背後是頤指氣使的滿族豪貴集團，氣焰囂張；張廷玉身邊是炙手可熱的漢族精英分子，極具人脈。於是壁壘分明，勢同水火。由此也證明，中國人是不能太成功的，成功而不清醒必得意，得意而不謙謹必忘形。忘形之人，哪裏還會有警惕之心、自省之意？這兩位老臣最暈頭之處、最混賬之處，就是沒有把這位有點輕浮、有點虛榮、有點小聰明、有點小才華的年輕皇帝，真正放在眼裏。他們很自

信：你老子我們都侍候過來了，還擺不平你？

乾隆是什麼人？自負，記仇，心狠，翻臉不認人。一直等着兩位老先生犯規、惹事，好來收拾他們。他通過一系列的案件：第一，乾隆元年，「鄂黨」張廣泗、「張黨」張照，先後出兵貴州的相互攻訐案；第二，乾隆六年，「鄂黨」仲永檀、「張黨」張照，洩密受賄彼此揭老底案；第三，乾隆十三年，處死「鄂黨」張廣泗兵敗金川案；第四，乾隆十五年，張廷玉姻親涉及呂留良「文字獄」被罰巨款案，以及發動朝臣攻擊張廷玉不當配享案；第五，乾隆二十年，胡中藻的《堅摩生詩抄》「文字獄」案發，因係鄂爾泰門生，雖死也遭清算案。極盡打打拉拉、拉拉打打之能事，極盡翻手為雲、覆手為雨之手段，終於將他倆修理得體無完膚而離開人世。

應該說，乾隆前期的治績，很大程度上得益於兩位輔導員，承續着雍正時期「澄清吏治，裁革陋規，整飭官方，懲治貪墨」（章學誠語）的大政方針，「勵精圖治」。我估計，「前朝是怎樣辦理的？」「憲皇帝是怎樣教導的？」肯定是這兩位執政大臣，一天到晚掛在嘴邊的辭令。而且，我還估計得到，其實挺小氣、挺記仇的乾隆，一定會對這種使他耳朵生繭的訓誨，打心眼裏起膩。也許越是説這種話，年輕的皇帝越是反感，越發加大收拾二位的力度。

顯然，兩位老人家沒料到這位年輕對手，竟是「鷸蚌相爭」的得利漁夫。多年以後，乾隆笑談這兩位老臣的不知進退時，以調侃的口吻説：「朕初年，鄂爾泰、張廷玉亦未免故智未忘耳！」這話説得有點損，什麼叫「故智」？即「玩不出新花樣的老把戲」，即「起不了大作用的老手段」，這種如同耍猴戲似的主宰語氣，也可窺見乾隆絕非善類的嘴臉一二。

放過曹雪芹吧

····· 曹雪芹（1715—1763）·····

清朝文學家，籍貫瀋陽，生於南京。其家族獲罪被抄，他隨
家人回遷到北京，後又移居北京西郊，靠賣字畫和朋友救濟
為生。他素性放達，愛好廣泛，對金石、詩書、繪畫、園
林、中醫、工藝、飲食、織補等均有精深研究。他以堅忍不
拔的毅力，歷經多年艱辛，終於創作出極具思想性、藝術性
的偉大作品《紅樓夢》。

曹雪芹在香山腳下寫《紅樓夢》時，中國的文學理論家，或文學
批評家，尚未形成隊伍，即使有所著述，也多屬個體行為。
所以，我不相信紅學家們的妄想，似乎在曹雪芹的身邊，有一個類似
團契性質的脂硯齋，構成某種批評家群體，在指導着他的創作。

按時下紅學家們的演義，這個脂評家集團，人數應該有七八個人
或者更多一些，有男有女，有老有少，如果曹雪芹有義務要管他們飯
的話，這一桌食客真夠他一嗆。

我們這班小角色，也許需要指導，而且也有人樂於指導，生怕我
們沒有指導，會產生缺氧的高原反應而休克。所以這一輩子，指導員

的諄諄教誨，不絕於耳，真是一種很「幸福」的痛苦。但曹雪芹這位真正的大師，他能容忍在其創作空間裏的「第三隻眼睛」麼？他需要別人告訴他怎麼寫和寫什麼嗎？真是豈有此理。如果他也像我輩一天到晚向各種身份的指導員，其中不乏不三不四的文學理論家、文學批評家，鞠躬致敬，諾諾連聲，他還是大師嗎？這種原本虛妄卻逐漸坐實的附會，無論紅學家們怎樣自圓其說，也是對一代大師的褻瀆。

脂硯齋，是胡適從魔瓶中釋放出來的怪物，如今竟成不可收拾之勢，恐怕連這位始作俑者也是估算不到的。自打他弄出一部來歷不明的「甲戌本」，據那些閃爍其詞、蛛絲馬跡的脂評，發潛闡幽，倡「自敘傳」說，樹新紅學門派，鬧騰到不但紅學，連曹學、脂學都成了一門顯學。於是，市場決定商品的供求，手抄本紛紛出籠，脂硯齋層出不窮。

形勢大好，而且越來越好，這樣，紅學家有事好幹，有話好說，有飯好吃，有錢好賺，皆大歡喜。看來，按國人喜歡起哄架秧子的習性和製造假冒偽劣產品的才氣，估計幾個世紀也消停不了，說不定還能從哪座舊王府的夾壁牆裏，找到全部曹雪芹親筆繕寫的「真本」《紅樓夢》呢。

胡適雖然敢於「大膽的假設」，認為評者與作者可能有着某種關係，但並未確證，只是心存疑竇而已。而他的門徒、門徒的門徒，牽強附會、弄假成真的能力，遠勝於他本人。積數十年的鼓吹，加之這一時期中國社會中「人有多大膽，地有多大產」的狂悖心理的影響，言之鑿鑿，神乎其神，最後造成這樣的假象，好像這班人都進入了《紅樓夢》的寫作班子，好像那個叫作曹雪芹的「菜鳥」，是在他們的幫助下，才一字一句、一筆一畫，完成了這部不朽之作。連絕頂聰明的作家張愛玲，也一時糊塗起來，「近人竟有認為此書是集體創作的」，看來，她也被此說迷惑了。

這才是埋葬大師最惡毒的手法。

文句不通，白字連篇，依附於《紅樓夢》的書眉和正文夾縫之中，隻言片字，望風撲影，極具欺騙性的脂硯齋，剔不走、摳不掉，還真拿他沒辦法。正如史家陳寅恪的那句治史名言所說的，證明其無，要比證明其有，更難。所以在紅學家久而久之的煞有介事下，大家也就將信將疑地認可脂硯齋與曹雪芹的聯繫了。

其實，這是極其荒謬的假設。

歷史上有過三人成虎的例子，大家都知道的曾參老娘，一次不信，二次不信，第三次聽得人說，她兒子殺了人，就當真了，嚇得投杼逾牆而走。這就是法西斯理論家希姆萊的「真理」：謊言重複一千遍，就能使人確信不疑。

脂硯齋就這樣無憑無據地被坐實了。

如果曹雪芹生前，真有這幫脂硯齋，或揚長於前，或尾隨其後，或緊逼盯人，或長傳短弔，那可真是他的夢魘了。

據說，胡適晚年，對其紅學濫觴也意興闌珊。而俞平伯卻有了最後的覺醒，發出振聾發聵的智慧之聲，使人在紅學研究的迷霧中，看到了一絲希望之光。

在 20 世紀 20 年代開始的這場「捧脂」大戲中，俞平伯曾經為「第二號人物」，嗣後的紅學研究，無不緣起於胡適的《紅樓夢考證》和俞平伯的《紅樓夢辨》。50 年代，在毛澤東發起的《紅樓夢》批判運動中，對遠走高飛的胡適，鞭長莫及，唯能缺席審判。缺席審判是西方人愛搞的名堂，喜歡看戲的中國人則不習慣台上沒有角兒的演出。恰巧在眼皮子底下的俞平伯，還梗着脖子不服，那好，拉將出來，替胡適出庭，站在被告席上接受口誅筆伐。

新中國成立初期的政治運動，比較文明，聲嚴色厲是有的，痛批猛揭是有的，但動手打人，令被運動者受到皮肉之苦，倒不多見。至

少 1957 年打「右派」時，雖說「右派」是「打」出來的，但我大會小會熬了過來，倒不曾捱打。被唾棄者唾沫星子濺得我臉上開花是有的，被揭發者狗血噴頭嚇得我目瞪口呆是有的，被義憤填膺者罰站罰得我昏昏欲倒是有的，但託老天的福，倒沒人碰過我一指頭。到十年「文革」期間，就完蛋了，說是「文革」，其實倒是結結實實的「武」革，真是「幾度疑死惡狗村」啊。至今，我的肋骨在 X 光片裏，還是一邊高，一邊低，就是那場「革命」留在身體上的「勝利成果」。

所以，我對「文革」中的遭難者，便有「身受感同」的共鳴。20 世紀 80 年代初，張賢亮每來北京，常住在俞先生家，我去看張賢亮時，看到俞先生這位「新紅學二號人物」那不良於行的樣子，頗覺心酸。估計老先生在「武」革時期受到的磨難，大概要甚於批《紅樓夢》那陣。

悲劇就在於俞平伯代人受過的同時，對脂評的看法早已與老拍檔胡適分道揚鑣。可在人們心目中，一提新紅學，這兩位就被捆綁在一塊兒，正如俗話說的那樣，一根繩子拴兩隻螞蚱，誰也蹦不開誰，他也就不得不扮演這個反面角色到底。

到了 20 世紀的最後二十多年，不知是「人之將死，其言也善」呢，還是他覺得再不說，也許就永遠沒機會說了，1978 年，他對余英時說：「你不要以為我是以『自傳說』著名的學者，我根本就懷疑這個東西，糟糕的是『脂硯齋評』一出來，加強了這個說法，所以我也沒有辦法。你看，20 年代以後，我根本不寫曹雪芹家世的文章。」1985 年他在與《文史知識》的談話中也說：「我看『紅學』這東西始終是上了胡適的當。」「胡適、俞平伯是腰斬《紅樓夢》的，有罪；程偉元、高鶚是保全《紅樓夢》的，有功。」「千秋功罪，難於辭達。」這些石破天驚的話和他 180 度的急轉，使得那些賴紅學、曹學、脂學謀生的人，沸反盈天起來：

「您怎麼啦,俞先生!你走就走好得了,何必臨走,還要砸俺們的飯碗,害得我們無以為生呢!」

這就是小師和大師的不同了:小師形而下,求實;大師形而上,尚虛。求實,則重眼前,為適應利害,必然會訓練出許多小聰明、小機智;尚虛,則高空邈遠,浮想聯翩,有所思考,便有所穎悟,心靈的自由要高於物質的一切。正如《克雷洛夫寓言》裏講過的,鷹有時會落到後院裏來,但牠屬於天空,最終是要翱翔在崇山峻嶺之上的藍天白雲裏;那些在垃圾堆裏覓食的雞,無論怎麼飛,也飛不出後院的籬笆。

小師的目光,常常集中在飯碗之內;大師的視線,有時就會超越到飯碗之外。小師生怕飯碗打翻,餓肚子;大師哪怕餓肚子,也敢扔掉飯碗。這就是為什麼俞平伯敢於否定自己,敢於與從前的我決裂而毫不顧惜;時下的紅學家除了穿舊鞋、走老路,陪着脂硯齋一條道走到黑,不可能有太大作為的原因所在。功夫在書外,這是從《紅樓夢》研究而起的一條歧路,一條永遠走不到頭的路,也是離《紅樓夢》文本越走越遠的路。

我們仔細回想紅學研究中的幾個大熱門,諸如「索隱派」和「自傳說」、脂評本和線索探秘、程甲本和程乙本、曹雪芹身世和生卒年考、江寧織造和李煦家族、敦誠敦敏兄弟和香山、遼陽包衣和豐潤曹氏、曹雪芹著作和手跡、西山故居和通州張家灣墓碑,等等,都和《紅樓夢》這部小説本身無太大的關聯。即或是秦可卿天香樓的疑竇、賈寶玉與史湘雲的結合、怡紅院夜宴座次排列的推算、《風月寶鑒》與《石頭記》的殘跡、兩套年齡體系的謬誤、列藏本和蒙古王府本的差異、八十回本和百二十回本的脱榫⋯⋯也與作家「滿紙荒唐言,一把辛酸淚」的高度藝術成就,無直接的聯繫。但所有紅學家仍孜孜不倦地發掘,都希望挖出一個金元寶來,結果,無不乘興而來,掃興而

去；或者，從此在紅學迷宮裏走不出來，一直到死拉倒。

數十年來，有了紅學，客大欺店，也就完全削弱了《紅樓夢》；有了脂評，喧賓奪主，也就沖淡了曹雪芹。我記得利希滕斯坦的《格言集》裏這樣說過：「世上有關莎士比亞作品的研究工作，大多已由莎士比亞本人完成。」據《歌德談話錄》的作者愛克曼說，歌德盛讚莎士比亞，承認，「我們對莎士比亞簡直談不出什麼，談得出的全不恰當」。然而在中國，沒有多少紅學家，表現出這種求實求真的精神。

你能指望這些小師們，從後院垃圾堆裏跳出來嗎？

我一直認為引得紅學家走火入魔的脂硯齋，大概像魯迅的一篇文章中曾經提過的一位闊少，讀《紅樓夢》太深，陷入角色不能自拔，便到四馬路的會樂里（清末民初，那是上海灘的紅燈區），發出七八張堂會局票，然後，黃包車拉來一群花枝招展的姑娘，鶯鶯燕燕地圍住了他，便派定自己是寶哥哥那樣的自作多情，才生出那麼多的感喟吧？有的紅學家竟拾俞平伯的唾餘，認為這位太濫情的脂評主角，非小說中人史湘雲莫屬。如果真是這樣，《紅樓夢》豈不是曹雪芹和他太太開的夫妻店裏的產品？

這類滑稽透頂的笑話，都是以今人行事的準則去度量古人的結果。只有在市場經濟、追求鈔票的大背景下，才有可能出現妻子寫出了名，先生也搭起了順風車；兒子成了神童，老爹也跟着老王賣瓜的「抓錢一族」。曹雪芹沒落，但並不墮落；他可以賒酒，但絕不揩油。古人也有小人，曹雪芹還不至於是，就衝他一部原稿輾轉借走傳抄，弄得七零八落的這樣輕信於朋友，可見他的「君子風」大於「小人氣」。如果他有一位紅袖添香夜著書的夫人，比如那位心直口快的史湘雲，為他當家作主，他人則不但借閱困難，傳抄就更無可能，那麼全書原璧留存後世，豈不使紅學家無事可幹、無文可寫，等着下崗嗎？

　　如果按紅學家之見，脂硯齋是曹雪芹寫《紅樓夢》的高參，那豈不是有點像別林斯基主持《祖國紀事》時，他和他周圍作家那樣的關係了嗎？即或真的如此，別林斯基也不曾坐着驛車，從彼得堡趕往烏克蘭，到果戈理的家鄉，不識相地介入其寫作過程。但今天的紅學家，偏要把脂硯齋一伙，裝進麵包車，拉到香山腳下的黃葉村（其實那也是一個紅學偽作），與曹雪芹一起「寫」這部不朽之作。

　　我不知道紅學家是有意識地迴避，還是完全茫然於這個常識性的問題，真正的作家，其創作過程是極其個性化的、私密化的，是容不得「第三隻眼睛」的。曹雪芹在寫作《紅樓夢》的過程中，不可能有一個全天候包圍着他的脂硯齋集團。按紅學家的想像，曹雪芹寫出一回，脂集團輪流傳閱一遍，予以點評，曹雪芹再進行改寫，是一條流水作業線。這想法的形成實屬不可思議，但細想想，紅學家也非捕風捉影，而是根據生活經驗，是有所本的。

　　時下電視連續劇的編劇方式，不就是這樣工廠化生產的嘛！我的一位年輕文學朋友，被一個劇組從西安請來，住在豐台某機關招待所。那五層樓全被劇組包了下來。一樓是編故事的；二樓是寫本子的；他在三樓，是寫人物對話的；四樓還有一個車間，是將他的台詞再改寫成京片子那種油嘴滑舌的土話，因為那是一齣寫老北京的電視劇。

　　我開玩笑地問他，五樓可有畸笏叟在？他說，有人送稿件來，有人取稿件走。上家是誰，下家是誰，都很懵懂，很有一點地下工作的勁頭兒。不過，有時候，已寫好的某一集，又從一樓、二樓傳上來，重新改過。他說，也許五樓會有什麼脂硯齋之類的權威，如導演、如老闆，因為有時候能聞到雪茄和咖啡的香味。在那裏終審，自然有資格「命芹溪刪去」，這樣樓下的他們就得返工。

　　聽到這裏，我為紅學家心目中的曹雪芹一哭。同時我也想到，香

山黃葉村那裏，在曹雪芹與脂硯齋中間穿針引線者，跑來跑去，腳都跑腫了的，當為史湘雲莫屬了。幸好張愛玲考證出來，大觀園裏那些女孩子，實行滿洲風俗，不纏足。雖然這位最後孤獨死在美國的女作家說：「紅樓夢是創作，不是自傳性小說。」但她並不特別反感「集體創作」說，這令我納悶。後來，我終於悟到，她在美國新聞處打工的時候，也曾經當過寫作機器的。

胡適、俞平伯則不然，「胡一號」倡「自傳說」，認為小說的內容與作者個人的生活經歷有某種聯繫，但從未斷言字字有據、事事皆真，從未斷言《紅樓夢》即曹雪芹的家傳，可當信史來看。而創史湘雲為脂硯齋說的「俞二號」，也始終未敢大言不慚放話說他這判斷百分百的準確。這兩位，固然是紅學家，其實更是文學家（這一點非常的重要），紅學家可以想當然，文學家則懂得作家的寫作，與照相館裏按快門的師傅，有着本質上的區別。

很難想像在黃葉村伏案疾書的曹雪芹，身邊有脂硯齋這樣一個小艦隊。為什麼當下的紅學家會如此確信不疑呢？我認為，這不是紅學家的錯，除了以上這種電視劇工廠化生產的啟發，多年以來文學中曾實行的抹殺個性的集體創作方式，也把紅學家們迷惑住了。

我在工程隊勞動改造那陣，曾經在苦水區修過路，當地老鄉喝到我們深井打出來的甜水，咂咂舌頭，倒覺得沒有什麼滋味似的不以為然。這就是慣性，謬誤被習以為常以後，正確就會被視作反常。他們以為糾合幾個筆桿子，關在賓館或者招待所裏進行集體創作；以為領導出思想、群眾出生活、作家出技巧的「三結合」，是天經地義的創作方式。

樣板戲就是這樣炮製出來的，《朝霞》時期的什麼《虹南作戰史》等熱昏作品也是這樣出籠的。「大躍進」那陣的《紅旗歌謠》，更是早期集體英雄主義的「勝利凱歌」。除了郭沫若、周揚這兩位編者的大

名外，絕大部分的作品，不知作者為誰。在過去數十年裏，小說、戲劇、詩歌，很多都是這樣以「集體創作」署名。好一點的，加上一個括號，括號內寫上某某某執筆字樣，就是了不起的恩典了。

汪曾祺在新時期文學中，成了被膜拜的聖人，可他當年在樣板戲的寫作班子裏，連在括號內露一露臉的資格也沒有。正因為如此，到了講求版權的後來，集體創作就成了一筆糾纏不清的糊塗賬。汪曾祺差點被告上公堂，就因為他覺得自己是堂堂正正的樣板戲《沙家浜》的作者。他這樣「覺得」也的確沒有錯，樣板戲《沙家浜》主要是他寫的；但《沙家浜》的前身《蘆蕩火種》，卻是上海滬劇團集體創作，而且是標有執筆人姓名的。汪曾祺不寫明這孩子是抱來的，就認定為自己親生，編入文集之中，難怪要起糾紛了。

這都是集體創作害的，同樣它也害了紅學家，他們以為這種泯滅創作個性的做法，是理所應當的正確行徑，想當然地認為曹雪芹也應該接受這樣的安排，做一個括號裏的執筆者；想當然地認為脂評集團的那七八個人，像電視連續劇草台班子裏的編創人員，起策劃、創意、編劇、出點子的作用；因而也就想當然地認為《紅樓夢》是曹雪芹和脂硯齋天衣無縫的合作成果。為什麼會出現這樣匪夷所思的念頭？歸根結底，紅學家是學問家，不是文學家，基本上不甚諳熟文學創作的規律，不甚了然形象思維是怎麼一回事。於是曹大師就墮落成為三樓四樓的普通寫作機器，而脂硯齋卻是在五樓上抽着雪茄、喝着咖啡、有權「命芹溪刪去」的主創人員。

幸好，集體創作的名聲已經一蹶不振，在小說領域裏尤其這樣。有的合作者最後弄得反目成仇，有的夫妻檔最後索性各幹各的。看來，別的藝術門類也許能夠精誠團結，文學則大家很難坐在一張寫字台上，而小說這一塊恐怕更不能「集體」的。因此，很難想像在曹雪芹的寫字台旁，坐着七八個爺們，還有一兩個娘們，在那裏品頭論

足，説三道四。那時，既沒有雪茄，也沒有咖啡，光這些批評家的口臭，也早就把我們的大師熏死了。

據説，「文革」期間，樣板團在「旗手」江青「同志」的關照下，每人每天有一塊巴掌大的巧克力可吃。援此例，黃葉村裏的曹雪芹，更該愁腸百結，無以聊生了。一來沒有銀兩；二來無處可買，怎麼對付畸笏叟、棠村、梅溪、松齋、鑒堂、綺園、立松軒、左錦痴道人……這些死纏不放的脂評家，可真讓他苦惱透頂。

如果，曹雪芹尚健在，肯定會懇求紅學家：你們做做好事，開輛麵包車來，把這些批評家先生、女士從黃葉村拉走，哪兒涼快，就請他們到哪兒去吧！

拜託了！大師會一揖到地，籲請不已。

袁枚的「愉悦」生活

---- 袁枚（1716—1797）----

字子才，號簡齋，晚年自號倉山居士、隨園主人、隨園老
人。清朝詩人、散文家，錢塘（今浙江杭州）人。為官頗有
名聲，奈仕途不順，辭官築隨園，吟咏其中，倡導「性靈
說」，著述以終老，世稱隨園先生。

在中國歷史上，在那個很難愉悦得起來、「文字獄」大行其道的年代裏，袁枚的出現和存在，應該説是一個奇跡。這位老人家，不但他自己感覺到愉悦、享受着愉悦，同時代的人也都認為，他即使不算百分之百的愉悦，也足夠百分之九十九的愉悦了。很有一些同行，不但羨慕得直流哈拉子，還嫉妒得恨不能咬他一口。

不管你對袁枚的評價，是好是壞，對他這種能夠獲得全天候愉悦的結果，不能不為之深思。

其實説白了，袁子才的愉悦或不愉悦，與別人是並不相干的，愉悦是他，不愉悦也是他，關咱啥事？為什麼人們要將他的愉悦當回事呢？問題就在於這位老先生的一輩子，基本也是乾隆皇帝的一輩子呀！如果袁枚是個有他不多、無他不少的三流詩人，是個作品不多、

廢品不少的末等文人，也則罷了，皇帝不會把目光投射到這班文壇小蟲子身上的。可他卻是領袖群倫、左右詩壇、引導潮流、眾望所歸的龐然大物，乃舉足輕重之人，非同小可之輩啊！古語說，「木秀於林，風必摧之」，這樣一個大腦袋，在這位皇帝鐵腕文化政策的統治下，既沒有受過被膜拜的榮耀，也沒有捱過吃鑿栗的疼痛，細想想，該是多麼多麼（恐怕還要加上一個「多麼」）的不容易了，那是一個閉門家中坐、禍從天上來的年代，是一個死了以後應該入土為安卻不能安的年代。結果袁老先生在他的隨園裏，優哉遊哉地風花雪月着、吃喝玩樂着，既沒有派出所的警察半夜敲門，也沒有戴墨鏡的便衣盯梢尾隨，能夠安然無恙地，逍遙自在地，甚至風風光光地度過一生，這豈不是奇哉怪哉的事情嘛！這其中的蹊蹺，大家嘴上不說，心裏全都納悶，為什麼他在乾隆當政期間，居然成了個特例，難道這位老先生在萬歲爺眼中，竟然成為一個隱身人嗎？

乾隆比袁枚早生五年，晚死兩年，是位厲害的皇帝，也是位愛挑剔，甚至到吹毛求疵程度的皇帝。隨便舉個例子，乾隆十三年（也是袁枚辭掉公職再也不做朝廷命官的一年）十月二十日，翰林院撰孝賢皇后的冬至祭文，這本是一篇例行的應景文章，但文中出現了「泉台」這樣的字眼，乾隆一看，挑起刺來。他說，「泉台」二字，加之常人尚可，豈可加諸皇后之尊？皇后歸天，只能去西天極樂世界，哪有進十八層地獄之理？簡直混賬之極！結果，張廷玉、阿克敦、德通、文保、程景伊為此俱着罰本俸一年，連基本生活費也不給。由此來看，這樣一位咬文嚼字的皇帝，必然也是一位特別愛好收拾文人的皇帝。這一點，與他的父親雍正、祖父康熙、曾祖父順治，如出一轍，甚至有過之而無不及。

雖然到他在位，大清江山已經坐穩一百多年。然而，一個人的根，縈在血脈之中，非一朝一夕形成，也就非一朝一夕能夠改變；如

果不幸這根是劣根的話，那就成了劣根性。清朝歷代皇帝，那種狹隘的意識、一些不可逾越的劣根性，根深蒂固，不可改易，盤根錯節，無力掙脫，遂造成這個朝代最後的衰敗。所有出身於草根階層的頭領、莽原部落的渠首，即使登上權力巔峰，都難免這種抱殘守缺的愚執。有什麼法子呢？試為乾隆以及其父其祖想一想，統治着人口眾多、地域遼闊、歷史悠久的漢民族，如何不被同化，如何不致淹沒，焉能不讓他們戒備防範？對這些整日疑懼不安、深感危機叵測的帝王來說，面對漢族精英分子，在清洗上之不擇巨細，在鏟除上之不遺餘力，是一點也不奇怪的。

　　而乾隆在這方面，可稱是青出於藍而勝於藍。據故宮博物院早年出版的《滿清文字獄檔》，順治在位 18 年，康熙在位 61 年，雍正在位 13 年，乾隆在位 60 年，加在一起，共計 152 年，清朝的中央政府一級，或政治運動式的大規模，或消防滅火式的中規模，或追查撲殺式的小規模，先後共製造了 160 餘起「文字獄」案件，平均不到一年，也就是十個月的光景，就對漢族文人開刀問斬一次。在這種皇帝欽批的詔獄裏，坐大牢的，掉腦袋的，株連九族的，流放寧古塔或更遠的黑龍江、烏蘇里江，給披甲人為奴的，每起少則數十人，多則數百人。加上地方政府一級的擴大戰果，層層加碼，法外行刑，斬盡殺絕，恨不能挖地三尺，人人過刀，以邀功求賞，用這些無辜文人的鮮血，染紅自己的頂子，全中國到底關、殺、流、坐、立決、凌遲、斬監候多少文人，恐怕是個統計不出來的巨大數據。

　　袁枚生活在每隔十個月，就得收緊一次骨頭的年代裏，不但毫髮無損，而且還相當愉悅地活到了 81 歲，壽終正寢。能不教人嘖嘖稱羨麼？能不令人納罕叫絕麼？要知道，乾隆如果想修理他的話，是絕對來得及的，因為袁枚嚥氣兩年之後他才嚥氣，但這位天子百密一疏，竟讓這樣一位「倡性靈說，天下靡然從之」的大文人，在文網羅

織、詩獄頻仍的年代裏，從自己鷹隼般捕獲獵物的眼前逃脱，這簡直有些不可思議。

我特別欽佩這位老滑頭，頭大且滑加之老，俗話説，老了的兔子不好拿，他就屬於這種讓乾隆沒轍的老人家。

説實在的，他的名氣，大得不可能不讓當局對他注意有加；他的行狀，其招搖、其響動，不可能讓當局對他置之不理。據李元度《袁枚事略》：「所作隨園詩文集，上自公卿下至市井負販皆重之，海外琉球至有購其書者，仕雖不顯，而世謂百餘年來極山林之樂，享文章之名，未有及先生者。」這份排場、這份聲譽，尤其不可能讓中國文學史上首屈一指的、詩產量最高的乾隆皇帝，漠然視之。然而也怪，他快活欣喜一輩子，舒暢自在一輩子，吃喝玩樂一輩子，風流瀟灑一輩子，相對於同時代的那些愁眉苦臉、焦慮恐懼、惶惶然不可終日的同行，簡直有天壤之別。

好作詩，這是乾隆的毛病。乾隆十四年（袁枚辭官後的次年）六月，他的處女作《御製詩初集》問世，共 44 卷，收其自元年起到十二年的詩共 4,150 首。此後，越寫越多，欲罷不能，到了嘉慶年間，他當太上皇了，還在寫，一生寫詩達 4 萬多首，超過《全唐詩》所錄的唐人詩篇總量，這實在是驚人之多。一位如此強烈喜好寫詩的皇帝，對文人來講，我相信，福的可能性很小，禍的可能性反而很大。皇帝愛好文學，固然讓馬屁文人得以施展其溜舔功夫，但那些非馬屁文人、拍不上馬屁的文人、馬屁沒有拍好拍到了馬蹄上的文人，就不會有好日子過。大學士張廷玉，因為一紙祭文，用了「泉台」二字，被罰俸一年。

袁枚辭職，未必是受乾隆對張廷玉五大臣罰款影響，但他肯定了解這位懂詩的皇帝，對於詩人的存在決不是什麼福音。果如其料，第一，對錢謙益，乾隆三十四年下令銷毀他的《初學集》《有學集》；

四十一年匯輯《四庫全書》時發佈上諭，「錢謙益等人，實不足齒，其書自應概行焚棄」；同年，命國史館編明季《貳臣傳》，收入錢謙益，將其徹底搞倒搞臭，打入另冊。第二，對沈德潛，乾隆二十六年，將這位老夫子由蘇州招至北京，因為皇帝正處於詩歌創作熱潮之中，急需一位捉刀人為其大量製造詩篇。歸愚先生（沈德潛）雖年近古稀，但乾隆對他破格提拔，恩庇有加，授編修、擢中允、五遷內閣學士，官至禮部侍郎，以年老乞休，乾隆許原品致仕，並賜詩送行，作為御用文人，得此殊榮，可謂登峰造極。然而，四十三年，徐述夔《一柱樓集》詩案起，乾隆以沈德潛曾為之作序的罪名，儘管沈氏已死多年，也不輕饒，「撲其碑，奪其諡」。其實，大家都明白，沈老先生告老還鄉之後，管不住自己的嘴，透露他為皇帝代筆的秘辛，這才招來刨墳掘棺之災。就這樣兩位詩人的下場，能不讓袁枚不寒而慄嗎？

現在，弄不懂袁枚辭官是一種自覺行為呢，還是他下意識的本能規避？他似乎總是躲着這位皇帝，這形成了他的生存準則。所以，他做官，也只做江南的官，如溧水、江浦、沭陽等小地方的縣令。偏偏上司尹繼善器重他的行政能力，賞識他的詩詞才華，雖一為上司，一為下屬，但同為斯文，倒也相處得不錯。從袁枚的《隨園食單》裏，可以看到他在總督府裏，吃過鱘鰉魚、風豬肉、鹿尾等諸多大菜的記載，可證他們除了詩詞上的唱和、文字上的投契外，還是一對很合胃口的食友。隨後，尹繼善就「劇調」他到江寧就任，以示倚重。江寧是個大縣，是官員們仕進南京的跳板。因為南京是清朝政府控制江南的重地，為乾隆所關注，後來，他六下江南，都落腳於此。但袁枚卻不領情，很快就請假，「引疾家居」。

吳敬梓的《儒林外史》，其中有一句名言：「南京是餓得死人的地方。」同樣，在袁枚眼中，南京的官場也是能整得死人的地方。乾隆十三年九月，兩江總督尹繼善與兩廣總督策楞對調，這場權力角鬥

使袁枚看透了，政治這玩意，文人還是不宜沉溺其中。如果你不是玩家，而且你也玩不過人家，淺嘗輒止也就夠了。況且，尹文端（尹繼善）赴嶺南就任，他在這個能餓得死人的南京，就不大好待了，索性連官也不要做了。不做你的官，不端你的碗，自然也就不受你的管。這時，吏部下文起復，要調他到陝西去任職，他就藉口「丁父憂歸，遂牒請養母」而請辭。

這位乾隆四年的進士，到乾隆十三年就辭官了，那年他應該是 32 歲。我覺得袁枚的舉動，確有驚世駭俗之意義。試想，如今那些耳順之年的官員，哪一個不是掙扎着不肯讓位？更甭說那些四五十歲仕進得意之輩，幹得正熱熱乎乎，怎能金盆洗手？袁枚為徹底不受約束，離權力中心遠一點再遠一點，離是非漩渦遠一點再遠一點，實在是極明智、極清醒的選擇。於是，急流勇退，躲開乾隆皇帝。老實說，不是所有考得進士的讀書人，都捨得拋棄前程，做到這一點的。據《清史稿》，袁枚「年十二，補縣學生。會開博學鴻詞科，海內學者二百餘人，枚年最少。試報罷，乾隆四年成進士，選庶吉士」。這正是登高望遠、前途無量之際，學而優則仕，不就等着這個階梯嗎？但他「卜築江寧小倉山，號隨園。崇飾池館，自是優遊其中者五十年。時出遊佳山水，終不復仕」。從此，他的足跡所至，始終限於長江下游、江浙兩淮一帶。

不做到這點決絕，他也不能獲得他想要的愉悅，果然他辭官以後，一心經營他的隨園。廣造聲勢，廣交朋友，更以他的《詩話》廣為擴大影響。姚鼐《袁隨園君墓誌銘》云：「四方士至江南，必造隨園投詩文，幾無虛日。君園館花竹水古，幽深靜麗，至檻檻器具，皆精好，所以待賓客者甚勝。」又云：「隨園詩文集，上自朝廷公卿，下至市井負販，皆知貴重之。海外琉球，有來求其書者。君仕雖不顯，而世謂百餘年來，極山林之樂，獲文章之名，蓋未有及君也。」那時

候，老先生退隱在隨園裏，左擁佳人，右列美姝，談笑鴻儒，往來俊秀；山珍海味，花舫堂會，茗茶美酒，水榭唱曲；官員慕名來訪，商紳絡繹於門，門墻桃李攀附，造請殆無虛日；書商靠他掙錢，刻局賴他賜活，名流藉他增光，詩壇由他主盟。他可以說是乾隆年間中國人的風流魁首，引導時代潮流的浪漫先鋒，那時，既無文聯，更無作協，但他卻成為眾望所歸的不具領袖名位的實際文壇領袖。

袁枚稱他自己：「好味、好色、好葺屋，好遊、好友、好花竹泉石，好璋彝尊、名人字畫，又好書。」可這世界上，最是文章不值錢，好風雅無一不需要大批銀兩。特別是那座隨園，是要有相當雄厚的物質基礎，才能上規模、成氣候的。他甚至大言不慚地說，曹雪芹《紅樓夢》中的大觀園，就是以他的隨園為藍本的。

對袁枚的評價，魯迅先生持苛刻的態度，認為他不過是位清客。清客，即幫閒，一幫閒文人而已。不過，他也認為，「清客，還是要有清客的本錢的，雖然有骨氣者所不屑為，卻又非搭空架者所能企及。例如李漁的《一字言》，袁枚的《隨園詩話》，就不是每個幫閒都能做得出來的」。而胡適先生的看法，則予以肯定得多，也能理解袁枚之所以這樣乃性情之故，他統評乾隆朝三位才子：「袁枚、趙翼都是絕頂的天才，性情都很真率，忍不住那種矯揉的做法和法式的束縛，故多能成大家。蔣士銓以《臨川夢》為最佳——知道他是一個第一流文人，不愧他的盛名。」

其實，人之一生，就是一根直線和一根曲線並行的軌跡。直線是本真的我，曲線是社會的我。社會的我隨客觀世界的變化而生出適應的曲曲彎彎；本真的我雖受天性和本能的支配，但無論如何也不能排除曲線的影響。智者之智，在於曲線雖曲，不致太曲而扭曲；在於直線應直，不致太直而愚直。這位隨園老人，自是智者無疑，不過，他的這兩條平行不悖的線，為了他的愉悅，曲得有些過頭；同樣，也是

為了他的愉悦，直得顯然不夠。

於是，無論在他健在還是身後，他都是評價分歧、眾說紛紜的人物。

> 隨園生前，才名遍海內外，高麗琉球，爭購其詩。其實借名詩話，以結納公卿，招致權貴，頗有一種狡猾手段。當時同輩如趙甌北等，已多詆哄之。至其身後，詆之者猶眾。袁之門生某，嘗私刻印曰「隨園門下士」，後受輿論攻擊，乃復刻曰「悔作隨園門下士」。張問陶初亦崇拜子才，名其詩集曰《推袁集》。袁歿後，更名《船山詩抄》。（民國佚名《慧因室雜綴》）

當然，生前追捧，死後唾棄，忽然覺悟，劃清界限，是那些聰明人事所難免之舉，已是大家司空見慣的花頭精了。袁枚終究是位智者，聰明就在於他看穿一切，而且知道歷史是一面篩子，閒言碎語，過眼煙雲，花花草草，污泥濁水，會被淘汰出局；而有斤兩的，有價值的，抹殺不掉的，誅滅不了的東西，會長時期地傳承下來。

在其《隨園詩話》裏，有這樣一則故事，表達出他的這層意思：「予戲刻一私印，用唐人錢唐蘇小是鄉親之句，某尚書過金陵，索予詩冊。予一時率意用之，尚書大加呵責，予初猶遜謝，既而責之不休，予正色曰：『公以為此印不倫耶？在今日觀，自然公居一品，蘇小賤矣。誠恐百年以後，人但知有蘇小，不復知有公也，一座䜣然。』」我不大相信袁枚會如他所說的那樣，正顏厲色地與一品尚書辯駁，但是，他堅持用長遠的歷史角度觀察，此一時也，彼一時也，還是很有道理的。同樣，雖然袁枚這位「江左才子」，可詬病之言、之行，之詩、之文，很多很多，但他在乾隆年間那高壓的政治氣氛、那低迷的

文化環境之下，能發出一點來自性靈的心聲，並且靡然成風，將皇帝的4萬餘首詩給擠到角落裏去，不也是一種消極抵抗嗎？

一個退職官員，赤手空拳，能對皇帝做些什麼？在嚴酷的、嚴密的、嚴厲的精神控制、文化鉗制、意識形態壓制下，存活下來，讓乾隆逮不着把柄，捉不住破綻，而且在他的眼皮子底下，還相當程度地愉悅着，該是多麼不容易啊！

清朝陳康祺在其《郎潛紀聞》裏，對他的評述，還是較為公允的。這是由他的一幅《隨園十三女弟子湖樓請業圖》說起的，此老時年已八十有一，但春心猶在，找了一位畫師，定要將這些名媛仕女畫在圖上，團團圍住這位恩師，他在姹紫嫣紅中，享受着「柏拉圖式」的滿足。這大概是當時許多正經人對他最不以為然的，可他，這位愉悅主義者，堂而皇之，張而揚之，才不在乎別人說三道四。《郎潛紀聞》的作者，對此倒無異詞，而是說：「康祺以謂隨園風流放誕，充隱悌榮，詩格極卑，碑版亦多不根之作；其著述，唯駢體文差強人意，餘無足觀。其攀附公卿，提倡騷雅，志不專在獵名。蔣苕生蠅營獺祭之詞，趙雲松虎悵蛾眉之檄，同時雋彥，都已窺破此老心肝。唯生際承平，天假耆壽，文名蓋代，福慧雙修，殊為文人難得之遭遇。湖樓請業一圖，香粉琴尊，丹青昭映，不可謂非湖山韻事也。」

被一群女弟子簇擁着、恭維着、擠靠着、緊貼着、弗洛伊德着，也是一些老文人所憧憬、所營造的愉悅呢！

但同為清人的劉聲木，在其《萇楚齋隨筆》的《論袁枚出遊》一文中，讓我們看到了一個其實並不絕對愉悅的隨園先生：

袁簡齋明府枚，以詩文小慧，當乾嘉全盛之時，坐享山林之福者數十年，後人羨慕之者眾矣。實則隨園當日廣通聲氣，肆意逢迎高位，以為己用。下材又奔走其門，以為間接

之光榮。隨園遂藉此為漁獵之資，收為點綴山林，放浪霰骸之用，其用心亦良苦矣。觀其後半生，大半出門遨遊，在家時少，實為避難而起。不知者，以為真好山水也，殊為所愚。細審隨園之出遊，皆在劉文清公任江寧府時，欲實行按治驅逐之後。當時雖有人為之關說，未能實行，然隨園知不容於眾議，是以終年出遊，以避他人指摘；且恐又有人實行案治者，終難漏網。隨園雖自言於詩集，明示不作，實因其事早已道路喧騰，不得不自言之，以示光明磊落，計亦狡矣。予觀其詩集，檢其出遊之歲月而始知之。其出遊係出逼迫，非出心願，是以隨園心終不懌。臨終詩有云：「我見玉皇先跪奏，他生永不落紅塵。」在他人方羨其遇，在隨園深知當日之行為，已苦其艱，但難為不知者道耳。不然，隨園果何所不足意，而欲不再生人間世耶？其故可思矣！

他愉悅嗎，這位隨園先生？

我不禁想問一聲。

所以，愉悅對於文人來說，的的確確，是一種奢侈品。

「和珅跌倒，嘉慶吃飽」

┌╌╌╌ **和珅**（1750—1799）╌╌╌╌╌╌╌╌╌╌╌╌┐

清朝官員、商人，滿洲正紅旗二甲喇人。和珅初期為官清
廉，後結黨營私，聚斂錢財，終被革職下獄，最後自盡，是
歷史上有名的大貪官。

└╌╌╌╌╌╌╌╌╌╌╌╌╌╌╌╌╌╌╌╌╌╌╌╌╌╌╌╌╌╌╌┘

公元 1799 年（嘉慶四年），89 歲的太上皇乾隆，去冬不豫以後，病情每況愈下；轉過年來，初一加劇，初二不起，初三駕崩，「乾隆盛世」至此告一段落。

送終的人當中，有兩個人表情比較怪異：一個嚇得要死，極恐懼，但要做出極鎮靜的樣子的，是和珅；一個樂得要死，極快活，但要做出極悲苦的樣子的，是嘉慶。其他跪在大行皇帝靈前作泣血稽顙狀，作痛不欲生狀的皇親國戚、文官武將，對這一君一臣的表演，看在眼裏，記在心裏，都估計會有一場好戲可看。但沒有料到戲文馬上開始，連上場鑼鼓都沒敲，大幕就拉開了。

嘉慶不是很有為的帝王，但對付和珅，其行動之迅雷不及掩耳，其手段之斬草除根不留後患，倒是表現得極其剛毅果決，似乎頗有一點英主之氣，可惜他一輩子好像也就英明偉大過這一次。「初三日，

純皇帝賓天；初四日，上於苦次諭統兵諸臣；初五日，御史廣興疏劾
和珅不法；初八日，奉旨革和珅職，拿交刑部監禁。」（無名氏《瘞
珅志略》）要不是考慮到皇妹是和珅的兒媳，要不是考慮到大年節下
開刀問斬不吉利，和珅早就人頭落地了。

這也好，讓這位中國歷史上不數第一也數第二的巨貪，看着自
己二十多年的搜刮，堆砌成的一座價值 8 億兩銀子的冰山，剎那間化
為烏有。關在大牢裏的和珅，看到自己這樣一個下場，能不感慨萬千
嗎？撫今追昔，於是一首詩湧上心頭：

> 夜色明如許，嗟余困不伸。
> 百年原是夢，廿載枉勞神。
> 室暗難捱曉，牆高不見春。
> 星辰環冷月，縲紲泣孤臣。
> 對景傷前事，懷才誤此身。
> 餘生料無幾，空負九重仁。

詩寫得不怎麼樣，但卻是正經八百的「大牆文學」。

「大牆文學」分兩類，一類是關在大牆裏寫的，另一類是走出大
牆後寫的。前者我相信真情實感要多一些，後者難免有得了便宜賣乖
的成分。因為不論哪個朝代，「只許規規矩矩，不准亂說亂動」，是蹲
班房者的第一守則。至於出大牆以後，筆走龍蛇，天馬行空，那精神
狀態就大不一樣了。所以，索爾仁尼琴的《古拉格群島》，尚可一讀，
但他走出古拉格，跑到美利堅之後的作品，便少有精彩，大概也是這
個原因。

從「詩言志」的角度看，和珅的詩，百年一夢，廿載勞神，還真
是言之有物，不能不說是深刻的諦悟，比之後來那些或刻意渲染，或

無病呻吟，或意在洩憤，或塗脂抹粉的「大牆文學」，要有看頭得多。但從藝術角度仔細推敲，此詩也免不了「大牆文學」共有的那種意蘊淺白、直奔主題的通病，感情是有的，詩情就不足了。前人也說此詩「詩殊不佳，足覘其概」。

但「廿載枉勞神」的這個「枉」字，倒是古今中外貪污犯最後必然會產生的頓悟。何謂「枉」？就是頭掉了、命沒了，縱使貪下金山銀山，又有何用？最滑稽的當數唐朝巨貪元載，代宗李豫抄他的家，竟查出調味品胡椒八百石，總量約合 60 噸，實在令人匪夷所思，誰也弄不懂他收藏這吃不完、用不盡、賣不出、無他用的香料幹什麼。最後死時，他連一粒胡椒也帶不到陰間去。宋朝巨貪蔡京敗露後被抄家，發現其家有三大間屋子，從地下一直堆到房樑，裝滿了他愛吃的黃雀酢，即使他轉世投胎二百次也食之不盡。最具諷刺意味的是他的結局，在充軍發配途中，老百姓對他恨之入骨，硬是不賣給他食物，最後他活活地被餓死了。同樣，和珅曾經擁有 8 億兩銀子，在寫這首絕命詩的時候，口袋裏卻空空如也，連一個鋼鏰兒也沒有。

能不長歎一聲「枉」也者乎？

尤其讓他感到十分虧和十分冤的是，這些錢全進了絕不是他的對手、那個「窩囊廢」嘉慶的腰包。和珅倒台後，京城流行的一句民諺，便是「和珅跌倒，嘉慶吃飽」，8 億多兩銀子，相當於朝廷十年的總收入。這位皇帝，沒法不在他父王的靈前偷着樂。

話說回來，巨貪和珅雖萬死難贖其罪，但若無其主子乾隆的百般寵信、縱容包庇，他有可能貪污下如此天文數字的贓款？現在已無法弄清楚和珅感到「辜負九重仁」的乾隆，為什麼任其貪贓枉法的真正內情了。

因為中國的歷史學家有「為尊者諱」而隱惡揚善的傳統，個人寫的回憶錄通常也是盡說好的，不說孬的。有的人，甚至將沒擦乾淨

的遺矢，也美化成頭頂上的光環，歷史遂成為撲朔迷離、雌雄莫辨的謎。

《庸庵筆記》談到和珅的發跡史：「乾隆中葉，和珅以滿洲官學生在鑾儀衛當差，選昇御轎。一日，大駕將出，倉皇求黃蓋，不得。高宗（乾隆）曰：『是誰之過歟？』各員瞠目相向，不知所措。和珅應聲曰：『典守者不得辭其職。』高宗見其儀度俊雅，聲音洪亮，乃曰：『若輩中安得此解人？』問其出身，則官學生也。」

「俊雅」、「解人」二語，耐人尋味。

有的野史演義，說和珅乃轎夫出身，是有點臭他。但和珅 30 歲前，在相當於儀仗隊的鑾儀衛為三等侍衛，是一個極普通的、扛扛旗子或者打打黃傘的儀仗隊員，大概是不會錯的。然而命運這東西也難以預料，一是他的優雅風度，二是他的識解理趣，被乾隆一眼看中，這是 1775 年（乾隆四十年）的事情。於是時來運轉，和珅升任御前侍衛和副都統，被調到皇帝身邊來了。

君臣之間的距離縮短，這是最關鍵的一點，讀者幸勿輕輕看過。

果然不到一年，比單口相聲《連升三級》還邪乎，他升為戶部侍郎兼軍機大臣，兼內務府大臣，兼步軍統領。也就是說，一身兼任財政部、內務部、首都警備區和陸軍司令部等部門的要職。清朝的軍機大臣，實際上就是一人之下、萬人之上的宰相，乾隆將如此機要重職授予他，可見對他的愛之彌切。好像還怕炙人權勢不足以表示對他的重用，又格外賞他一個崇文門稅務監督的肥缺。舊時北京有「東富西貴」之說，別看這是級別極低的衙門，但卻是一個日進斗金的美差。

1779 年（乾隆四十五年）以後，他益發飛黃騰達，由戶部侍郎升為尚書，副部級升為正部級，副都統改為都統，內務府大臣上加銜領侍衛內大臣，軍機大臣上加銜議政大臣、御前大臣，兼理藩院尚書。尤其貽笑大方的是，讓這個科舉落第的官學生和珅，兼四庫全書館正

總裁，紀大煙袋學富五車也只能給他當個副手。

　　乾隆帝真是重用他呀，還把最鍾愛的小女兒和孝公主許配給他的兒子，君臣成為兒女親家，試想，天底下，除了乾隆以外，還有誰能超過他？對嘉慶，他根本不放在眼裏。

　　1781 年（乾隆四十七年），和珅再兼兵部尚書，外加管理戶部三庫，老爺子等於把國庫的大門鑰匙也交給了他，任其自取。1782 年，和珅交出兵部尚書銜，任戶部、吏部兩尚書，受封為一等男爵；1785 年，由協辦大學士升為文華殿大學士，為戶部的管部大臣，有權管理戶部所有長官；1787 年，晉升為三等伯爵；1790 年，兼翰林院掌院學士，步步高升，令人目不暇接。1797 年（嘉慶二年），乾隆帝身為太上皇，仍不忘這個和珅，改任和珅為刑部管部大臣，兼戶部管部大臣，嘉慶三年又晉升為公爵。

　　乾隆將一個儀仗隊員，抬舉到掌管軍國大事的重位，尤其當了太上皇以後，全權委託和珅便宜行事，令其氣焰囂張到極點，別說滿朝文武對他畏之如虎，就是皇子皇孫、親王貝勒對他也是要禮敬三分，甚至已正式稱帝的嘉慶，有什麼事要面奏乾隆，也得拜託和珅，請他通融。

　　唐之元載、宋之蔡京、明之嚴嵩，都是歷史上有名的貪官，但得到帝王如此高抬厚愛者，和珅是獨一個。

　　顒琰（嘉慶）登基四年，説來可憐，是個有名無實的兒皇帝，一切都得看老子的臉色行事，還要與大權在握的和珅虛與委蛇。所以，盼着太上皇撒手西去，做大清國真正的一國之主，是顒琰四年來的夢。這一天終於來到，老爺子終於不再指手畫腳，停放在殯殿裏了。

　　和珅的神氣，馬上就是「昨夜星辰昨夜風」了。傻子也能看得出來，嘉慶在「御榻前捧足大慟，擗踴呼號，仆地良久」，那三流演員的蹩腳演技，完全是在裝蒜。從他掠過和珅時的眼神，誰都明白，這

位權相的腦袋能在脖子上維持多久，是大有疑問的了。

誰叫他擁有那麼重令人嫉恨的權，那麼多令人眼紅的錢呢？從1775 到 1799 年，和珅倚勢弄權，瘋狂聚斂，二十多年，搜刮下 8 億兩銀子的天大家業，創下中國貪污史上「吉尼斯紀錄」。

從清人筆記中，查出來的三種説法，基本上是相同的：

第一，《清稗類抄·譏諷》：「和珅在乾隆朝，柄政凡二十年。高宗崩，仁宗賜令自盡，籍沒家產，至八百兆有奇，時人為之語曰『和珅跌倒，嘉慶吃飽』。」「八百兆」即 8 億兩銀子，清朝的一兩銀子，約相當於人民幣五六十元，其查抄財產總值應該有 40 至 50 億人民幣的樣子。

第二，《庸盦筆記·抄查和珅清單》：「十七日，又奉上諭，前令十一王爺盛柱慶桂等，查鈔和珅家產。呈奉清單，朕已閱看，共計一百零九號，內有八十三號，尚未估價，已估者二十六號，合算共計銀二萬二千三百八十九萬五千一百六十兩。」這個數字為 223,895,160 兩，僅僅是已估價者；而尚未估價者，三倍有餘，其總數也應接近上述引文所估。

第三，《檮杌近志·和珅之家財》，則説得更為清晰：「其家財先後抄出凡百有九號，就中估價者二十六號，已值二百二十三兆兩有奇。未估者尚八十三號，論者謂以比例算之，又當八百兆兩有奇。甲午、庚子兩次償金總額，僅和珅一人之家產，足以當之。政府歲入七千萬，而和珅以二十年之宰相，其所蓄當一國二十年歲入之半額而強。雖以法國路易第十四，其私產亦不過二千餘萬，四十倍之，猶不足當一大清國之宰相云。」

清朝末季，屢敗於列強，所簽不平等條約都以割地賠款了事。其中《馬關條約》，賠款為二億兩；《辛丑條約》，也就是「庚子賠款」，為四億五千萬兩，兩者相加，為六億五千萬兩，「僅和珅一人之家

產，足以當之」。清末民初的人士，持有這樣的看法，當然也是有根有據的。

貪污，對政權來說，猶如人之流血不止的創口，要是不止血，這個人最後必失血而亡。貪污，對統治者來說，猶如人之患惡性傳染病，要是得不到控制，疫情擴展，許多人都因染此貪症而亡。清朝自乾隆後，便走下坡路，出現這樣總額為 8 億兩銀的巨貪，以及隨後嘉、道、咸、同更大面積的貪污腐敗，不能不說是清朝滅亡的重要原因。

據《清史稿》，以乾隆五十六年計，歲入銀 43,590,000 兩，歲出銀 31,770,000 兩。以嘉慶十七年計，歲入銀 40,130,000 兩，歲出銀 35,000,000 兩。那麼，和珅個人的家產，相當於大清國每年 GDP 的 20 倍以上，嘉慶要不眼紅才怪。

所以，初三那個夜晚，老爺子停屍在寢宮，嘉慶來了個絕的，為了切斷和珅與外界的所有聯繫，他當眾宣佈，着委和相替朕為大行皇帝守靈。

和珅敢抗旨說一聲「不」？

和珅敢藉口我要回家穿件厚一點的衣服？

和珅只敢在心裏罵：你這個小王八羔子，老子早該讓老頭子將你廢掉！

嘉慶看着他，知道他所思所想，更知道他後悔不迭，因此也在心裏回答他：閣下，除非你有辦法讓老頭子還陽，否則，你死定啦！

嘉慶資質平平，才分很低，從順治、康熙、雍正、乾隆，到他，恰巧也是「君子之澤，五世而斬」的衰仔了。但是，老子斷氣以後，能夠當機立斷，果敢行事，令人對他刮目相看。第一舉措，就是褫奪和珅的軍機大臣、九門提督等職；第二舉措，是「不得任自出入」，切斷與其黨羽聯繫，令這個和珅在殯殿晝夜守靈，按時下的說法，也

就是「雙規」了。

大清王朝彷彿形成一種傳統，每次易帝都有一場對前朝重臣的殘酷清洗。如順治清算多爾袞，如康熙擒捉鼇拜，如雍正禁錮隆科多、賜死年羹堯，如乾隆除掉訥親，以及嘉慶賜令和珅自盡……應該說，都是一齣齣精彩好戲。密謀策劃於幕後，醞釀串聯於地下，梟首祭刀於不防，風雲變色於頃刻，刀光劍影於宮廷，這些權力角逐中血肉橫飛、人頭落地的大辮子皇帝，想不到三百多年後，成了熒屏的香餑餑，編導演的搖錢樹，為中國這班藝術家提供了一個最佳的藝術上「安樂死」的機會。

封建王朝接班人的更迭，即便父死子繼的正常承襲，也是一次宮廷地震。坐上龍椅的新主子，往往先做兩件事，一是消滅競爭對手，二是清洗前朝重臣。嘉慶不能饒了和珅，就因為他同時擁有上述雙重身份，不幹掉他，這龍椅未必坐得穩。更重要的是，他接手的是一個老爺子「六下江南」花空了國庫的赤字政府，而和珅的腰包卻鼓得要命。現在老爺子死了，我不找他要錢，跟誰要？

可要他的錢之前，先得要他的命。

嘉慶想吃掉和珅，要他這份天大的財富，蓄謀已久。從鏟除和珅的全過程看，那周密細緻、斗榫合卯的精確，顯然，有幕後高參，早就為他制定下日程表。我一直在史冊中尋找這位級別至少是九段的權術高手。曾經是嘉慶為太子時的老師，後來受和珅迫害謫降外省的老夫子朱珪，我覺得大有可能。這位吏部尚書、署安徽巡撫，應該是清算和珅這齣好戲中深居幕後的高級參謀。

嘉慶讓和珅在殯殿「雙規」，這是當年崇禎在其兄死後接位，收拾魏忠賢時，派魏忠賢為山陵使，發往昌平修陵的老戲重演。這一手，絕非凡庸的嘉慶想得出來，肯定是他當年的侍講學士朱珪指點的。但歷史記錄，包括最詳盡的「起居注」，都隱除不述。只有「自

是大事有所諮詢，（朱珪）皆造膝自陳，不草一疏，不沽直，不市恩，不關白軍機大臣」這些詞語，略可了解有關朱珪的蛛絲馬跡。僅憑這些詞句，大致可以猜想出來，這位嘉慶的老師在這次清洗運動中所起的作用了。

嘉慶接班乾隆，與其祖父雍正接班康熙，情景大致相似。這兩位都是高齡統治者，長期執政，力衰心竭，生理的老是新陳代謝之必然，所以年長的統治者，治國的經驗可能非常寶貴和豐富，但身體力行起來，就缺乏年輕領袖的朝氣和幹勁。加之心理的老，也使得這些高齡帝王缺乏應變機能而落伍，趨向求穩保守而滯後，往往不能適應時代的變化發展，而走向自己的反面。所以，乾隆晚年與康熙晚年，都將一團糟的政局交給接班者。

老爺爺最適宜扮演的角色，是給孩子們帶來禮物的聖誕老人。七老八十，日理萬機，宵衣旰食，勤民聽政，對自己來說是痛苦，對別人來說就更痛苦，對整個國家而言，絕對是禍不是福。這二位，史冊的記載，都有「晚年倦勤驕荒，蔽於權幸」，「性喜誇飾，適滋流弊」等詞句，可見這都是老皇帝易犯的通病。這兩朝最後形成的政紀鬆弛、官員腐敗、財政拮据、國庫空虛的結果，也差不太多。

但是，雍正是幹才，能夠扭轉康熙造成的頹勢；而嘉慶是庸才，無力改變乾隆的衰勢。乾隆死後第 41 年，爆發了鴉片戰爭，從此大清王朝便一敗塗地。

朱珪導演的嘉慶幹掉和珅，與崇禎幹掉魏忠賢，是同一齣戲的清朝版和明朝版，但崇禎帝朱由檢可是單打獨幹，沒有一個人幫他的忙。最初，熹宗朱由校駕崩，遺命他登基接位，他處境比嘉慶險惡得多，魏忠賢只要看他不順眼，隨時可以置他於死地。進宮後的崇禎，連宮裏的飯都不敢吃一口，生怕被毒死，好幾天只吃揣在懷裏的、嫂子熹宗皇后為他烙的餅。而嘉慶實際上是有一個反和珅的地下集團，

為其出謀劃策，說不定上年冬天，乾隆一病不起之後，嘉慶就已將首席參謀朱珪密召回京了。

這一切和珅都被蒙在鼓裏，了無所知，這就是「得道多助，失道少助」。第一，他之不得人心，已到了天怒人怨的地步；第二，他之貪得無厭，也到了鬼神俱驚的程度。據近年來抓獲的貪污犯來看，無論大小，只要鑽進錢窟窿裏，就完蛋了，錢是他的命，錢比他的親爹親媽還親。和珅也是如此，握權二十多年，瘋狂攫取，不顧一切，為非作歹，利令智昏。乾隆幹什麼，他也許能知道；嘉慶幹什麼，他未必全知道。而這位被他進了讒言外放的朱珪，他就更不可能知道其何去何從了。即使別人微聞風聲，也不會去向他報告。此人不但不去安徽當巡撫，還在京城住下，為了進宮方便，在靠紫禁城較近的東華門，置了一套小院，有事沒事，一頂小轎抬進宮來「造膝自陳」。看來，大家不但把和珅瞞得死死的，對他的鐵桿親信，消息也封鎖得嚴嚴的。

於是，「初八日，奉旨革和珅職，拿交刑部監禁」以後，「十八日，公擬和珅罪狀，請依直隸總督胡季堂條奏，照大逆律，凌遲處死，着從寬，賜令自盡」（據無名氏《磔珅紀略》）。從和珅的興亡史，我們可以得出這樣一個結論：正是因為他一有權，二有保護傘，三有貪得無厭的慾望，四有愈陷愈深的投機心理，五有最容易滋生貪污腐敗的王朝體制，才成為中國封建社會最後的也是最大的貪污犯。

現在來看，「和珅跌倒，嘉慶吃飽」，換個說法，「嘉慶為了吃飽，和珅必須跌倒」，也未嘗不可。和珅固然該殺，但嘉慶也不是好東西。雖然，和珅殫思竭慮地提防嘉慶，但從未想到趁乾隆活着，將他廢掉。按說，結黨營私、羽毛豐滿、盤根錯節、上下呼應的他，要想政變奪權，難保不能成功。可是，年屆花甲，雙足委頓的和珅，再也沒有力氣和勇氣，去冒什麼險了。尤其，日積月累，那 8 億兩銀子

堆成的銀山，將「少貧，無籍」的和珅，早已異化為財富的奴隸，別想他再有什麼作為了。

看起來，《清史稿》說他「少貧無籍」，有深意焉。中國歷史上的「四大貪官」：唐之元載、宋之蔡京、明之嚴嵩、清之和珅，以及近些年來或斃或關的級別很高的貪官，都與早先貧窮的身世、寒苦的家庭、小農經濟意識的精神世界，有着某種因果關係。

那些並未改變小農世界觀的人，別看讀了大學、滿嘴洋文，別看穿着西裝、一身名牌，別看法式大餐吃得比法國人還地道，別看跳華爾茲 gentleman 到了極點，靈魂壓根兒還是一個要跟吳媽困覺、要摸小尼姑的臉、要白衣白盔地去搶去劫去偷去摸的「阿Q」。

位居相國、總攬朝政的和珅，也不能例外。這個有了8億兩銀子的相爺和珅，與以前沒有多少餉銀的儀仗隊員和珅，與以前生計維艱家境貧寒的旗人子弟和珅，那一份銘刻在心底裏的小人心態，是從未磨滅的。據《嘯杌近志》：「和相賦性吝嗇，出入金銀，無不持籌握算，親為稱兌。宅中支費，亦由下官承辦，不發私財，其家姬妾雖多，皆無賞給，日飧薄粥而已。」

他早年是御轎打旗的，後來他發達到也可以坐御轎、由別人為他打旗的地步，但他的靈魂還是那個打旗的、一口一聲「嗻」的侍衛形象，外變而內不變，形變而實不變，這是中國所有「少貧無籍」的貪官污吏最可悲的心理狀態。在8億兩銀子的銀山前，我們看到的，是一個極猥瑣的被財富侏儒化了的小人。

和珅作為小農，鼠目寸光；作為窮人，惜財如命；作為奸佞，以為只消將主子侍候得舒舒服服就行，而遑顧其他。於是，他不怎麼把嘉慶放在眼裏，更不把滿朝文武放在眼裏。他知道有反對派，知道有不甚買他賬的大臣，也知道表面恭順的嘉慶未必真心服氣於他，但他認為有老爺子罩着，便渾不在乎。可他忘記了，一旦你倒台，便是過

街耗子，便是千秋萬代的臭名。

據《鷗波漁話》，處死這位巨貪以後，「又於和珅衣帶間，得一絕句云：『五十年前幻夢真，今朝撒手撇紅塵；他日睢口安瀾日，記取香煙是後身。』」。

無論是「廿載枉勞神」，還是「五十年來幻夢真」，對這位「大墻文學」的作者而言，一切的悔恨都未免太晚。如果他知道，還有三天，被賜自盡，也許連這點詩意也會化為烏有。

慈禧躺槍

---- 慈禧（1835—1908）----

清朝咸豐帝的妃嬪、同治帝的生母。咸豐帝死後稱聖母皇太后，後實行「垂簾聽政」，「戊戌政變」後再度訓政，「庚子國變」後實行新政。

在中國，老太太哭，不是什麼值得一提的事情。中國有無數的老年女性，莎士比亞早說過的：「弱者，你的名字是女人。」上了年紀以後，女人尤為弱者中的弱者。那麼，時不時地淚水伴着苦水，一把鼻涕一把眼淚地悲從中來，也就不大被人當回事了。

但如果這位老太太非等閒之輩，或是九五之尊，如武則天；或雖不是名義上的最高統治者，卻也母儀天下、不可一世，如慈禧太后，她們大庭廣眾之下哭將起來，可就非同小可了。慈禧太后 1900 年 8 月 11 日（庚子年七月十七）的這一次哭，與她還當蘭貴人時，因得不到咸豐全部的愛而珠淚暗垂，就完全不是一回事了。到了這把年紀的哭，實在是不祥之兆，堪稱亡國之音，從此敲響了大清王朝的喪鐘。

在中國歷史上，擁有極高權力而且產生極大政治影響的女性，數

來數去，大概也就「兩個半人」，一個為武則天，一個為慈禧，那半個也許該輪着江青了。武則天寄居在尼庵時可能傷過心，江青關在秦城監獄時也許掉過淚，但在金鑾殿上大放悲聲也就只有宮裏人稱之為老佛爺的西太后了。

我在頤和園看到的慈禧太后像，是一幅油畫還是一張照片，已經記不得了。像中的女主人公，作為統治者確是威嚴有加，作為女人則魅力有點不足，作為祖母那就太嫌冷酷。

慈禧絕沒有想到直隸總督裕祿，以及他吹捧的義和團神兵神將，竟也是血肉之軀，並不是刀槍不入的金剛不壞之身。大沽失守，北倉再敗，北洋重鎮的天津如此不堪一擊，眨眼之間八國聯軍已經打到她鼻子底下。她在鸞儀殿的御前會議上，不得不向廷臣們發問：「怎麼辦？怎麼辦？你們到底也吭個聲呀！一個個乾瞪着眼，不想辦法救治，撇下我們娘兒倆不管嗎？」光緒在一旁一言不發，而跪在地上的眾大臣，除了磕頭如搗蒜外，連大氣也不敢出。

其實，她還有一句潛台詞：「你們不是都説義和團行嗎？」這位老人家忘了，清朝官員在她面前，永遠自稱奴才。凡奴才，只有按主子吩咐的辦，哪有主子問奴才怎麼辦的道理？他們習慣了只有一個字可説，那就是「嗻」。如果要你説話，你也只能順着主子的意思説，這就是某些官員永遠去不掉的劣根性。上邊有耳朵需要聽，下邊才有巧言令色、天花亂墜的嘴來講。義和團得意時，這些官員比誰都嚷嚷得兇——

御史徐道昆奏過：洪鈞老祖已命五龍守大沽，洋鬼子的兵船將不戰自沉。

御史陳嘉言奏過：他得到了關雲長關老爺的親筆帛書，言夷當自滅，老佛爺足當高枕無憂。

編修蕭榮爵奏過：夷狄無君無父兩千多年，這是天老爺假手義民

將他們消滅的大好事。

尚書啟秀上書過：使臣不除，必為大患。五台山高僧普濟，有神兵十萬，請召之會殲逆夷。

曾廉、王龍文建議過：用決水灌城之法，引玉泉山水灌使館，必盡淹斃之。

御史彭述奏過：臣目睹義和拳咒炮不燃，其術至神，夷兵不足掛齒，何足畏哉。

整個朝廷，文武百官，全是諸如此類的一派胡話，還正經八百地上奏摺、遞條陳，而且瞪眼撒謊臉不紅、面不變色心不跳，你不能不佩服這些要員的無知、無恥、無聊、無可救藥。現在，主子一哭，奴才們知道干係重大。就連說過「使館破，夷人無噍類矣，天下自此當太平」的剛毅也噤聲了。那個一向倚老賣老「木乃伊式」的大學士徐桐，曾經上書發表令人笑掉大牙的見解，他說，洋人走路筆挺，是由於他們膝蓋不能彎曲的緣故，此後若與洋人交火，只需發給兵勇們每人一根竹竿，將其撥倒在地，無法站立起來，彼等必束手就擒矣！這會兒他也把嘴夾緊了。

11 日的寅初卯刻，北京的夏天亮得早，軍機處就把李秉衡兵敗自殺、危在旦夕的摺子，一直送到寢宮裏來。太監們不知該不該驚動老佛爺，正猶豫間，老年人睡覺輕，聽到動靜，讓傳了進來，還未等小太監念完奏摺，老太太就傻了。

起初，那位來自四川的總督賭咒發誓，拍着胸脯向她保證，要痛殲來犯洋人，立一番不世之功，着實讓老太太開心了一陣。據後被處死的山西巡撫毓賢說：「義和團魁首有二，其一鑒帥，其一我也。」所以，李秉衡趕到北京保駕，也在情理之中。他以為自己是統率軍隊和義和團兩支武裝力量的最佳人選，「眾皆寄厚望於鑒帥矣」！老太太也是這麼看的。朝覲出來，他小鬍子一撅一撅，很得意受命於危難之

際，口口聲聲要力挽狂瀾，不枉老佛爺對他的栽培。

於是他的出征便像大出殯一樣熱鬧好看，「請義和拳三千人以從，新拜其大師兄，各持引魂幡、混天大旗、雷火扇、陰陽瓶、九連環、如意鈎、火牌、飛劍而行」。這場面根本就是唱京劇，哪是打仗？

這支隊伍開赴通州張家灣地方，還未來得及安營紮寨，那八國聯軍已經從天津、河西務、落垡、楊村，一路打來。立腳不穩的李鑒帥，被迫匆匆接戰，誰知手下的兵將，原非他管，此時哪受節度，立刻潰不成軍。義和團本是農民，進城後剛撈到一點油水，也捨不得馬上就義，丟下大刀片子，紛紛作鳥獸散。李鑒帥知道戰也死，降也死，不戰不降回去仍是死，老太太豈能饒了誇下海口的他，於是，他吞金自盡。

這一下，老太太的最後一根救命稻草也從指間滑走了。她明白，除逃生外，別指望有人救她了。

這一天，京城外是八國聯軍沿東直門到東便門的全線強攻，炮聲如雷；京城內是義和團和甘軍、虎神營圍着東交民巷使館區輪番衝鋒，殺聲震天。紫禁城內也能聽到爆豆似的槍聲，剛毅看到俄國的哥薩克馬隊，跑來報告說大事不好。慈禧還不相信，以為是董福祥率領的勇士，但俄國騎兵突破建國門後，向東交民巷挺進，離皇宮也就咫尺之遙，她像熱鍋上的螞蟻，火速召見榮祿八次，召見端王五次，可見其倉皇失措到何等程度。而皇親國戚、輔弼元老、軍機要員、內閣臣僚，在此兵臨城下之際，一個個舌頭都打了結，誰也莫籌一策。所以老太太一時情急，號啕大哭起來。

坐在她身旁的光緒，自然心裏明白，她是為所倚重的頑固派集團而哭，是為沒指望上的義和團而哭。前者不中用，後者不頂用，才讓老太太傷心落淚的。我想，此刻的光緒，半點也不會同情老太太，他

恨她，説不定還有一點幸災樂禍，所以保持着難堪的沉默。

如果一定要他説，他有膽子的話，也許會講：這一切，都是您自己種下的苦果。但這位有名無實的皇帝，如果看過《紅樓夢》這部小説，應該明白探春曾經感歎過的話：「『百足之蟲，死而不僵』，必須先從家裏自殺自滅起來，才能一敗塗地呢！」冰凍三尺，非一日之寒。大清王朝一代更勝一代的腐敗，才造成了這種氣數將盡的局面啊！

他當然不敢説，但他心裏明鏡似的，所以，1899 年他發誓要變法維新。

但現在，神仙也沒辦法了。大廈將傾，根基先就敗圮；瘡癰潰破，內體業已糜爛；王朝垮台，政權滅亡，都是國家機器出了毛病。從古至今，那些摘掉王冠，滾下龍椅，走上斷頭台，倉皇辭廟、垂淚對宮娥的統治者，最致命的敗因莫過於「上腐下貪」四字。時下，不是在振聾發聵地提醒人們，要是不滌蕩大小幹部中的貪污腐敗現象，將會有亡黨亡國之險嗎？我以為，這決不是危言聳聽！

汲取歷史教訓，不管有多少外在的、客觀的、冠冕堂皇的解釋。明朝亡於貪污腐敗，是事實；清朝亡於貪污腐敗，也是事實。1949 年以前的國民黨政權，又何嘗不如此，由於貪污腐敗而全線崩潰，被逐出大陸，更是無數人看到的事實。官員貪污和政權腐敗，是一對雙胞胎。翻開《二十四史》，清官是數得過來的，換言之，貪官則不計其數。當然，貪污不是中國的特產，但這種貪污文化，在中國儼然成了「傳統」。

遠的不説了，看一看明朝嚴世蕃籍沒時，那一份財產目錄，就會令人嚇一跳。他貪污了「黃金三萬餘兩，白銀二百餘萬兩，其他珍寶、服玩所值，又數百萬」，「僅純金器皿一項，就有三千一百八十五件，重一萬一千餘兩，玉器共八百五十七件，耳環耳墜共二百六十七

雙，布緞綾羅紗絨共一萬四千三百餘段，扇柄二萬七千三百餘把，南昌和分宜的第宅房店兩共三千三百間」，真是富可敵國。所以，坊間又有「抄了嚴嵩，肥了嘉靖」的民諺。估計當時除海瑞外，明朝官員貪污，像吃餡兒餅一樣容易。就連名相張居正，那政聲按說算是好的了，可他死後，萬曆對他所擁有數不勝數的家財，也瞠目結舌。

清朝的垮台，若按老太太的婦人之見，肯定是外有列強，內有亂黨，才弄得國將不國。其實，她的這架國家機器早就該貼封條了。從李伯元的《官場現形記》，到吳趼人的《二十年目睹之怪現狀》，我們看到，清朝政府從這位老太太起，到王公大臣，到文武百官，到保甲衙役，可以說無官不貪。慈禧逃避八國聯軍，躲在西安，一天到晚掛牽着她臨走時埋在宮裏的錢財寶物。一個最高統治者，如此貪得無厭，那麼，「三年清知府，十萬雪花銀」之說，就不是誇飾之詞了。

從這些現象可得出一條定律：凡是貪污現象的高發之日，也必定是這個政權的衰微之時。你貪我也貪，不貪白不貪，政權越接近垮台，官員們也越放開手貪。西太后垂簾聽政的幾十年，正是清王朝的末季，所以，大面積的、從上而下的貪污，引發一連串的內亂外患。貪污橫行、腐敗成風，勢必造成庸才充斥、敗類上台、豺狼居路、一片暗無天日的景況。20世紀初，整個中國落入一個比賽誰智商更低的遊戲之中，是一點也不奇怪的。

這就是1900年北京城裏全部精彩表演的實質。

如果說比賽誰智商更低，最先出局的輸家，就是被老太太涮了的義和團。先是被她視為反叛，格殺勿論，令各省巡撫下力痛剿，結果一排排走向死亡；跟着又被她捧作義民，賞銀十萬，便賣命地撲向洋槍洋炮，還是一排排走向死亡；最後又被她定為亂黨，嚴懲不貸，凡抓獲者無不梟首示眾，到了這場遊戲的結尾，仍舊是一排排走向死亡。在歷史的絞肉機中，倒霉的永遠是平頭百姓。

　　在中國歷史上，有過多次揭竿而起的農民革命，義和團大概算是最後一次，但也是最沒勁的一次。與當朝比，既不像太平天國那樣巍然成勢，也不像捻軍、白蓮教那樣波瀾壯闊。與他朝比，瓦崗寨兄弟還能留下幾位豪傑的英名，至今響噹噹地掛在人們的嘴邊；梁山泊好漢，建立了自己的根據地，也曾大碗喝酒大塊吃肉快活過幾天。義和團連個「招安」的過程也沒有，就急切地跪倒在老佛爺腳下，為昨天還勢不兩立的統治者，情願肝腦塗地，拚了身家性命，最後還是以「拳匪」二字被押赴刑場，你說傻也不傻？

　　因此，從 1899 年 6 月的光緒下詔「明定國是」，到 9 月的慈禧發動「戊戌政變」，然後在中國的政治舞台上，這場改革與反改革的較量的延續期中，義和團扮演了一個最滑稽、最無聊、也最不幸的角色。

　　記得 1949 年我剛到北京時，東單還是一片空地，是一個很鬧猛的攤販集市。可以買到美國兵的大頭皮鞋和現在較值錢那時卻很便宜的銅鏡、秦半兩、拓片之類。稍往南走，沿東交民巷，還留有「庚子戰亂」中築起的帶槍眼的厚牆，逶迤約數百米長。就在這牆下，不知有多少義和團拳民倒下，在那個炎熱的三伏天裏腐爛發臭。而他們為之護駕的老佛爺，卻派人向使館裏送冰鎮西瓜，不知橫屍哈德門的義和團拳民，地下有知，會作何想？

　　這就是中國人要為自己的愚昧，所付出的代價！在歷史上受統治者的「感召」而傻不拉唧地去衝去殺去「革命」，最後又被統治者一腳踢開，僅僅是義和團眾弟兄的悲劇嗎？

　　雖然我們說，農民革命是歷史發展的動力，但考察歷次農民起義，可知不是所有「痞子式」的農民造反行動，都一定符合歷史進步的潮流。義和團這支農民造反隊伍從一開始，就大搞鬼神迷信，一些已被唾棄的東西又沉渣泛起，以「降神召眾，號令皆神語，傳習時令

伏地焚符誦咒，令堅合上下齒，從鼻呼吸，俄而口吐白沫，呼曰神降矣，則躍起操刃而舞，力竭乃止。其神則唐僧、悟空、八戒、沙僧、黃飛虎、黃三太，其所依據則雜取《西遊記》《封神演義》諸小說」。而義和團的一些頭領人物，如張德成、曹福田之流，都被「裕祿表薦諸朝，賞頭品頂戴花翎」，「出則騎馬，戴大墨晶眼鏡，口銜洋煙捲，長衣繫紅帶，緞靴，背負快槍，腰挾小洋槍，手持一秫楷（高粱稈）」，一時洋相百出，令人不齒。後來，義和團進入全盛期，他們便與統治階層完全同流合污。6月10日，義和團浩浩蕩蕩地進入內城，於是，「壇場遍城內外，王公貴人爭崇奉之，漸出入宮禁，莫敢究詰」。

因此，義和團從把腐敗無能的清朝政權作為造反目標，到成為統治者的看家犬、馬前卒，就談不上什麼「革命」了。他們以施虐異教徒為己任，以鎮壓革新派為目標，以消滅一切文明進步的事物使愚昧泛濫，以否定所有求變改革的思潮使迷信猖獗，這種與統治者沆瀣一氣的行為，還能對歷史發展起到什麼推動作用嗎？

有一個被史家忽略的小鏡頭，最典型地反映了農民極易奴化變質、失卻本質的天性。6月29日，義和團拳民在大師兄帶領下，簇擁著一心想當皇父的狂想症者端王載漪，大呼大叫地跑到宮裏要去殺洋鬼子的徒弟，也就是已被幽禁起來的光緒。這是連慈禧都不敢或不想做的事，這種一廂情願、過度忠誠的行徑，弄得老太太也接受不了。

「老佛正吃早茶，聞外面喧囂之聲，群呼殺洋鬼子徒弟，急走出立階上，諸王公及拳民聚於階下。老佛大怒，斥端王曰：『你自己覺得是皇帝嗎？敢於這樣胡鬧！你要知道，只有我一人有廢立的權柄。我現在雖立汝子為大阿哥，頃刻就可以廢之。』端王乃大懼，叩頭不已，太后命罰俸一年，以示薄懲。」老太太大發雷霆：「其義和團之首領，膽敢在宮中叫囂，立即斬首，命榮祿之兵在外宮門駐紮者行刑。」

一聲就地正法、嚴懲不貸，這班農民兄弟大眼瞪小眼，傻了，他們以為自己是欽定的打人棍子，一心想討好西太后，結果差點把腦袋玩掉。這時，他們才看出來，老太太壓根兒不把他們的效忠放在眼裏。其實，他們哪裏知道，老太太從來也沒改變過對這班「刁民」或「賤民」的鄙視。「有一日，大阿哥同太監數人在頤和園空地穿拳民衣服，練習拳術，為太后所見。立即傳諭，命大阿哥入房責之，並責大學士徐桐不用心教導，以致扮成這難看的樣子。」（以上據《景善日記》）這個細節，可以看出她心底裏對於義和團的厭惡和反感。

可是，橫行京城、不可一世的翻身農民，自我感覺卻異常良好，並不知謝幕的時刻已經不遠。6月13日以後，「城中焚劫，火光蔽天，日夜不息。車夫小工棄業從之，近邑無賴紛趨都下，數十萬人橫行都市，夙所不快，指為教民，全家皆盡，死者十數萬人。殺人刀矛並下，肢體分裂，被害之家，嬰兒未匝月，亦斃之，慘無人理。京官紛紛挈眷逃，道梗則走匿僻鄉，往往遇劫，屢瀕於險，或遇壇而拜，求保護，則亦脫險也。太后召見其大師兄，慰勞有加。士大夫之諂諛干進者，爭以拳匪為奇貨」。現在，老太太賞銀十萬兩、賞米兩萬石，有吃有花，還可胡作非為，拳民們能不手之舞之，足之蹈之嗎？

其實說到底，老太太不過是在無可奈何之中利用義和團而已。

這種利用絕對出自女人的心計，她要報復，因為洋人不贊成她廢黜光緒、不支持她立大阿哥、不交出躲進使館的維新分子。7月11日，到了大哭號啕、無以為計的地步，「太后仍希望拳民之法術可救北京，故仍猛攻使館」。女人一旦染指權力，她的嫉妒、記恨和強烈的報復慾望，肯定會為洩心頭之憤，而不惜製造災難的。絕對會把前五百年後五百年所有的雞毛蒜皮、大事小情，都要一件一件地清算了結而罔顧大局。呂后，就是一個例子，她曾經把她嫉恨的戚夫人，「斷手足，去眼、耳，飲瘖藥，使居廁中，命曰『人彘』」，這報復是

何等的歹惡。那是她老公劉邦死後，她獲得無上權力後才幹得出來的事。同樣，君不見那位「旗手」（江青）得勢之季，那睚眥必報的刻毒，將 20 世紀 30 年代在上海、40 年代在延安、50 年代在北京，所有使她不快活過的人，幾乎都打進了十八層地獄。

另外一個要利用義和團的因素，是老太太廢黜光緒、停止新政後，面對全國上下的求新思變的潮流，以她為首的頑固派集團，需要同樣愚昧落後的群眾為基礎，在精神上求得同聲共氣的奧援。於是以愚昧落後的形式，以弄神裝鬼、巫術迷信的手段，以反對列強壓迫從而拒絕一切西方文化的仇恨心理，以打着「扶清滅洋」旗幟的義和團農民兄弟，便正中下懷地成了她手中的一張牌，既可供驅使當攻打使館屠殺洋人的工具，也可用來鎮壓求新思變的不同聲音。

> 會義和團起，以滅洋為幟，載漪大喜，乃言諸太后，力言義民起，國家之福。遂命刑部尚書趙舒翹、大學士剛毅及乃瑩先後往，道之入京師，至者數萬人。義和拳謂鐵路、電線，皆洋人所藉以禍中國，遂焚鐵路、毀電線。凡家藏洋書、洋圖皆號二毛子，捕得必殺之。城中為壇場殆遍，大寺觀皆設大壇。其神曰洪鈞老祖、梨山聖母。謂神來皆以夜，每薄暮，什百成群，呼嘯周衢。令居民皆燒香，無敢違者。香煙蔽城，結為黑霧，入夜則通城慘慘，無敢違者。神降時，距躍類巫覡，自謂能祝槍炮不燃，又能入空，中指畫則火起，刀槊不能傷。出則命市人向東南拜，都人崇拜極虔。有非笑者，由戮辱及之。僕隸厮圉，皆入義和團，主人不敢慢，或更藉其保護。稍有識者，皆結舌自全，無有敢訟言其謬者矣。（《庚子國變記》）

以前，我讀有關「庚子拳亂」的史料，多採半信半疑態度，不大以為然的。魯迅先生說過，勝利者給失敗者作史，往往就會多說壞話。但經過史無前例的「文化大革命」後，見識過尤其領教過群眾運動的厲害之後，那種無序的、盲動的、失控的、非理性的大潮湧來的時候，泥沙俱下，魚龍混雜，渾水摸魚之流、趁火打劫之輩，便會層出不窮，便會有許多令人髮指的惡行產生。

我們知道，中國封建社會中最後一次的政治改革之舉，也就是變法維新運動，是被西太后發動的一次政變徹底撲滅的。她本以為復辟成功，禍亂消弭，從此國泰民安，天下太平。但她的如意算盤，卻被她所依賴的這一群不中用的貪官污吏，和這一支不頂用的烏合之眾，折騰出更嚴重、更可怕的災難。八國聯軍，堅船利甲，所向披靡，令人無力抵擋，到了「三十六計，走為上計」的時候，老太太真是人到傷心處，不得不流淚了。

11 日，李秉衡死；12 日，聯軍侵佔通州；13 日夜至 14 日凌晨，俄國騎兵攻建國門得手，日本兵也奪了朝陽門，英國的廓爾喀兵也從廣渠門進逼海岱門；15 日清早，她只好脫下她的太后龍服，穿上漢民青布褂褲，成了一個真正的老太太，從神武門出來，與無數逃難避災的老百姓混在一起，經德勝門離開京城；16 日，紫禁城失陷。

她雖然哭了一場，有些失態，但她卻是一個能把時代進步的車輪扳回來，並使其倒轉的強者。然而任何歷史的倒退，會給國家、人民，甚至她自己，帶來什麼福祉嗎？無論什麼樣的復辟，總是不得人心的。因此，老太太和衣睡在居庸關鄉下人家的硬炕上，一夜未眠，恐怕也有一絲後悔，還不如讓光緒搞他的新政呢！

據說，光緒隨西太后逃到懷來，說過一句話，當時目擊者「曾聞皇帝言曰：『所以使余等至此者，皆拳匪所賜。』」他自被黜以來，很少表態，這個他得出的結論，看來倒使後人懂得：中國人對於具有暴

力性質的革命，倒是乖乖服帖者多；而手段溫和的改良或改革，所遇到的阻力，卻常常是巨大的。改革之難，有時真是難於上青天，每走一步，並不比革命者於刀槍劍戟中，殺出一條血路更輕鬆。

因為改革者面臨的不僅是企圖維持既得利益的政治反對派，還有人數多得多的愚昧落後的民眾，他們由於眼前一時的利害關係，在沒有嘗到改革的好處，甚至在領受到甜頭時，也會在感情上容易與無知守舊的官僚集團結成神聖同盟。而貪官污吏，則是這個同盟中絕對的中堅分子，他們將失去得最多，所以冀圖扼殺改革的慾望比誰都強烈。這就是老太太之所以哭，哭他們不成事；光緒之所以恨，恨他們把大清王朝推上了絕路的原因。

寫到這裏，不禁想起孔夫子的話：「溫故而知新。」在中國的改革開放面臨攻堅戰之際，回顧一下這段老太太哭鼻子的歷史，不也頗有一點啟發嗎？

譚嗣同以死警世

譚嗣同 （1865－1898）

清朝政治家、思想家，湖南瀏陽人。他提出廢科舉、興學校、開礦藏、修鐵路、改官制等變法維新的主張。參加領導「戊戌變法」，失敗後被殺。

那是一個冬日的小陽春，我從報上得知，琉璃廠海王村的中國書店在出售一批舊書，遂去到那裏。翻了半日，凡想買的書，定價都偏高；便宜的書，又不值得買。這樣乘興而去，興盡而返，因為空着手，而且時間寬裕，便信步往虎坊橋走去。

走過拓展得特寬的新兩廣路，不知不覺間，明朝權奸嚴嵩的兒子題寫牌匾的中藥店「鶴年堂」四個大字，映在眼前，金碧輝煌，自然這就是菜市口了。

菜市口，可是一個擁有特殊歷史的地段。

其特殊因為它曾經是近代史上，擁有很大知名度的秋決場所。由於春夏季節草木萌發，而到了秋冬季節則萬物蕭殺，所以古代行刑時間選擇在秋天，也是適應天時的這種變化。明朝秋決的刑場，在今西四牌樓一帶，而清朝則改在菜市口，因而成為京城一景。清朝和邦額

《夜譚隨錄》：「適過菜市口，值秋決，刑人於市，阻不得進。」但眼前煥然一新的菜市口，已是繁華喧鬧的商業區，不但沒有當日刑場肅殺的氣氛，連南城的蕭條痕跡也看不出來了。

談大清朝，不能不談殺人；談殺人，不能不談菜市口。這些年來，電影、電視劇中的清宮戲，長篇小說中的清代帝王題材，可用「泛濫成災」這句成語來形容，這也給菜市口做足了廣告。於是這個原來矮趴趴、擁擠狹窄的丁字街，藉着秋決的血腥鏡頭，遐邇聞名。

我記得 1949 年秋天來到北京，住在國會街老北大的工字樓。有人告訴我，出宣武門，一路往南，就是當年「戊戌維新六君子」殉難的刑場。於是，我想起「六君子」之一的湖南瀏陽人譚嗣同，被慈禧太后抓起來關在大牢裏，寫在獄中牆壁上的一首詩：

> 望門投止思張儉，忍死須臾待杜根；
> 我自橫刀向天笑，去留肝膽兩昆侖。

詩中的張儉、杜根，都是東漢名士。張儉因黨錮之禍被迫逃亡，但人們景仰他的高風亮節，都冒着危險收留他。杜根因為觸怒鄧太后，被命摔死，但行刑者出於同情，雖摔卻不死，而活了下來。譚嗣同的詩，反映「戊戌維新」失敗以後，他之慷慨就義，以鮮血和生命喚醒麻木國人的犧牲，與康有為、梁啟超採取的流亡海外、重圖再起的策略不同。他詩中的張儉、杜根，正是這些維新黨人失敗後的兩種不同的應對方式。這位湖南漢子，所以要自赴一死，是為了策醒國人，也是對於這個國家、這個民族的貢獻。

在中國封建社會中，任何一次改良運動，最後無不以失敗告終。這次康、梁「戊戌變法」，因前後歷經一百零三天，而又被稱之為「百日維新」。公元 1898 年 6 月 11 日，光緒頒佈《明定國是詔》，宣佈變

法自強，便接連發出開學堂、停科舉、辦實業、練新軍的新政。西太后對他們迫不及待發出的一系列未經她首肯的改革措施，當然不滿，而被種種改革措施所觸動，害怕失去一切的保守派、頑固派，尤為不滿。6月14日，住在頤和園的慈禧，禁不起這幫守舊勢力的哭訴、告狀、小報告、咬舌頭，老太太第一手趕走光緒的老師翁同龢，第二手安排榮祿為直隸總督兼北洋大臣。

9月18日，譚嗣同走了一着險棋，與袁世凱密談，某種意義上是寄望於這位手握新軍的將領，實施政變。袁世凱馬上向榮祿告密，榮祿又馬上向西太后報告。知識分子的最大弱點，就是理想加幻想，就是自信加輕信。老太太當下軟禁了光緒，這回豈止是不滿，而是憤恨，9月20日逮捕新黨，康有為逃脫，梁啟超避難日本公使館。9月21日西太后「臨朝訓政」，「維新變法」宣告終止。

譚嗣同本有逃脫的機會，不知為何，他以承擔一切的大無畏姿態，9月25日於瀏陽會館被抓。

三天之後，即9月28日，他與林旭、楊銳、康廣仁、楊深秀、劉光第「六君子」，被押赴菜市口刑場，未經審訊，直接砍頭。民國姜泣群《朝野新譚》中說：「聖旨下，將六人從獄中提出，上堂點名，並不訊供。飭令登車，劉光第曾任刑部司官，知事不妙。亟詢承審官為誰，我至今未曾認得康有為，尚可容我伸辯否？眾曰不必言矣。乃徑解赴菜市口。由提督衙門派來哨弁兵役二百人護之行，抵法場三下半鐘（下午三點半）。先殺康廣仁，次譚嗣同，次林旭，次楊深秀，次楊銳，次劉光第。事畢已薄暮矣。……菜市口距廣東會館最近，康廣仁死後，粵人竟莫敢過問。譚嗣同、林旭殮俱遲。……譚嗣同死不瞑目，李鐵船京卿慰之曰：『復生頭上有天罷了。』」

「康廣仁便衣無服，被殺後劊子手將其首拋之極遠，林旭穿補服未掛珠，餘均便衣。楊銳血最多，劉光第至死呼冤，殺後點血俱無，

但覺有白氣一道沖出。劊子手曰：『是實大冤枉者，方如此白氣上沖，其神上升於天也。』」

譚嗣同，字壯飛。湖南瀏陽人，生於北京。其父為湖北巡撫。因為童年患時疫險死得活，又號復生。他的妻子李閏在他就義後，以其《獄中題壁》之「忍死須臾待杜根」句，自號「臾生」，其悼亡詩極悲愴：「盱衡禹貢盡荊榛，國難家仇鬼哭新。飲恨長號哀賤妾，高歌短歎譜忠臣。已無壯志酬明主，剩有臾生泣後塵。慘淡深閨悲夜永，燈前愁煞未亡人。」

臨刑時，譚嗣同從容慷慨，激越豪壯，只說了十六個字：「有心殺賊，無力回天；死得其所，快哉快哉！」

我在想，當譚嗣同戴着枷鎖，在檻車裏向圍觀者大呼，希望得到覺醒的回應，希望聽到憤怒的反響，希望看到同情的眼光，希望他的血沒有白流……然而這班一臉亢奮的觀眾，會有什麼呼應嗎？他們只對馬上就要被砍掉的頭顱感興趣，而對這位革命先驅的豪言壯語，絕對無動於衷嗎？本意以一死令國人警醒的這位革命者，其最大的悲哀莫過於他腦袋被砍掉時，京城市民的無動於衷了。

20世紀40年代末，這座城市還叫北平，南城一帶，居民稀疏，街市冷清，破房舊院，路窄巷擠，很難想像清末百姓「到菜市口看殺人去」時，竟堵塞在這樣仄陋湫隘的地段，不免為烈士臨終場面之局促、之齷齪，感到窩囊。對好看熱鬧的中國人來說，戲文是主要的，角兒更為重要，至於戲園子的好賴，是無所謂的。京劇翻譯成英文，叫作 Beijing Opera（北京歌劇），儘管誕生過梅蘭芳等許多名演員，而清朝歷經三百多年，民國又歷經三十多年，這座城市從來沒有一間像點樣子的戲院。這就是北京人既能窮講究，又能窮湊活的習性了。

幾百年來，他們很滿足這份廠甸廟會式的看殺頭的娛樂，這個不花錢、不打票的血淋淋的真實場面，這些可供飯後茶餘，對被殺頭者

或褒或貶的説話由頭，何其難得，擠就擠吧，擠着熱鬧；殺就殺吧，殺頭好看。至於殺誰？誰殺？為什麼殺？為誰而被殺？這些看戲的老百姓們，是不會去想的。

一生覺悟追求，力主挽危圖強，鋭意改革維新，矢志獻身中華，哪怕砍頭也死不瞑目的譚嗣同，他的死是否真的喚醒了世人？「頭上有天」，其實在那個昏天黑地的王朝末日裏，上既無天，下也無地，那些看熱鬧者的渾渾噩噩，其實倒是對革命者苦心孤詣的暗諷。不過由此倒也證明，作為先知先覺者，與那些後知後覺的民眾之間，確實存在着不被理解的鴻溝，這才是他九泉下無法排遣的寂寞和苦惱啊！甚至一個多世紀過去了，又有多少人在菜市口會想起中國知識分子的這場「百日維新」、士子們最後的孤注一擲呢？

然而，1898 年「六君子」死後，清廷的喪鐘也隨之敲響。1911 年辛亥革命成功，從此，菜市口作為行刑開殺的法場歷史也就結束了。但是，回顧三百多年的清王朝歷史，那劊子手的大刀片兒，到底在這裏砍下了多少人頭，恐怕是永遠也統計不出的數字了。

王國維的氣場

····· **王國維**（1877—1927）·····

清末民初學者，浙江海寧人。他早年追求新學，接受改良主
義思想。他平生學無專師，自闢戶牖，成就卓越，在眾多學
科上貢獻突出，自成一家。

王國維，字靜安，號觀堂，浙江海寧人，清末秀才。民國後曾
任溥儀小朝廷的南書房行走，食五品祿。

1927 年（民國十六年）6 月 2 日，王國維自沉於頤和園昆明湖。
這一天，正好是農曆的五月初三，緊接着，就該是包粽子、划龍舟的
端午節了。

中國之所以有這個節日，是由古代投江自殺的偉大詩人屈原起。
因此，王國維跳進排雲殿西、石舫附近的昆明湖裏，了解端午緣由的
人們，自然會將他與屈原聯繫起來。因為手段相同、死日相近，自然
會引起當時人和後來人的興趣。

自殺是將生命握在自己手中，願意怎麼死就怎麼死，願意何時死
就何時死，於是，這個人也就擁有了一生中最後的恐怕也是最大的自
由。我不禁納悶，已經獲得絕對自由的王國維，為什麼不選初五，偏

選初三?看來這個行事謹慎的人,即使對死日的選擇,也透出「其學以通方知類為宗」(梁啟超評語)的學者式的鄭重。

首先,王國維認為自己忠於遜帝的死難心態,根本無法與屈原的憂國憂民、悲天憫人的博大胸懷相提並論。其次,王國維認為其平生著述,能留存下來,可傳之後世者,自審也是無法與屈原的《離騷》《九歌》《天問》等篇在文學史上的地位相比擬。所以他不選屈原的忌日,而選在忌日前的初三。

但王國維決定在初三那天走自沉之路,很大程度上由於他最後弄到走投無路,與屈原徘徊躑躅於汨羅江畔的痛心和絕望,其際遇是差不多的。因此,先賢的蹈水赴死,義無反顧,給了他啟示。他選擇這種死的方式,是表示對其宗仰的前輩那份景慕追隨之心;不選端午這天,則是學者審慎謹約的自重。

過於自重,是王國維這個人一生的悲劇所在。自重而適當斂約,是可以的,而自重到抑制、到憂鬱、到愚執、到迂腐、到想不開、到只有死之一途別無解贖之道,就真是一個徹底的書呆子了。好像從王國維跳湖以後,中國人中就找不出多少這樣的「自重者」了。更有一些人,不但不自重,還自輕自賤。輕,頂多骨頭沒有幾許分量;賤,廉恥都捲在臉皮裏當小菜吃了,那就十分的可悲。

換個喜歡標榜的人,懷着一份屈原情結,赴水而死,肯定會選擇初五。但極其自重的王國維,跳湖之前,在家裏是盤算過的。他決定死,固然有其堂而皇之的一面,怎麼說,他是有頂戴的人,他擁有遜帝溥儀的南書房行走的五品頭銜,為主死憂,「大義」存焉。但他不能不自省,所以棄世而去,所謂「大義」的成分佔百分之幾,他心裏是有數的。

使其跳昆明湖的緣由,更多的,是那些仁瓜倆棗的銀錢往來,是那些油鹽醬醋的生計家事,是那些牽涉到個人、家庭、兒女等雞毛

蒜皮的問題。總之，是那些很難磊落光明地端到台面上來的使他窮於
應付的煩惱，才讓他覺得活不下去。正因死得如此不乾不淨，卑微困
頓，他只能選擇初三這一天。據馬敘倫《石屋餘瀋》：「民國三十一
年五月廿九日，某報載何天行『王靜安十五年祭文』，意在發明靜安
本心不在為遺老，其死則困於貧。夫靜安是否不願竭忠清室，其人死
矣，無可質矣；至於其死，實以經濟關係為羅叔言（振玉）所迫而
然，則余昔已聞諸張孟劬，惜未聞其詳。後又聞諸張伯岸，則未能言
其詳也。」

因此，他的死，很大程度上有點窩囊，與屈原的慷慨歌哭大不相
同，這一點他也清楚。不過，從王國維《屈子文學之精神》一文，便
知道他為什麼會有效慕屈原做法之意了。「屈子自讚曰廉貞，余謂屈
子之性格此二字盡之矣。……蓋屈子之於楚，親則肺腑，尊則大夫，
又嘗管內政外交上之大事矣，其於國家既同累世之休戚，其於懷王
又非一日之知遇，一疏再放，而終不能易其志。」所謂的「休戚」、
「知遇」，便成了他投水的「大義」方面。可一腦門官司、兩肋巴債
務，偏挑端陽那天自沉的話，這種驥附，豈不是很褻瀆他所推崇的先
賢嗎？

因此，屈原沉於汨羅，走得一清如水。而他沉於昆明湖，很大程
度上是規避，是擺脫，是承受不住經濟上的壓力、精神上的負擔，以
及無法解開的情感道義上的諸多心結。我想他肯定酌斟過：選初一，
離端午稍遠；選初四，靠端午太近；於是，初三一早，他僱了一輛洋
車，出清華園，往頤和園去。昆明湖，可不是汨羅江，他跳進去便一
頭到底。事實上他並不是溺斃，而是被淤泥朽草塞滿七竅，以致窒息
而死。

一代學人，於骯髒的污朽中死去，時年僅 51 歲。

但他沒有想到，由於這樣的一種死法，效果倍增，影響彌遠，

使得他與同時代的無論學問、無論著作都相差無幾的儕輩相比，一下子擁有了很大的知名度。雖然眾人並不知道他是誰，他有什麼非凡之處，但由於聲名鼎沸，人云亦云，好像含金量也顯出不同了。這種不過只是視覺中的非成色的變化，王國維從此成為比所有國學大師都要大師的聖人。

我相信，這倒不一定是跳進昆明湖的這位天性謙遜的學者本願，問題全出在中國小文人的戲法上。

小文人，是中國文化領域中一種特殊的品類，你可以稱他為篾片、為相公、為清客、為幫閒。學問不大，本事不小；聰明有餘，心術欠佳。沒有他們，文壇不熱鬧；有了他們，又生出更多的無聊和是非。這之中，有的小文人，猶如賭場中的堂倌，自己沒有多少賭資，卻很樂意追捧那些出手闊綽的賭客，跟着也闊一把。在文學領域中，吹捧如周作人、張愛玲等，藉照亮偶像的光，順便將自己的嘴臉烘托出來，也是近年來大行其道、大賺銀兩的名利雙收之舉。

他們為什麼選擇已死文人中死得不是太遠的呢？因為太遠了，便不太容易攪起泡沫。趁還有點新鮮勁兒，添油加醋，摻雜了時代的、政治的、感情的色彩，一盤雖花花綠綠可顏色氣味頗令人生疑的冰淇淋，便端了過來。王國維就是如此被膨脹起來的，其實，他不過是辛亥革命至五四運動那段文化啟蒙時期的許多先行者之一罷了。但經小文人炒冷飯以後，好像沒有王國維、沒有羅振玉、沒有鄭孝胥，我們至今還得在黑暗中摸索似的。

這當然是笑話！

不過，對於王國維的自沉，我是極佩服的。無論怎麼說，一個人敢自殺，是需要勇氣的。對於那些敢於下手殺死自己的勇敢者，我從心底裏起敬。因為在我平生數次低潮期間，在備受挫折到了無法忍受的日子裏，那些無所不用其極的手段，諒不亞於地獄，使你無以為生

時，一念之間，也很想死了死了，一死百了的。

我曾經打算以跳崖的方式結束生命，這是山民尋短見的常用方法。在大山深處，羊腸小道通過陡峭山壁，往往鑿出只容側身而過的埡口。誰不想活，伸出一條腿去，下面便是萬丈深淵，連屍首都尋不見的。平時過得那裏，都要捏把冷汗，脊背發涼。也許決心尋死的人，就不把死之一途，視為多麼可怕的事。我物色了好幾處，終於在一處谷底生雲的懸崖邊站立。但是，當我打算伸出腳跟這個世界告別的時候，我終於還是猶豫了。

因為我有父母，我有妻子，還有才周歲多的兒子。我看到的是他們一雙雙凝視的眼睛。於是，悵然若失的我，把伸出去的一隻腳收回，痴痴地坐在那兒，聽遠處傳來的狼嚎聲。人，其實是貪生怕死的。王國維採取了三閭大夫的死法，結束自己的生命，着實讓我對這位學人蕭然起敬。他的死，恐怕就得按陳寅恪的解釋來理解了：

> 世之人大抵能稱道其學，獨於其平生之志頗多不能解，因而有是非之論。寅恪以為古今中外仁人志士往往憔悴憂傷繼之以死，其所傷之事，所死之故，不止局於一時間一地域而已，蓋別有超越時間地域之理性存焉。而此超越時間地域之理性，必非其同時間地域之眾人所能共喻。

像王國維，像王國維最引為知己的陳寅恪，如此在意名節的人，嗣後多少年來，也真是頗為少見了。王國維在清華大學國學院兼差，為他所領的民國政府的一份薪俸，而深感不安，僅此一節，至少還能見到「恥不食周粟」的伯夷、叔齊的一點影子。而陳寅恪在中山大學，雖然仍以孤竹君後代的狷介著稱，但一級教授的工資倒是照單全收的，這大概就是時代的進步了。所以，20 世紀 50 年代的政治

運動，60 年代的「文化大革命」，多少學者名流、教授權威、文化大師、學術泰斗，被折騰得痛不欲生，可很少聽説有人起而效仿王國維，毅然跳入昆明湖。看來，大家都聰明起來，「觀堂（王國維晚號觀堂）已隨屈子去，此地空餘昆明湖」，沒有人這樣尋短見了。

生固艱難，死亦不易，好死不如賴活着，便是生者的精神支柱。

不錯，你強我弱，你要整死我，像碾死一隻臭蟲那麼容易，但處於生死兩難之中，凡懂得圓通苟且一道者，都會存活下來。這也是中國人自殺率較之外國人低的一個重要原因。翻開中國文禍史，有多少人被皇帝砍掉腦袋，因此，自殺不是中國人的強項，中國人習慣於被殺。現在回過頭去，審時度勢，1927 年也就是民國十六年，並不具備足以使王國維棄世的大環境。

1 月 6 日，京城的頭面人物又擁到前門外的新民戲院，觀看現代京劇《摩登伽女》。我不知道梁啟超會不會對這齣天竺戲感興趣？也不知道王國維會不會陪同前往一起觀看？主演者為「四大名旦」之一的尚小雲，如果説京劇改革，此公才是真正的首倡者，而江青抓住這面旗幟，搞活流通樣板戲招搖過市，已是四十多年後黃花菜都涼了的季節。那時節，尚老闆着摩登露肩裝，跳蘇格蘭舞蹈，唱時尚流行曲，令京城人耳目一新。因此，王國維於歌舞升平中忽萌厭世之意，大不可能，與當時京城的總體氣氛也太不相適應。

再從全國範圍來看，雖然 3 月份，張學良強渡黃河，血戰鄭州。4 月份，蔣介石發動「四一二」反革命政變；4 月 14 日，建都南京。4月 28 日，中共領導人李大釗在北京西交民巷看守所被張作霖殺害。5月份，馮玉祥出師潼關……諸如此類的「城頭變幻大王旗」的動亂，已是家常便飯，應該不至於使一介文人的王國維神經過敏，意識到危機的到來。連他的主子遜帝在天津張園，盜賣文物，吸食鴉片，照樣上朝退朝，叩拜如儀。作為聖上都安之若素，那麼在清華教書的這位

臣下緊張個什麼？這不應了「皇帝不急太監急」的典故嗎？

那時，「京都怪物」辜鴻銘，拖一根辮子，給他拉車的車夫劉二也拖着一根辮子，成為京城一絕，出盡風頭，就憑這根大清五朝的尾巴當賣點咧！此老在六國飯店開演講會，門票五塊銀洋，貴得嚇人，然而非常搶手。那麼同樣也留辮子的王國維坐在清華園裏，怕樹葉子落下砸破頭的杞憂，簡直是沒來由的。

再看看當時的文化巨擘，哪一個不是在自求多福？梁啟超連清華國學院院長一職，也懶得幹了，索性回家當老太爺了。4月8日，魯迅到廈門，轉廣州，為黃埔軍人演講《革命時代的文學》，意氣風發。4月12日，胡適由西雅圖乘輪船經日本回國，在船上研究《左傳》，頗有所獲。林語堂到武漢任國民政府外交秘書，此君洋文大大派上了用場。5月9日，儘管郁達夫在上海致信王映霞，表示「可以為你而死」，說白了，這不過是情書中哄哄小姐的甜言蜜語罷了，並不打算真正落實。看來，大家快活得不能再快活，自由得不能再自由，但王國維卻跳進了昆明湖。

直到今天，對於他的死，仍是其說不一，各執一詞。

我在書攤上還看到一部羅振玉後裔為其祖辯誣兼駁詰的書，其實這種努力也是徒勞，無論如何尋章覓句，求證索隱，也是無法改變歷史公論的。當然，一家之言，錄以備忘，作為學術研究，當無不可。但由此想到，所以引發出這樣的歧義和爭執，是由於中國人講中庸之道卻並不中庸，持和合之說卻很難和而合之的緣故。若是空泛的、務虛的，不落到實處的坐而論道，肯定賓主盡歡，絕對談得攏。但是，一接觸到實際，一碰到具體問題，往往便絕對、便偏頗、便不留餘地，甚至不共戴天。

於是，王國維跳昆明湖，不是「殉清」，就必是「羅王交惡」；不是羅對王「翻臉逼債」，就必是為遜帝前景堪慮而「不降其志，不辱

其身」地先行一步。非此即彼，非彼即此，聚訟紛紜，莫衷一是，近百年來，這個死謎成了一道解不開的難題。而且我始終不解，連放一個屁，都可能是由於食物消化不良、產氣桿菌繁殖、腸道蠕動加劇、硫氫物質過剩等諸多原因造成的，一個大活人自殺，為什麼只能因為一個理由，而不能因多種因素使其非尋死不可呢？

其實王國維的遺書，按常人心態來讀，就已經包含了這樣兩個內容：

第一，「五十之年，只欠一死，經此世變，義無再辱」。

第二，「我死後，當草草棺葬，即行槁葬於清華塋寺。汝等不能南歸，亦可暫於城內居住。汝兄亦不必奔喪，固道路不通，渠又不曾出門故也。書籍可託陳吳二先生處理。家人自有人料理，必不至不能南歸。我雖無財產分文遺汝等，然苟謹慎勤儉，亦必不至餓死也」。

他既充滿了對於未來的憂慮，也面臨着一籌莫展的現實難題。因此他跳昆明湖，「殉清」是自殺的很重要的情愫；「羅王交惡」則是使他失去全部生活依託，無法應對一家老少食指生計，而不得不自殺的主要原因。若僅僅「殉清」，可早可晚，也可不殉，但「羅王交惡」卻立使他陷入絕境，若不死，那他活着會比死還要難看。於是，合二而一，他走上了屈原的自沉之路。

因此這位國學大師、國文巨匠，在五月初二寫的這封遺書，最後一句話，「亦必不至餓死也」，應該是大有文章的，不知為何，竟無人關注到這句相當情緒化的詞句？那是一種極為負氣的口吻，絕非王國維一貫行文的風格。而且「餓死」一詞，也不是宿儒所慣於使用的，而是純係百姓口語。

我不敢斷定這是出自羅振玉口的威脅，但王國維在死前與他口角過，卻是事實。因為王國維是兩袖清風、拙於謀生的一介文人，而羅振玉卻是個在政治上有大抱負、事業上有大成就、文物考古上有大名

聲的龐然大物。當老闆的，未必好意思拍着桌子嚇唬對方：「你也不掂量掂量，你一旦失去我這靠山，難道你不擔心會餓死？」但是，誰能保證，羅振玉在琉璃廠的伙計，不狐假虎威，欺侮老實人呢？

現在，已說不好羅振玉給予王國維的金錢支持究竟為多少，更難算得清楚王國維回報羅振玉的知識產權為多少，這就是王國維之死的謎底所在。不過，梁啟超在《王靜安先生墓前悼詞》中，也已經說得明白，分得清楚：「王先生在學問上的貢獻，那是不為中國所有而是全世界的。其最顯著的實在是發明甲骨文。和他同時因甲骨文而著名的雖有人，但其實有許多重要著作都是他一人作的。」

這大概就是歷史的公論了。

在中國歷史上，為了報恩、為了還債、為了免災、為了生計等等，忍心將畢生研究的結晶、苦心孤詣的成果，都隱名埋姓地奉獻出去的，王國維不是第一個，也不是最後一個。

看到自己的骨肉，變成別人的兒子，做母親的還得裝出笑臉，作心甘情願狀，那心中受熬煎的滋味，是可想而知的。在當「右派」的二十多年裏，為了摘帽，我也曾作為寫作機器討好過那些人。雖然我寫的那些應景之作，扔廢紙簍都嫌髒，但對那些不勞而獲者的憎恨，對那些坐享其成者的鄙視，卻是所有為奴隸的母親都會產生的相同感情。

於是我逐漸理解這位大師，他要是不跳昆明湖，也許就成了一個永遠為別人拉套的冤大頭。

他「撲通」跳下去了，儘管還是纏夾不清，但至少令後人因疑而追查，僅憑這一點，就是成功。我們可以責備他不該這樣做，但對這個可憐巴巴的人來說，除了這一條命外，他還有別的資本嗎？

熱鬧的溥儀大婚

---- **溥儀**（1906—1967）----------------------

清朝末代皇帝。辛亥革命後被迫退位，「九一八」事變後做了
「偽滿洲國」的傀儡皇帝，後在撫順戰犯管理所學習、接受改
造，特赦釋放後成為全國政協委員。

中國人之愛看熱鬧，在這個世界上不數第一，也是名列前茅的。
我記得俄國作家契訶夫寫過一篇小說，說一個人，站在涅瓦
大街上，直愣愣地朝天上看。其實，天空並沒有什麼，但他看得很投
入。有人路過他的身邊，看他觀天，不知所觀為何，也跟着停下腳
步，把臉仰起來。接着，又有人路過這倆人的身邊，看他們齊仰着脖
子，怔怔地看天，也不由自主地把脖子仰起來。於是，第四個人、第
五個人，相繼加入了這個仰脖子觀天的行列。隨後，路上的汽車也停
了下來，執勤的警察也走了過來，人越聚越多，誰也說不上朝天空裏
看什麼和有什麼可看，但每個駐足觀看的人，都若有其事地一本正經
地看得十分起勁兒。

而生活在中國京城裏的人，好熱鬧，看熱鬧，與俄國人有所不
同，側重在一個「鬧」字上。「熱」是心態，「鬧」是形態，身和心

的全部投入，那才叫真熱鬧。就看每年春節，從初一到十五，廠甸廟會的人山人海，把琉璃廠塞得一個水洩不通，買的年貨如糖葫蘆、風車，必須高高舉過人頭，方可得保不被擠碎擠壞，便可知道北京人這種有事沒事，連推帶擠，身體力行，愛看熱鬧，痛並快樂着的強烈衝動了。

於是我想起魯迅先生曾經寫過的一篇雜文，題目曰《推》，就是描寫中國人，如何在看熱鬧時你推我擠的過程中，得到「好白相來希」（上海話，好玩）的快樂。看熱鬧是中國人的一種有趣性格，當然更是北京人一種不肯消停的可愛性格。看來中國人好這一口，北京人尤其好這一口。在這個首善之區，哪怕是兩條狗打架、兩輛車剮蹭、兩個小販爭吵、兩個流氓動手，都會有越來越多的人圍觀看熱鬧、起哄架秧子。

當年遜帝大婚，這天大的喜事，使得整個北京城處於亢奮過度的狀態之中，是可以想像的。

公元 1922 年 11 月初，當時這個城市還叫北平。有關退位皇帝愛新覺羅·溥儀，要和郭布羅氏榮源家的名叫婉容的女兒，和額爾德特氏端恭家的名叫文繡的女兒（一封為后，一封為妃），舉辦婚慶大典的消息，對京城百姓來說，那可是聞所未聞的熱鬧。小朝廷專門成立了一個大婚籌備處，向外界定期發佈信息，迎親的日子經擇吉、經御准，剛稟報三位太妃，還未來得及公示，便不脛而走，滿城皆知。

大概人們是這樣琢磨的：娶媳婦是常事，但皇帝娶媳婦百年不一遇，誰知中國將來還會不會再有皇帝？如果真的永遠共和下去，這回錯過了也許再難碰到。於是街頭巷尾、胡同旮旯，無不談論這椿婚姻；茶樓酒肆、戲院商鋪，莫不期待這場喜事，竟烘托出這個冬月小陽春的十分明媚來。

據溥儀在《我的前半生》中的記載，他的婚禮，全部儀程要進行

五天，隆重，紅火，莊嚴，堂皇，這令沒熱鬧要找熱鬧、有熱鬧要瞧熱鬧的京城小市民，甚至比那個馬上要娶媳婦的 17 歲的溥儀，還要起勁兒。

其實溥儀對結婚這件事，壓根兒不感興趣：

　　按着傳統，皇帝和皇后新婚第一夜，要在坤寧宮裏的一間不過十米見方的喜房裏度過。這間屋子的特色是：沒有什麼陳設，炕佔去了四分之一，除了地皮，全塗上了紅色。行過「合卺禮」，吃過了「子孫餑餑」，進入這間一片暗紅色的屋子裏，我覺得很憋氣。新娘子坐在炕上，低着頭，我在旁邊看了一會，只覺着眼前一片紅：紅帳子、紅褥子、紅衣、紅裙、紅花朵、紅臉蛋……好像一攤溶化了的紅蠟燭。我感到很不自在，坐也不是，站也不是。我覺得還是養心殿好，便開開門，回來了。（《我的前半生》）

我曾經到過長春的偽皇宮，那個狹小的院子，當然與那宏敞寬闊的北京紫禁城無法相比。但室內的一切，尤其是觸目所見的牆布、燈飾、地毯、坐墊、幔帳、紋章、旗幟、旒帶……無不給人一種壓抑感、晦暗感、神秘感、陰沉感，恐怕還同原來清宮傳統的裝飾佈置一脈相承。所謂皇室那種地方，老實說，確乎不適宜於活人生存，而更適合於死人居住。17 歲那年的溥儀，還年輕，還未完全萎靡，於是急迫地逃出那間化開的紅蠟似的新房，他顯然是被過甚的堂皇所形成的死氣沉沉嚇跑的。

然而婚禮按照策劃，仍在熱烈地進行着，這五天的活動是這樣安排的：

十一月二十九日巳刻，淑妃（即文繡）妝奩入宮。

十一月三十日午刻，皇后（即婉容）妝奩入宮。巳刻，皇后行冊立禮。丑刻，淑妃入宮。

十二月一日子刻，舉行大婚典禮。寅刻，迎皇后入宮。

十二月二日帝后在景山壽皇殿向列祖列宗行禮。

十二月三日帝在乾清宮受賀。（《我的前半生》）

這次皇帝娶媳婦，對京城而言，空前是說不上的，但絕後則是肯定的。魯迅筆下那從胡同裏懶洋洋地踱來，插上一面五色旗的國民，總算像死水裏出現一圈漣漪，在冬日的陽光下打個呵欠，多少給古城添了一絲生意。那些本來無事可幹圍着爐子取暖的小市民，像是服了興奮劑，無不等待着這場皇帝的婚禮，無不期盼着看看這場熱鬧。

辛亥革命成功，民國政府成立，與被推翻的清王朝，曾經達成一個協議：一是每年供給四萬兩大洋，贍養退位的王室；一是允許遜帝在紫禁城裏維持他的小朝廷。這種共和與帝制並存、革命與封建共處的局面，當然是很奇特的現象。

也許中國人太喜好熱鬧了，無論製造熱鬧的人還是等着看熱鬧的人，都唯恐沒有熱鬧。所以這次遜帝大婚，生怕事態不擴大、場面不熱烈、群眾不轟動，便想着法兒花樣百出地推陳出新。

只紫禁城裏熱鬧還遠遠不夠，要熱鬧出紫禁城外才能達到大熱鬧、真熱鬧的目的。於是就在那位叫婉容的「后」，那位叫文繡的「妃」，從各自的娘家，被抬到東華門，進入紫禁城的這一路，要按照清宮婚禮的程序進行。民國管轄的北平特別市政府也答應了，並撥警察局的軍樂隊、駐軍的鼓號隊助興。這樣，民國已經十一年了，北京街頭出現兩撥人馬、兩支隊伍，男性一式的蟒袍馬褂、高頭大馬，女眷一式的鳳冠霞帔、珠翠滿頭，全部是前清服飾的化裝遊行。

據溥儀記載，僅民國政府派出的軍警，就足有數千之眾：

淑妃妝奩進宮。步軍統領衙門派在神武門、東安門等處及妝奩經過沿途站哨官員三十名，士兵三百名。

皇后妝奩進宮。步軍統領衙門派在神武門、皇后宅等處及隨行護送妝奩，經過沿途站哨官員三十一名，士兵四百十六名（其中有號兵六名）。

行冊立（皇后）禮。派在神武門、皇后宅等處及隨行護送經過沿途站，哨步軍統領衙門官員三十四名（其中有軍樂隊官員三人），士兵四百五十八名（其中有軍樂隊士兵四十二人，號兵六人）。憲兵司令部除官員九名、士兵四十名外還派二個整營沿途站哨。

淑妃進宮。派在神武門、淑妃宅等處及隨行護送經過沿途站哨步軍統領衙門官員三十一名、士兵四百十六名。憲兵司令部官員三名，士兵十四名。警察廳官兵二百八十名。

行奉迎（皇后）禮。派在東華門、皇后宅等處及隨行護送經過沿途站哨步軍統領衙門官兵六百十名，另有軍樂隊一隊。憲兵司令部除官兵八十四名外，並於第一、二、五營中各抽大部分官兵擔任沿途站哨。警察廳官兵七百四十七名。

在神武門、東華門、皇后宅、淑妃宅等處及經過地區警察廳所屬各該管區，加派警察保護。本來按民國的規定，只有神武門屬清宮，這次破例，特准「鳳輿」從東華門進宮。（《我的前半生》）

那四五里長的隊伍，中西合璧，古今一體，洋鼓洋號，嗩吶喇叭，高頭大馬，八抬大轎，遺老遺少，磕頭膜拜，好奇百姓，夾道迎

送。由民國政府派出五六千人的軍警，沿途護衛，維持秩序，排場之宏大，儀仗之輝煌，那大氣派、大手筆，可讓愛看熱鬧的北平人，大飽眼福的同時也跑細了腿。

這場王朝復辟、回光返照的大戲，又將荒唐和悖謬推進一步。

這熱鬧，固然令前朝耆舊熱淚盈眶，但同樣也令革命人士氣憤填膺。在民國的天空下，這種時光倒流的感覺、這種僵屍復活的感覺，實在是令人匪夷所思。連溥儀自己也說：

> 這次舉動最引起社會上反感的，是小朝廷在一度復辟之後，又公然到紫禁城外邊擺起了威風。在民國的大批軍警放哨佈崗和恭敬護衛之下，清宮儀仗耀武揚威地在北京街道上擺來擺去。正式婚禮舉行那天，在民國的兩班軍樂隊後面，是一對穿着蟒袍褂的冊封正副使（慶親王和鄭親王）騎在馬上，手中執節（像蘇武牧羊時手裏拿的那個鞭子），在他們後面跟隨着民國的軍樂隊和陸軍馬隊、警察馬隊、保安隊馬隊。再後面則是龍鳳旗傘、鑾駕儀仗七十二副，黃亭（內有皇后的金寶禮服）四架，宮燈三十對，浩浩蕩蕩，向「后邸」進發。在張燈結彩的后邸門前，又是一大片軍警，保衛着婉容的父親榮源和她的兄弟們 —— 都跪在那裏迎接正副使帶來的「聖旨」……（《我的前半生》）

而像魯迅先生的另一篇雜文《沉渣的泛起》所說，這次遜帝大婚，也把沉寂了十多年、鬱悶了十多年，憋得五脊六獸的封建餘孽、遺裔孤臣、沒落貴族、八旗子弟的積極性充分調動起來，他們不但看熱鬧，還要湊熱鬧。據當時的一些報紙報道：

　　清宮內溥儀婚禮籌備處宣佈，溥儀大婚之禮定於 12 月
1 日舉行，消息傳出，各方面送禮的絡繹不絕。滿蒙王公，
遺老舊臣與活佛等，都有進奉。民國要人，上至大總統，下
至各地軍閥，下野政客，也紛致賀禮。黎元洪送如意、金瓶
和銀壺，紅帖子上寫着「中華民國大總統黎元洪贈宣統大皇
帝」，其聯文云：「漢瓦當文，延年益壽；周銅盤銘，富貴吉
祥。」其他的如：曹錕送如意和衣料，吳佩孚送來衣料和銀
元 7000 元，馮玉祥送如意、金錶和金銀器皿，張作霖送成
套的新式木器，王懷慶送九柄金如意，（復辟不成下野的）張
勳也送來銀元 10000 元。

　　（保皇派）康有為除送磨色玉屏、磨色金屏、拿破崙婚
禮時用的硝石碟和銀元 1000 元外，還有他親筆寫的一副對
聯，上聯是「八國衣冠瞻玉步」，下聯是「九天日月耀金台」。

　　以豪富著稱的遺老們，如陳夔龍、李經邁等，送的都是
鑽石珠翠。上海的猶太人大資本家哈同、香港的英國籍大資
本家何東，也都送了不少珍貴禮品。由於無處存放，溥儀叫
人都儲藏在建福宮裏。（《20 世紀中國圖志》）

　最滑稽可笑的，該是溥儀自己所描寫的那些復辟勢力的表演了：

　　民國派來總統府侍從武官長蔭昌，以對外國君主之禮正
式祝賀。他向我鞠躬以後，忽然宣佈：「剛才那是代表民國
的，現在奴才自己給皇上行禮。」說罷，跪在地下磕起頭來。

　　當時許多報紙對這些怪事發出了嚴正的評論，這也擋不
住王公大臣們的興高采烈，許多地方的遺老們更如驚蟄後的
蟲子，成群飛向北京，帶來他們自己的和別人的現金、古玩

等等賀禮。重要的還不是財物，而是聲勢，這個聲勢大得連他們自己也出乎意外，以至又覺得事情像是大有可為的樣子。（《我的前半生》）

　　我在北京也住了半個多世紀了，慢慢體會出來，見過大世面的北京小市民，別看他是升斗百姓，住在破爛四合院裏，看熱鬧也是頗為講究的。有的熱鬧，看看而已；有的熱鬧，推推擠擠也就罷了；有的熱鬧，值得一看，因為可以過癮；而有的熱鬧，能夠得到刻骨銘心的滿足，能夠得到驚心動魄的滿足，才是非看不可的。

　　究竟什麼是小市民最熱衷的熱鬧呢？

　　讀清朝和邦額的《夜譚隨錄》，其中有這樣一句，讓我豁然開朗：「適過菜市口，值秋決，刑人於市，阻不得進。」由此可知，最讓京城人神往、達到歇斯底里的程度，足以萬人空巷、傾城出動的熱鬧，就是到菜市口去看殺頭。

　　清王朝這一頁翻過去了，菜市口刑人的場面成為歷史，那種以別人死亡大飽眼福的熱鬧一去不復返了。但到了 20 世紀 60 年代，京城的小市民們又從走資派，地富反壞右，「三名三高」的社會賢達、名流耆宿、作家畫師、戲子演員……的失敗、倒霉、走背字、捱批捱鬥的群眾運動中，得到大過其癮的熱鬧。眼看着那些不可一世的黨政要員、赫赫揚揚的頭面人物掛着牌子，倒插雙手，押解示眾，來到批鬥會場，真是讓愛看熱鬧的小市民眼球都不夠用。

　　昨天還趾高氣揚，今天卻牛鬼蛇神；早晨還人五人六，傍晚則狼狽萬狀。那些原來可望而不可即的大人物，此刻成為誰都可以踹一腳、啐一口，而且絕不敢反抗的狗屎堆。在中國，電影不一定賣座，戲劇不一定有票房，但「文革」那些年裏，任何一次批判會、鬥爭會，從來都是保證客滿，從來都是高潮迭起。這種看別人倒霉而自己

僥倖免災，看別人完蛋而自己居然未被波及的熱鬧，又一次讓我深深領教了小市民心底裏的陰暗面。

也許，小市民作為一個城市中的特殊階層，一無經濟基礎，二無政治信仰，三無文化淵源，四無拚搏精神，永遠心懷不滿、怨天尤人。由於往上升騰之不易，向下沉淪之不甘，願意看到別人失敗，而不願意看到別人成功，從別人的不幸中獲得快意感，從成功者的失敗中獲得滿足感，便是小市民像趕場似的看批鬥會那熱鬧的動力。

但菜市口也不總是刑人，批鬥會也不總是召開，於是諸如遜帝大婚這樣足以滿足小市民窺私心理的熱鬧，便成為 1922 年那個冬季的一場好戲。雖然清朝的龍旗換成了民國的五色旗，雖然像走馬燈似的換總統，溥儀卻總是在紫禁城當他的遜帝。可在同一個藍天下，這位遜帝是快活歡樂，還是悲哀痛苦，對小市民來說是個難解的謎。

好在這次大婚，總算有揭開這層薄紗的可能了。這樣，隱藏的角落曝光，可想而知，如此熱鬧，對於兩眼灼灼的小市民來講該是怎樣的震撼。

我是 1949 年來到北平的，當年的冬天，我就到郊區藍靛廠參加「土改運動」。有些上了年紀的老人，尤其是旗民，談起他們皇上的那次大婚，還沉浸在當年看熱鬧的回憶裏，回味無窮，想想也真是很有意思的。

中國人的民族性格，歷來是慢半拍的。所以，在世界歷史的進步潮流中，這種循規蹈矩、求穩怕亂的中庸哲學，使得老大帝國在那百年裏，常處於落後捱打的境地。但不知為什麼，對在人口密集的城市裏，佔大多數的小市民而言，那無關宏旨的熱鬧、那表面文章的熱鬧、那虛火陽亢的熱鬧、那起哄架秧子的熱鬧，所表現出來的積極性、趨從性、盲動性，實在是令人不敢恭維。

於是我不禁想起看過的一部法國影片，就是那個已故的法國老牌

喜劇明星雷諾‧伯拉姆主演的，我記不得片名了，也不知翻譯過來沒有，但大致的劇情還留有一些印象，這位老先生和一對搭他順風車的情侶，在海邊的山間公路行駛。那對浪漫男女的浪漫行止，使開車者分了心，車子不慎從懸崖處衝出去，眼看車毀人亡，沉入大海，誰知一棵半山腰裏的小樹救了他們，可樹馬上要折斷，於是，人要跌落而又無法逃脫險境的命運，驚動了整個法蘭西。

不但電視台用直升飛機航拍，現場報道，還有消防隊試圖用鋼絲纜繩拉住那輛車以防小樹壓斷。更有很多看熱鬧的開着汽車、帶着帳篷、裝着乾糧蒸餾水、領着全家老小，蜂擁而至，準備安營紮寨看個夠。臨時搭起的賣法式麵包和法式土豆條的小吃店，出租望遠鏡、遮陽傘和躺椅的便利店，賭這三個掛在懸崖上的人結果是死是活的六合彩投注店，也隨之在公路邊、在海灘上，一字排開。上面，整個山頭是看熱鬧的人和車；下面，整個海面也是看熱鬧的人和船，簡直是一場鋪天蓋地的「嘉年華式」的狂歡。

由此可見，看熱鬧，全世界莫不如此。

同樣由此也可見，看熱鬧大概既是人類的一種天性，也是人類的一種本能。而天性，通常受着下意識的操控，智商愈低者愈無法自持；本能，往往受着內心支配，心理愈不健全者愈難自控。因此，這種看別人不幸的「看熱鬧」，所達到的小市民精神的最高境界，說到底，除了庸俗，還是庸俗。

而庸俗，則是小市民靈魂的全部。

中國人的 教訓

跳出自大的羅網

下冊

責任編輯：張利方
封面設計：胡春輝
排　　版：沈崇熙
印　　務：林佳年

著者　　　李國文

出版　　　中華書局（香港）有限公司
　　　　　　香港北角英皇道 499 號北角工業大廈一樓 B
　　　　　　電話：（852）2137 2338　傳真：（852）2713 8202
　　　　　　電子郵件：info@chunghwabook.com.hk
　　　　　　網址：http://www.chunghwabook.com.hk

發行　　　香港聯合書刊物流有限公司
　　　　　　香港新界大埔汀麗路 36 號
　　　　　　中華商務印刷大廈 3 字樓
　　　　　　電話：（852）2150 2100　傳真：（852）2407 3062
　　　　　　電子郵件：info@suplogistics.com.hk

印刷　　　美雅印刷製本有限公司
　　　　　　香港觀塘榮業街 6 號 海濱工業大廈 4 樓 A 室

版次　　　2018 年 1 月初版
　　　　　　© 2018 中華書局（香港）有限公司

規格　　　32 開（215mm×148mm）

ISBN　　　978-988-8489-14-5